JN033517

マクロ経済学入門

［第2版］

坂上智哉・小葉武史 編著

日本評論社

はしがき

　大学ではじめて経済学を学ぶ学生を想定して書き下ろしたトリアーデ経済学3部作の一つとして『マクロ経済学入門』が発刊されたのは2015年のことでした。高等学校での「政治・経済」と大学での「経済学」との間の架け橋となるべく書かれた〈トリアーデ経済学シリーズ〉は、経済学の入門書として広く受け入れられ、多くの学生に支えられて今日に至っています。

　第2版では、初版の基本理念はそのままに、より読みやすく、より理解しやすくするために、内容と章立てを大幅に見直しました。本書における各章の関係を図で表すと図Ⅰのようになります。

　本書は、序章から順に学んでいくことで、まずはシンプルな枠組みを用いて基本を確実に理解できるように、のちに新たな要素を追加することでさらにリッチな分析を行うことができるように順序立てて構成されています。具体的には、序章でマクロ経済学とは何か、どのような分野を対象とするのかを学んだあと、第1章から第3章ではGDPの決定を中心に一国の経済の実物的側面を学びます。ここでは財・サービス市場が議論されますが、シンプルで理解しやすい内容に限定するために、経済の貨幣的側面や海外部門については詳細には踏み込んでいません。これらはもちろん後に続く章で議論されることになります。第4章で貨幣市場の議論が追加され、第5章で財・サービス市場と貨幣市場の同時均衡を扱う *IS-LM* 分析を学びます。ここでは第1章から第4章で学んだ財・サービス市場と貨幣市場が統合されます。第6章でGDPと並ぶ重要な集計量である物価についての議論が追加され、第7章で総需要曲線と総供給曲線を導出し、第8章でミクロ経済学の需要供給分析に対応するマクロ経済学の総需要・総供給分析を扱います。この第8章は第7章までで学んだことのまとめとなる章です。ここではマクロ経済の需要面と供給面が統合されます。第9章から第12章では総需要を構成する要素である消費・投資・純輸出の決定について、個別に、より詳細に検討します。第13章から第15章では安定的で持続的な経済発展を実現するための短期と長期のマクロ経済政策について議論します。マクロ経済政策はマクロ経済学に基

図1　本書（第2版）における各章の関係

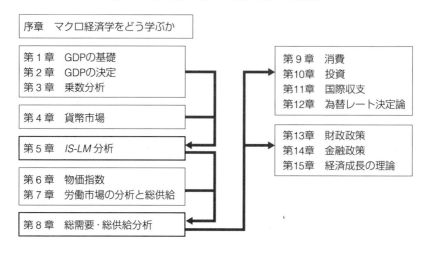

序章　マクロ経済学をどう学ぶか

第1章　GDPの基礎
第2章　GDPの決定
第3章　乗数分析

第4章　貨幣市場

第5章　*IS-LM* 分析

第6章　物価指数
第7章　労働市場の分析と総供給

第8章　総需要・総供給分析

第9章　消費
第10章　投資
第11章　国際収支
第12章　為替レート決定論

第13章　財政政策
第14章　金融政策
第15章　経済成長の理論

づく経済政策であり、これまでに学んだすべての知識を使います。以上のように、本書はまずはシンプルな議論から始めて徐々に要素を追加していくことで、一歩一歩着実に大学レベルのマクロ経済学が理解できるように工夫されています。学生の皆さんが、この『マクロ経済学入門』を通して、経済学の基礎を着実に身につけられることを、執筆者一同心より願っています。

　第5章の *IS-LM* 分析と第8章の総需要総供給分析は、それぞれ直前の章までの学びの集大成としての性質を持っています。本書は通年4単位ですべての章を扱うことを想定していますが、半期毎に分けるとすれば、第5章まであるいは第8章までが前半のゴールとなるでしょう。

　第2版を作成するにあたり、図表等で用いたデータをすべて最新版に更新しました。序章では日本経済の主要なマクロ経済変数の時系列推移が紹介されています。論理の体系であるマクロ経済学を学ぶには、現実経済の動きについての理解が欠かせません。理論と現実の両方が大事です。理論だけを学んで現実のデータを見ていなければ、机上の空論という言葉があるように、実際の役に立ちません。一方、データだけを見て理論を勉強しなければ、何が起きているのか、なぜそのようなことが生じたのかが理解できません。学生の皆さんは常に両方に目を配って、相互の関連を意識しながら学ぶようにしてください。

はしがき

　初版が発刊されてから6年、本書は熊本学園大学経済学部のマクロ経済学を担当しているグループが、1年をかけて改版作業を行ったものです。作業時期は2020年から2021年の新型コロナウイルスの感染拡大時期と重なっています。コロナ禍は大学の授業環境を一変させました。本書（初版）を教科書として用いる科目では、授業動画をWebにアップするいわゆるオンデマンド方式の遠隔授業が行われました。遠隔授業では教員にとっても対面授業とはまた違った工夫が必要になります。たとえば、対面授業では授業中に学生の理解が十分でない点があれば、教員がそれに気付くことができます。学生の理解が十分でないと判断すれば、その場で言い換えたり、具体例を挙げたり、説明をやり直したりという対応を取ることができます。しかし、あらかじめ準備しておく授業動画では、そのような臨機応変の対応を行うことができません。このため、遠隔授業にあたっては、教科内容を改めて全面的に見直し、最もわかりやすい説明ができるように準備をする必要がありました。私たち執筆者の遠隔授業で得た経験が、より「読みやすく」「理解しやすい」教科書の作成につながっていることを願ってやみません。

　最後になりましたが、企画、編集、校正など各所で的確な助言をしていただくなど、ひとかたならぬお世話になりました日本評論社第2編集部の小西ふき子氏と若栗泰人氏に深く感謝いたします。

令和3年7月

編著者を代表して　小葉　武史

目 次

序 章 | マクロ経済学をどう学ぶか

　この章では、マクロ経済学とは何か、どのような分野を対象として学ぶのか、ミクロ経済学との違いは何なのか、さらに、マクロ経済学とミクロ経済学の関係について、マクロ経済学のミクロ的基礎付けという観点から整理しておきます。また、マクロ経済学がわかるようになるためにはどのように学んでいけばよいのかを説明します。マクロ経済学を学ぶ上では、特に、日本経済についての基本的なデータや統計などを知っていることが非常に重要です。後半ではマクロ経済学に登場する主要データをグラフで紹介します。

0.1　マクロ経済学とは

　経済学を学ぶときまず何から学ぶかというと、普通はミクロ経済学とマクロ経済学からです。経済学入門の大半はミクロ経済学とマクロ経済学を簡略してまとめたものです。ミクロ経済学とマクロ経済学を一通り学んでおけば、その後のさまざまな応用経済学、例えば、国際経済学や労働経済学などを学ぶ際の基礎力となります。さらに公務員試験の経済学の問題では、かなりの部分がミクロ経済学とマクロ経済学の分野から出題されます。このトリアーデの3部作シリーズも『経済学ベーシック』でミクロとマクロの基礎と現実の経済問題を学び、その後で『ミクロ経済学』と『マクロ経済学』を本格的に学ぶ構成になっています[1]。

　ミクロ経済学とマクロ経済学は経済学の基礎を形成しているのですが、ミクロ経済学とマクロ経済学はどのような関係にあるのか、あるいはあるべきなのかについて最近の展開をまとめておきます。

1）『トリアーデ経済学1　経済学ベーシック［第2版］』の第1章でもマクロ経済学とミクロ経済学を説明しています。

ミクロ経済学は、経済を構成する主要な主体である消費者（あるいは家計）と生産者（あるいは企業）の行動原理を詳細に分析し、それから消費者の需要行動や企業の生産行動を論理的に導きだします。財やサービスの需要者と供給者が会するのが市場という概念の場です。自由な市場で、需要と供給が一致した安定な状態としての均衡で、取引される価格と数量が決まります。ミクロ経済学のエッセンスを述べればこのようになります。

　これに対して、マクロ経済学は、個々の消費者や企業の消費や投資ではなく、経済全体で集計（aggregate）された消費や投資を扱います。それらに政府の支出や純輸出を加えたGDP（国内総生産）を経済活動の最も重要な指標として扱います。さらに、個々の財・サービスの価格を追跡するのではなく、物価指数として集計された物価水準やその変化率であるインフレーションの動向に注意を払います。その他、利子率や為替レート、GDPの変化率である経済成長率などがマクロ経済学の対象になります。

　このように、ミクロ経済学とマクロ経済学は経済を分析するときの2つの"眼"となっています。「木を見て森を見ず」ということわざがありますが、木を見て、森も見るのが経済学の分析手法といえます。ミクロ経済学とマクロ経済学の分析手法を組み合わせて現実の経済問題に対応するという見方（新古典派総合）がありましたが、1970年代半ば以降、合理的期待の考え方がマクロ経済学に導入されるにつれ、マクロ経済学はミクロ経済学の最適化行動に基づいて構築されるべきだという考え方が強くなってきました。この考え方を「**マクロ経済学のミクロ的基礎付け**（microfoundations of macroeconomics）」と呼んでいます[2]。

　例えば、マクロ経済学で登場する最もシンプルなケインズ型消費関数の例で考えてみましょう。このタイプの消費関数は、今期の消費は今期の所得の一次関数として表現されます。なぜこの形になるかというと、消費は所得水準に依存するだろうという常識的な見方と実際のデータの観察からです。所得を横軸、消費を

2）米経済学者ロバート・ルーカスが合理的期待の代表的論者です。なお、代表的なミクロの企業と家計の相似拡大としてマクロ経済をとらえる方法に異を唱える立場もあります。例えば吉川洋「過去40年間のマクロ経済学は間違った路線だった」『週刊エコノミスト』2013年9月10日号、p.33、毎日新聞社。

　また、個々人が合理的なミクロの行動に基づいたとしても、それらが集計された結果として現れるマクロ経済の現象が必ずしも好ましい結果をもたらすとは限らないという「**合成の誤謬**（ごびゅう）」も従来から指摘されています。

序章　マクロ経済学をどう学ぶか

縦軸に取ったグラフを作ると両者にはおおよそ右上がりの関係が認められます。

　他方、ミクロ経済学の消費の理論では、所得制約の下で効用を最大化するという「最適化」行動から消費を導きます。財の需要関数は価格と所得の関数として求められます。マクロ経済学の消費関数もミクロ経済学で行うような最適化行動によって裏付けられた関数を使うべきだというのがマクロ経済学のミクロ的基礎付けです。ミクロ的基礎付けがあってこそマクロの諸関数は頑健性が保たれると考えるのです。

　例えば、ケインズ型の消費関数の傾き（限界消費性向といいます）は、経済政策が変更になれば家計の消費や所得が影響を受けて、変化してしまう可能性があります。そうすると、従来の消費関数に基づいて検討した政策効果の分析は違った結果になってしまうのです。過去の経験だけに基づいた消費関数は、経済環境の変化に脆弱です。家計のミクロ的基礎付けに基づいた消費関数が必要とされる理由です。

　本書ではできるだけやさしくマクロ経済学の新しい展開を紹介しています。学部の上級生に進んだら、大学院生を主な対象にした上級のマクロ経済学[3]のアプローチや分析手法にも目配りするとよいでしょう。

0.2　マクロ経済学の学び方

　マクロ経済学が扱うテーマは、毎日の新聞やニュースによく登場します。例えばGDP、物価、為替レート等々。したがって普段から新聞の経済ニュースを読む習慣をつけることが大切です。日本経済や世界経済のことであれば『日本経済新聞』[4]、地元経済については地方新聞、熊本なら『熊本日日新聞』に目を通します。今では新聞社はネットでも情報を提供しているので、電子版も便利です。電子版の利点は過去数十年の記事のデータベースにアクセスできることです。

　次に、主な経済データに親しむことが重要です。例えば、日本の実質GDPが

3）上級マクロ経済学の代表的なテキストとしては、David Romer, *Advanced Macroeconomics Fifth Edition*, McGraw-Hill, 2018。学部上級生には、齊藤誠他『新版 マクロ経済学』（有斐閣、2016年）があります。
4）『日本経済新聞』の読み方については『トリアーデ経済学1　経済学ベーシック［第2版］』第3章のコラム「新聞の読み方」を参照してください。

3

約500兆円であることを知っていると、国の一般会計予算が発表されたとき、その規模がどの程度であるかを判断することができます。GDPの値をベンチマークとする発想です。

次に重要なことは、各分野の基本的なテキストを1冊しっかり読むことです。本書は自習用のテキストとしても十分完結していますが、一般的に大学のテキストは講義で使用することを前提として作成されているので、講義を聴くことでよりいっそう理解が深まります。講義との関連ではしっかりノートをとることが重要です。ノートは綴じてあるノートか、バインダーに綴じてあるルーズリーフノートを使いましょう。講義中過去の講義内容を確認できることが重要です。ノートのとり方で重要なのは、単に黒板、いや今ではパワーポイントのスクリーンをそのまま写すのではなく、自分の脳のフィルターを通してまとめることがコツです。なお、ネット上にはマクロ経済学の講義ノートがいくつも掲載されています[5]。これらも参考にするのも今日的な学び方といえるでしょう。

0.3 マクロ経済学で登場する重要な経済データ

マクロ経済学が対象とするのは、経済全体で集計されたデータです。ここでは必須の経済データを紹介します。経済データのグラフを見るとき重要なのは、全体的な傾向から大きく変動した時期の理由を調べることです。以下では最小限度でそれぞれの経済データの特徴を説明しています。なお、オリジナルデータのネット上の所在を各項目の最後に簡潔に載せました。

■ GDP（国内総生産）

『トリアーデ経済学1　経済学ベーシック［第2版］』（第3章 p.35）で学んだように、GDPには名目と実質があります。実質GDPは基準時点の価格で各年のGDPを集計しますが、基準時点は日本の場合5年間固定するので、年数が経過するにつれ誤差が生じます。その欠点を修正するのが連鎖方式による実質GDPの計算です。連鎖方式は「第6章　物価指数」で学びます。

日本は1968年以来42年間にわたって名目GDP世界2位でしたが、その座は

5）google で「笹山ゼミ」あるいは「マクロ経済学講義ノート」で検索すると、本書の共著者のサイトがトップに現れます。講義ノートだけでなく、「経済年表」も含まれています。

図 0 - 1　GDP と成長率の推移

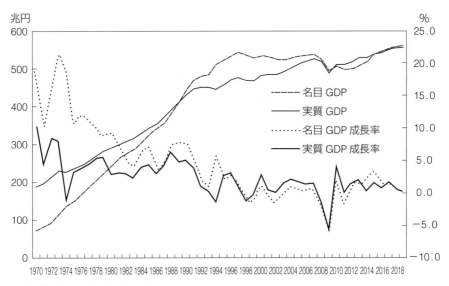

出所：内閣府、国民経済計算、暦年、1970-2019

2010年に中国にとって代わられました。90年代以降日本の成長率がほとんど停滞していたのが理由です（図 0 - 1 参照）。日本の実質 GDP が戦後初めてマイナス成長となったのは、第 1 次石油ショック後の1974年でした。最近では2008年 9 月のリーマンショックの影響が強く現れた2009年とコロナ禍での2020年に大幅なマイナス成長を記録しています。

【成長率の計算】

　経済成長率の計算は『トリアーデ経済学 1 　経済学ベーシック［第 2 版］』（第 3 章 p.37）ですでに学んでいますが、重要なので再掲します。

$$経済成長率 = \frac{今年のGDP－前年のGDP}{前年のGDP} \times 100 \qquad (0.1)$$

　成長率の計算は、実は自然対数を使っても行うことができることを知っておくと便利です。(0.1)は**自然対数**を使うと次のようにかけます。なぜ自然対数かはコラムを参照してください。

$$\{\log(\text{今年のGDP}) - \log(\text{前年のGDP})\} \times 100 \qquad (0.2)$$

ここで、log は自然対数を表します。経済学では成長率や金利計算で自然対数を使います。

さらに、**年率成長率**の計算もおさらいしておきましょう（『トリアーデ経済学1　経済学ベーシック［第2版］』第3章 p.37）。実質 GDP は2000年の470兆円から2010年には512兆円に増加しました。この10年間の年間成長率が年率成長率（g）ですが、次のように計算できます。

$$512 = 470(1+g)^{10} \qquad (0.3)$$

これから、

$$g = \left(\frac{512}{470}\right)^{\frac{1}{10}} - 1 = 0.0086 \qquad (0.4)$$

日本の実質 GDP はこの10年間に1％にも満たない年間0.86％しか成長しなかったことがわかります。グラフからもわかるように日本経済は1990年代、2000年代にかけてほとんど成長しなかったので、失われた10年とか20年、いや30年と呼ばれています[6]。

★ GDP と後述の GDP デフレーターは、内閣府の国民経済計算のサイト（https://www.esri.cao.go.jp/jp/sna/menu.html）にあります。「国民経済計算」で検索するとすぐ見つかります。

■物　価

『トリアーデ経済学1　経済学ベーシック［第2版］』で学んだように、代表的な物価指数は3つあります。**消費者物価指数**、**企業物価指数**、**GDP デフレーター**です。消費者に身近なのは消費者物価指数ですが、消費者物価指数にもいく通りかの指数があります。すべての品目を含む総合指数、生鮮食品を除いた**コア消費者物価指数**、さらに食料（酒類を除く）とエネルギーを除いた指数（コアコア指数と呼ぶことがあります）や、生鮮食品及びエネルギーを除く総合指数（2017

6）実質 GDP は1963年から94年までは90年基準の固定方式、95年からは2015年基準の連鎖方式。

図 0-2　消費者物価指数、企業物価指数、GDP デフレーター

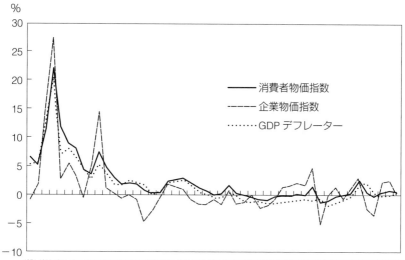

出所：総務省、日本銀行、内閣府、暦年、1971-2019

年 1 月分から公表）などがあります。指数作成の詳細は「第 6 章　物価指数」で学びます。

　消費者物価指数（CPI）、企業物価指数（CGPI）、GDP デフレーター 3 者の間には長期的には同じような傾向があります（図 0-2 参照）。第 1 次、2 次の石油ショック後の物価急騰、80 年代後半からのバブル期の物価上昇、1989 年、1997 年、2014 年、2019 年は消費税による影響、2008 年は輸入食料価格と原油輸入価格の上昇による物価上昇です。1978 年と 86 年の物価下落は急激な円高による効果です。2009 年の下落は 2008 年のリーマンショックによる不況の影響です。2020 年はコロナ禍の影響で消費者物価は下落しました。日本経済は 1998 年から 15 年間にわたってデフレーションを経験していましたが、2013 年 1 月からの政府・日銀によるインフレ・ターゲット政策導入により消費者物価（生鮮食品除く）で 2 ％のインフレーションを目指しています。

　CPI、CGPI と GDP デフレーターの間には異なる動きも観察されます。GDP デフレーターでは輸出価格－輸入価格が含まれるので、海外からの原材料価格の上昇や円安により輸入価格が上昇した場合、GDP デフレーターは低下します[7]。

それに対して、CPIとCGPIは輸入物価の上昇はそのまま物価指数の上昇に反映されます。1985年の大幅な円高後の1986年や2008年にその影響がみてとれます。また、エネルギーを除く指数とコア指数の間にも違いが現れることがあります。生鮮食品及びエネルギーを除く総合指数は、エネルギー関連価格が除かれているので、原油などの輸入原材料価格が上昇した場合にコアCPIは上昇しますが、こちらはあまり上昇しません。

★消費者物価指数は総務省統計局（https://www.stat.go.jp）の「統計データ」内にあります。企業物価指数は日本銀行（https://www.boj.or.jp）の統計コーナーから「時系列統計データ検索サイト」→「主要時系列統計データ表」→「物価」と選びます。

■利子率

利子率（interest rate：金利ともいう。類似概念に利回り）には大きく分けると短期金利と長期金利があります。短期金利の代表は政策金利である**無担保コール翌日物金利**です。**政策金利**とは中央銀行（日本銀行）が目標としている利子率のことです。金利は市場の需要と供給によって決まりますが、中央銀行は目標とする金利が実現するように買いオペや売りオペなどの公開市場操作を行います。償還や満期までの期間が1年を超える金利を長期金利と呼びますが、長期金利の代表は10年物の**国債の金利（利回り）**です。

日本経済は1991年のバブル崩壊後、不良債権問題の処理に追われ、経済は停滞しました。財政赤字の残高が巨額に達し、財政再建を迫られる中、政府は日本銀行による金融緩和政策に頼らざるえない状況でした。日本銀行は、世界に前例のないゼロ金利政策（1999年2月12日〜2000年8月11日）と量的緩和政策（2001年3月19日〜2006年3月9日）を実施しました。デフレーションからの脱却を狙って、インフレ・ターゲット政策（2013年1月22日決定）、量的・質的緩和政策（2013年4月4日決定）、マイナス金利政策（2016年1月29日決定）、長短金利操作付き量的・質的金融緩和政策（2016年9月21日決定）を実施しました。それらの政策に応じて無担保コール翌日物金利はほぼゼロ％からマイナス近辺に張り付

7）交易条件の悪化ともいいます。交易条件＝輸出価格／輸入価格、あるいは、輸入数量／輸出数量で定義されます。『トリアーデ経済学1　経済学ベーシック［第2版］』第7章、p.97も参照してくだい。

図0-3　無担保コール翌日物金利と国債の利回り

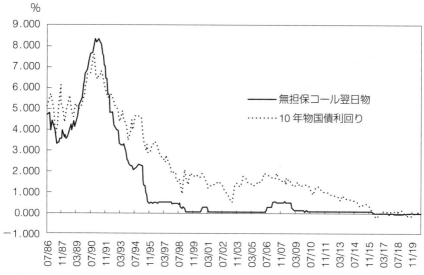

出所：日本銀行、財務省、1986.07-2020.08

いています（図0-3参照）。詳細は「第14章金融政策」を参照してください。

★長期金利である国債の金利（利回り）情報は、財務省（https://www.mof.go.jp）の「統計」コーナーに入り、「国債」→「関連資料・データ」→「金利情報」→「過去の金利情報」と進みます。無担保コール翌日物金利は、日本銀行（https://www.boj.or.jp）の統計コーナーから「時系列統計データ検索サイト」→「主要時系列統計データ表」→「マーケット関連」→「コールレート」と進みます。

■為替レート

　戦後の世界経済はブレトンウッズ体制下で運営され、国際通貨制度はアメリカのドルを中心とする金・ドル本位制と呼ばれる固定為替相場制でした。日本円は1949年4月25日から、1971年8月15日のニクソン・ショックによってブレトンウッズ体制が事実上崩壊するまでの間、ドッジラインによって決められた1ドル360円に設定されていました。その後主要国は1973年春から変動相場制に移行し、日本は2月14日1ドル271.20円（始値）で変動相場制をスタートさせました。円

図0-4　円レートの推移

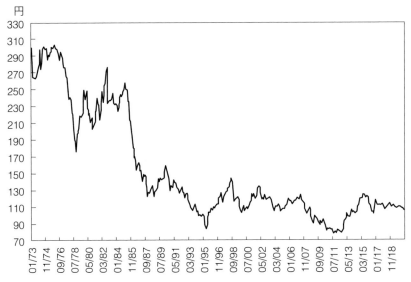

出所：日本銀行、月末値、1973.01-2020.08

相場は2度の石油ショック時（1973年と79年）には円安を経験したものの、長期的な**趨勢**としては円高傾向で推移してきました（**図0-4参照**）。特に大きな円高局面としては1985年9月22日のプラザ合意後と1995年アメリカのクリントン政権時、それと東日本大震災の2011年があります。これまでの円相場の最高値（さいたかね）は2011年10月31日の75円32銭（シドニー市場）であり、東京市場の最高値は同日の75円52銭でした。1995年の最高値は4月19日の79円75銭（東京外為）であり、1995年（1月17日阪神・淡路大震災）も2011年（3月11日、東日本大震災）も共に大震災に見舞われた後に記録しているという奇妙な一致があります。

　2012年12月26日発足の第2次安倍晋三内閣による「**アベノミクス**」は、その第一の矢である日本銀行の強力な異次元金融緩和によって、それまでの円高傾向を大幅に修正しました。円レートの平均は2012年が79.79円だったのに対して2013年には97.60円、2014年には105.70円、2015年4月には119円台まで円安が進みました。

★円レートのデータは、日本銀行（https://www.boj.or.jp）の統計コーナーから「時系列統計データ検索サイト」→「主要時系列統計データ表」→「マーケット

図 0-5　経常収支

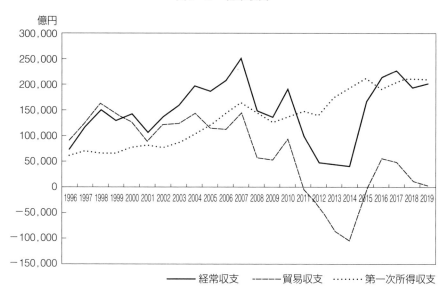

出所：財務省、暦年、1996-2019

関連」→「為替相場」と進みます。

■経常収支

　国際収支は、複式計上方式により、すべての項目の収支尻はゼロになるので（本書第11章3節参照）、国際収支表のどこで線を引くかがポイントとなります。経常収支で線を引くと、経常収支が黒字であれば、その下の資本移転等収支以下のバランスは同額の赤字になります。**経常収支**は貿易・サービス収支と所得収支からなっています。日本の**貿易収支**は2011年以降赤字に転落することもありますが、それを上回る**第一次所得収支**（海外からの配当金など）の黒字があるために経常収支はかろうじて黒字を保っています（**図 0-5 参照**）。

★経常収支は財務省（https://www.mof.go.jp）の「統計」コーナーに入り、国際政策の項に「関連資料・データ」があります。「国際収支状況」→「統計表一覧（時系列データ・報道発表資料）」→時系列データ→「国際収支」→「国際収支総括表」と進み、「季節調整済国際収支推移（月次）」を選びます。

図 0-6　日経平均株価と東証株価指数

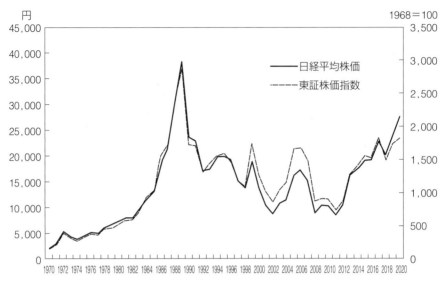

出所：日本経済新聞社、日本取引所グループ、年末値、1970-2020

■日経平均株価

　代表的な株価には日経平均株価（Nikkei225）と東証株価指数（TOPIX）があります。**日経平均株価**は、東京証券取引所第一部に上場している約2,100社のうち代表的な企業225社の株価を平均した値で、単位は円です。もう1つの代表的な株価指標に**東証株価指数**があります。こちらは東京証券取引所第一部に上場しているすべての企業を対象とした株価指数です。1968年1月4日を基準日とし、その日の時価総額を100として計算しています。指数なので単位はありません。両者の時系列グラフを比較してみると、ほとんど同じような動きをしていることがわかります（**図 0-6 参照**）。ちなみに日経平均株価のこれまでの最高値（さいたかね）は、バブル期末の1989年12月29日（大納会）に記録した38,915円87銭です。株価はこれをピークに急落していきました。

★日経平均株価は、日本経済新聞社の日経平均プロフィル（https://indexes.nikkei.co.jp/nkave）に、東証株価指数は日本取引所グループ（https://www.jpx.co.jp/）のマーケット情報内の「株価指数関連」→「TOPIX 東証株価指数」→「指数値の推移」にあります。

図0-7　有効求人倍率と完全失業率

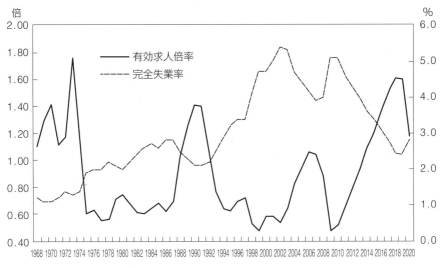

出所：厚生労働省、総務省、暦年、1968-2020

■有効求人倍率と完全失業率

　雇用関係（労働市場）で重要な統計は、有効求人倍率と完全失業率です。**有効求人倍率**は求人数を求職者数で割った値（単位は倍）で、仕事を求めている人1人あたりどれだけの働き口があるかを示しており、この値が1以上であれば平均的に仕事が見つかりやすい、雇用環境が良いことを表します。全国版と都道府県版があり毎月末発表されます。

　完全失業率は完全失業者を15歳以上の労働力人口で割ってもとめます（単位は％）。完全失業者は、職がなく求職活動をしており、月末の調査期間1週間でほとんど働いておらず、仕事があればすぐ就く人です。有効求人倍率と完全失業率は逆の動きをします（図0-7参照）。有効求人倍率は毎月都道府県の値が発表されますが、完全失業率の方は全国版しか発表されません。都道府県別の完全失業率はかなり後で発表されるので、都道府県の状況を把握するには有効求人倍率が有効です。

★毎月公表される有効求人倍率は、厚生労働省の統計情報コーナー（https://www.mhlw.go.jp/toukei/）から「厚生労働統計一覧」、「雇用」、「職業紹介」、

「一般職業紹介状況（職業安定業務統計）」と選んでいきます。長期時系列データは、毎月の「一般職業紹介状況」の「結果の概要」の最後に「長期時系列表 e-Stat」のリンクがあります。完全失業率のデータは総務省統計局（https://www.stat.go.jp）の「統計データ」、「分野別一覧」→「労働力調査」と進みます。長期データは「長期時系列データ」→「年平均結果－全国」、全国の一覧から「年齢階級（5歳階級）別完全失業者数及び完全失業率」を選びます。

■マネタリーベースとマネーストック統計

　企業や家計などの経済にお金（マネー）が流れていくプロセスの起点が日本銀行のバランスシートの負債項目であるマネタリーベースです。**マネタリーベース**は市中に出回るお金（紙幣、硬貨）と金融機関が日銀に預ける当座預金残高の合計です。日銀は市中銀行から国債等を購入して代わりにマネタリーベースを供給します（買いオペ）。市中銀行は日銀当座預金口座から預金をおろしてそれを企業や家計に貸し出します。その結果として経済に**マネーストック**として貨幣（現金と預金）が供給されていきます。

　日銀による2001年から2006年までの量的緩和政策と2013年からの量的・質的緩和政策（別名、異次元金融緩和）は、マネタリーベースを大幅に増やしました。通常なら、それに対応してマネーストックも大幅に増加することが期待されるのですが、マネーストックはほとんど伸びていません（図0-8参照）。

　マネーストック統計は2008年から定義が変わりました。それまでの代表的な貨幣の定義は M2+CD でしたが、その後は M3 が代表的な定義になりました。M2+CD と新しい定義の M2 は同じではないので安易に接続はできません[8]。詳細は「第4章　貨幣市場」を参照してください。

★マネタリーベースとマネーストックは日本銀行（https://www.boj.or.jp）の統計コーナーから「時系列統計データ検索サイト」→「主要時系列統計データ表」→「預金・マネー」の順に選んでいきます。

■日銀短観

　経済活動を客観的に把握する代表的な統計は GDP（国内総生産）ですが、実

8）日銀のサイト中の「マネーストック統計の FAQ」を参照してください。

図0-8　マネタリーベースとマネーストックの伸び率

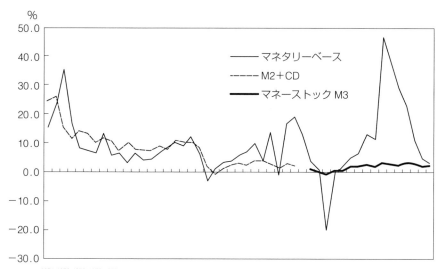

出所：日本銀行、年末値、1971-2019

際に企業活動に携わっている人々にアンケートをとり、景気がよいかどうかを判断する統計もあります。その代表が日本銀行の「全国企業短期経済観測調査」、略して「**日銀短観**」です。約1万社からのアンケートに基づいて集計しているので信頼がおけます。次のようにして作成する統計を業況判断指数（DI：ディフュージョン・インデックス、Diffusion Index）と呼んでいます。まず、企業に現状の景気について「良い」、「悪い」、あるいは「さほど良くない」の3つの選択肢から1つを選んで回答してもらいます。回答を集計して、

DI＝「良い」の回答社数構成百分率−「悪い」の回答社数構成百分比

を計算します。「さほど良くない」の回答は除かれます。「良い」の回答が「悪い」を上回る、すなわち、DIの値がゼロを超えれば景気が良いと判断します。DIの単位は％ポイントとなります。短観は、3月、6月、9月、12月の3カ月ごとに作成されます。代表的な「大企業製造業」で見ると、2008年9月のリーマンショック後に景気判断が急激に悪化していることがわかります（**図0-9**参照）。

　日銀短観以外のDIとしては内閣府が作成している「景気ウォッチャー調査」

図0-9　日銀短観

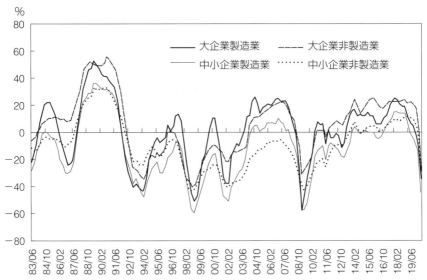

出所：日本銀行、四半期データ、1983.06-2020.06

（別名、街角景気調査）などがあります。

★日銀短観は日本銀行（https://www.boj.or.jp）の統計コーナーから「時系列統計データ検索サイト」→「主要時系列統計データ表」→「短観」の順に選んでいきます。

コラム　経済学では自然対数を使う

　みなさんは、高校の数学で、10を底（てい）とする常用対数を学んだのではないでしょうか。ところが経済学では成長率の計算や金利の計算などに e を底とする**自然対数**を使います。まずは対数の定義から復習しておきましょう。

　x を正の数、a を1でない正の数とするとき、

$$a^y = x$$

をみたす数 y の値を

$$y = \log_a x$$

a を対数の底、x を真数（しんすう）といいます。

　自然対数と常用対数の間には、対数の底の変換を用いると、次のような関係があります。

$$\log_{10} x = \frac{\log_e x}{\log_e 10} = \log_e x \times 0.43$$

常用対数 = 自然対数 $\times 0.43$　　　　ここで、$\log_e 10 = 2.30$

　自然対数の底 e とは何でしょうか。自然対数の底 $e = 2.7182\ldots$ は、1万円を年利率1（100%）の複利で預金したときの元利合計の計算からきています。複利計算では1年に1回利息を元金に組み入れると、1年後の元利合計は　$1*(1+1)^\wedge 1 = 2$。半年に1回利息を元金に組み入れると、1年後の元利合計は　$1*(1+1/2)^\wedge 2 = 2.25$。1月に1回利息を元金に組み入れると、1年後の元利合計は　$1*(1+1/12)^\wedge 12 = 2.61$。1日に1回利息を元金に組み入れると、1年後の元利合計は　$1*(1+1/365)^\wedge 365 = 2.71$。半年複利だと金利は年金利の半分になります。月金利なら12でわります。複利計算の回数が大きくなると元利合計は大きくなりますが、一方で金利の値は小さくなっていくので発散することはありません。複利計算の回数 n を連続的に無限大まで大きくしていくと最終的に落ち着く先の値が $e = 2.7182\ldots$ になるのです。

$$e = \lim_{n \to \infty} \left(1 + \frac{1}{n}\right)^n \approx 2.7182$$

　成長率の計算は複利計算と同じなので、上の例は経済成長の連続計算にもあてはまります。GDP の初期値を y_0、成長率を年率 g とすると、元金を y_0、年間の利子を $y_0 \times g$ と読み替えれば、1年後の GDP y_1 は

$$y_1 = y_0 + y_0 g = y_0(1+g)$$

2年後の y_2 は

$$y_2 = y_1(1+g) = y_0(1+g)^2$$

これを繰り返すと、t 年後の GDP y_t は

$$y_t = y_0(1+g)^t \tag{A1}$$

ここで、以下の(A4)を等号で表すと

$$\log(1+g) = g$$

これを指数で表せば

$$1+g = e^g \tag{A2}$$

(A2)を(A1)に代入すると

$$y_t = y_0\, e^{gt}$$

となります。

　e（2.7182..）は円周率の π（3.1416..）と同じような無限小数ですが、円周率を覚えるように、e も覚えましょう。なお、e は exponential（指数）を意味しますが、ネイピア数とかオイラー数ともいわれます。表計算ソフトのエクセルでは自然対数は LN 関数を、常用対数は LOG 関数を使います。

　最後に経済成長率の計算で知っておくと便利な関係式を紹介しておきます。x を GDP とし、g を成長率とすると（例えば、$g = 0.02$、百分率では2％）、成長率の定義から

$$g = \frac{x_t - x_{t-1}}{x_{t-1}} = \frac{x_t}{x_{t-1}} - 1 \tag{A3}$$

自然対数では次の関係があります。log は自然対数を表します。

$$\log(1+g) \approx g \qquad \approx \text{はほぼ等しい記号} \tag{A4}$$

(A3)から

$$\log \frac{x_t}{x_{t-1}} = \log(1+g) \tag{A5}$$

(A4)の関係を使うと、(A5)は

$$\log x_t - \log x_{t-1} \approx g \tag{A6}$$

すなわち、今期の経済成長率 (g) は今期の GDP と 1 期前の GDP の自然対数値の差として計算できます。(A4)と(A6)はよく使われます。なお、(A4)の近似式は g の値が小さいとき成り立ちます。

【練習問題】

本文中の「図 0 - 7　有効求人倍率と完全失業率」で使用した 2 種類のデータをそれぞれのサイトからダウンロードし、同じグラフをエクセルなどの表計算ソフトで作成してみよう。

第1章 GDPの基礎

　マクロ経済学では一国の経済の仕組みを学びますが、その目的は、一つの国に暮らす人々が豊かで幸せな暮らしができるためにはどうすれば良いのかを考えることです。そのためには、豊かさや幸せとは何か、を論じる必要があります。しかし、そこには人によってさまざまな価値尺度があるでしょう。おいしいものをたくさん食べることかもしれませんし、元気に長く生きることかもしれません。開発途上国であれば、文字が読めるようになること、学校に通えること、乳幼児が元気に育ってくれること、なども切実な願いとなっています。

　これに対して、マクロ経済学では「国内総生産（GDP）」を豊かさの指標として考えます。その理由は、上述したような、豊かさや幸せに関する価値尺度の多くと、GDP、特に1人あたりのGDPの大きさが密接に関係しているからです。例えば、1人あたりGDPが高い経済であればあるほど、平均寿命は長く、文字を読める人の割合は高く、進学率も高く、乳幼児死亡率は低い傾向があるのです。お金の代名詞のようなGDPを豊かさの指標として使うことにはさまざまな意見がありますが、多くの豊かさの指標との関係性の高さを考えると、それに代わる指標は見つけがたいのも事実です。このようなことから、本書でも今後は、GDPという指標を中心に話を進めていきます。

　さて、マクロ経済学では豊かさを測る指標としてGDPを用いる、ということであれば、次に考えなければならないのは「GDPとは何か」です。つまり、GDPの定義を明確にしなければなりません。さらに、GDPが一国の経済の中でどのような要因に影響を受けて決まるのかを解明することも重要です。これらの学習を経てようやくGDPを大きくする経済政策（景気対策）について議論することが可能になるのです。

　GDPは一国の生産活動の水準を把握するための重要な指標です。この指標の

変化を観察することで、経済の状態の良し悪しを判断することができます。GDPの伸びが大きい場合は経済の状態が良い、すなわち好景気であると考えられます。これに対して、GDPの伸びが小さい場合には不景気であると判断できます。特に不景気の場合には、生産活動が停滞し失業も増加しますので、適切な景気対策が求められます。しかし、どのような経済政策が時々の経済において効果的なのかを論じるためには、GDPの定義やGDPに影響を与える要因を明らかにする必要があります。本章では、GDPの定義について詳しく説明します。さらに、GDPは経済の3つの側面からとらえることができるという三面等価の原則についても学びます。

1.1 GDPの定義

まず、国内総生産（Gross Domestic Product, GDP）とは、「ある一定の期間に、国内で生産された財・サービスの粗付加価値の合計額」と定義されます。

> **GDPとは**
> ある一定の期間に、国内で生産された
> 財・サービスの粗付加価値の合計額

この定義には「一定の期間」、「国内」、「粗付加価値（そふかかち）」という3つの重要なキーワードが含まれています。それぞれにどのような意味があるのかを、以下に詳しく説明します。

■一定の期間：フローとストック

経済統計の指標は、フローとストックという2種類の概念で分類することができます。**フロー**とは、一定の期間を設けて計測する概念です。期間の取り方には1年間、半期、四半期などがあります。4月から始まる会計年度で考えると、4月1日から翌年の3月31日までが「年度」の1年間になります。これを半分にすると「半期」です。特に4月から9月末までを上期、10月から翌年3月末までを下期といいます。さらにその半期を2分割した3ヵ月間を「四半期」といいます。GDPは、これらの各期に対応し、内閣府によってその数値が公表されるフローの指標です。他にも、個人の所得額、一国の消費、貯蓄、投資などがフローの概

図1-1　フローとストック

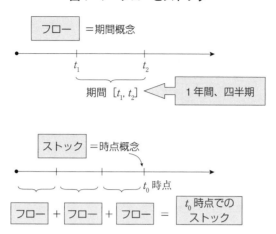

念に対応します。

　これに対して、**ストック**とはある時点で計測する概念です。個人の貯蓄残高、国内で流通するお金の総額を表すマネーストック、そして、一国の資産の合計である国富[1]などが、ストックの概念に対応します。

　フローとストックの間には、密接な関係があります。それは、ある時点でのストックの大きさは、それまでの各期のフローを合計したものになっているということです（**図1-1**）。例えば、毎月の貯蓄額（フロー）が2万円だとして、ゼロから積み立てて、1年間全く使うことがない場合、1年後の貯蓄残高（ストック）は24万円になります。

■国内：国民概念と国内概念

　国内総生産（GDP）と類似の概念に、かつて**国民総生産**（Gross National Product, GNP）という指標がありました。両者の違いは「国内」と「国民」です。国内総生産とは、日本の国内（領土内）での生産活動を対象としています。一方、

1）国富とは有形固定資産や土地などの実物資産を合計した値で、一国の正味資産（一国の資産から負債を差し引いた差額）のことです。内閣府経済社会総合研究所国民経済計算部、「平成22年度国民経済計算確報（17年基準改定値）（ストック編）」（2012年）によれば、平成13年以降の我が国の国富の最大値は、平成19年末の3157.7兆円です。

図1-2　日本の GDP と GNP

	日　本	外　国
日本人	A	C
外国人	B	D

国民総生産とは、日本の国民（居住者）[2]による生産活動を対象としているのです。日本の国民は、厳密には国籍で定義されないのですが、以下では話を簡単にするために、これを「日本人」と呼ぶことにして、GDP と GNP の違いを説明します。

　図1-2を見てください。世界の人々は、日本に住んでいる日本人、日本に住んでいる外国人、外国に住んでいる日本人、外国に住んでいる外国人の4つのいずれかに分類することができます。それぞれの1年間の生産活動の大きさを、A, B, C, D で示しています。この図において、日本の GNP とは、日本の国民（この図では日本人）による生産活動の総額に対応しますので、$A+C$ となります。これに対して、日本の GDP は、日本の国内での生産活動の総額に対応しますので、$A+B$ となります。

　またこの図より、GDP（$= A+B$）から B を引いて C を足すと GNP になることもわかります。ここで、$C-B$ のことを「海外からの純要素所得」と言います。したがって、

$$\boxed{\begin{array}{c} \text{GNP} \\ \text{(GNI)} \end{array}} = \boxed{\text{GDP}} + \overset{\boxed{C-B}}{\boxed{\text{海外からの純要素所得}}} \tag{1.1}$$

_____

2）「国民」の概念は、厳密には外国為替及び外国貿易管理法（外為法）の通達「外国為替管理法令の解釈及び運用について」の居住者の要件を満たす企業や個人などを指し、「当該国の居住者」とも呼ばれます（内閣府ホームページ「統計情報・調査結果 > 国民経済計算（GDP統計）>統計データ>用語の解説>用語解説」）。例えば、居住者の要件を満たす個人とは、当該国（領土）に6ヵ月以上居住している個人のことで、国籍は問われません。

図1-3　日本のGNP/GDP比率の推移

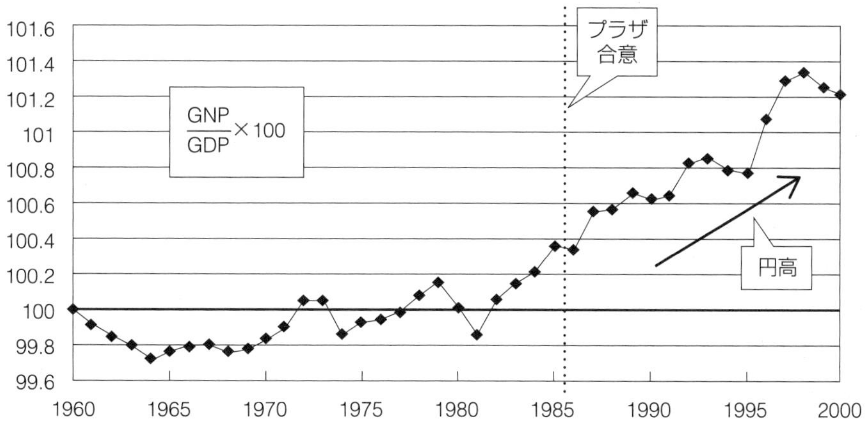

出所：Penn World Table 6.1より作成。

という関係があることも直ちに理解できます。

　さらに、図1-2より、鎖国経済でのGDPとGNPを求めることもできます。鎖国経済ではすべての日本人は外国に行ってはいけませんし、あらゆる外国人も日本に入ることはできませんので、$B = C = 0$となります。すると、このとき、GDP $=$ GNP $= A$ となり、両者が一致することが理解できます。これに対して、開国するとBとCの双方の値が正となります。これらの値は、国際化の進展に伴い大きくなりますが、一致する保証はありません。したがって、国際化が進展した経済ではGDPとGNPが一致し続けることはよほどの偶然がない限り起こりません。実は、1985年のプラザ合意以降の円高で、多くの日本人や日本の企業が海外で活動を行うようになりました。その結果、図1-2のCの値が、Bよりも大きくなっていき、日本のGDPに比べ、日本のGNPが大きくなってしまいました（図1-3）。

　我が国ではかつて、景気の良し悪しを測る経済指標としてGNPを用いていたのですが、海外の経済の状態（図1-2のC）が影響を与えるGNPでは、日本国内の景気指標としての適切性に疑問符がつくようになりました。特に、1990年代から「失われた20年」が始まるのですが、GDPが低迷しているのに、海外の経済状態が入り込むGNPは相対的に拡大していることがわかります。このような理由から、GNPは2001年に廃止され、GDPに取って代わられました。なお、

かつての GNP は、現在では**国民総所得**（Gross National Income, GNI）という概念に引き継がれています。GNI は（1.1）式で定義されますので、GNP と同じ値になります。

■粗付加価値

　粗付加価値という言葉は「粗（そ）」と「付加価値」からなります。経済学的にはそれぞれに重要な意味があります。

　まず、「粗」（Gross）は「総」とも訳されます（たとえば、「国内総生産」の「総」です）。これに対する概念に「純」（Net）があります。両者の違いは「固定資本減耗」という概念を用いて説明されます。一般的に、企業は生産活動を行うために機械、車、建物などを用いますが、それら生産設備（資本ストック）の価値は生産の過程で低下します。例えば100万円で営業用に新車を購入し、1年間使用した場合、その価値は100万円よりも低い値になってしまいます。このような資本ストックの減耗分を**固定資本減耗**と言うのです。企業会計の用語では減価償却といいます[3]。

　この固定資本減耗を含む概念が「粗」や「総」であり、それを差し引いた概念が「純」なのです。例えば企業の資本ストックがパソコンである場合を考えてみましょう。ある会計年度の期首にパソコンを3台所有していました。1年間の生産活動中、新規に2台を購入しましたが、同期間に既存のパソコンのうちの1台が故障して使えなくなりました。この事例で粗投資をパソコンの台数で求めると2台ですが、純投資では増加分（粗投資分）の2台から、減少分の1台を差し引いた「1台」であることがわかります。一般には

$$純投資 ＝ 粗投資 － 固定資本減耗 \qquad (1.2)$$

という関係があります（**図1-4**）。純投資の「純」とは、増えた分から減った分を差し引いて得られる「純増分」の純だ、と理解すると良いでしょう。

　同様に、国内総生産から固定資本減耗を差し引いたものを**国内純生産**（Net

3）『トリアーデ経済学1　経済学ベーシック［第2版］』の第3章では、企業が営業車を100万円で購入し、5年間使用する場合の減価償却の例を挙げています。5年後に再び新車が購入できるためには毎年20万円ずつ積み立てることが必要になりますが、この20万円が年間の減価償却費用です。

図 1-4　粗投資と純投資

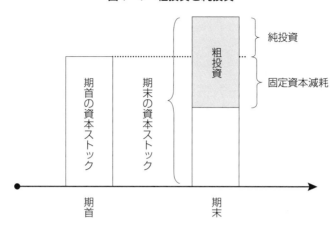

Domestic Product, NDP）、国民総所得から固定資本減耗を差し引いたものを**国民純所得**（Net National Income, NNI）と呼びます。さらに、この国民純所得から間接税と補助金の差額である純間接税[4]を差し引いたものを**国民所得**（National Income, NI）と呼びます。また、粗付加価値から固定資本減耗を差し引くと純付加価値が得られます。

> ●純投資＝粗投資－固定資本減耗
> ●国民純所得＝国民総所得－固定資本減耗
> ●国民所得＝国民純所得－純間接税

　次に、付加価値の説明に進みたいのですが、その前に**中間生産物**（中間財）と**最終生産物**（最終財）の違いを理解しておくことが重要です。企業などの経済主体による生産活動の結果、生産物（モノ又はサービス）が生み出されますが、この生産物は中間生産物と最終生産物に区分されます。中間生産物とは、その財が他の財の生産活動のために投入されるもので、原材料・燃料・部品などのことです。具体的には、パンの生産に使用される「小麦粉」、車の生産に使用される

4）純間接税を差し引いた場合を要素価格表示、差し引かない場合を市場価格表示と言います。消費税をはじめとする間接税は要素価格に上乗せされますので、市場価格表示では過大に評価されます（補助金の場合はその分を割り引いて販売できるので過小評価されます）。

図1-5 梅おにぎりの製造と付加価値

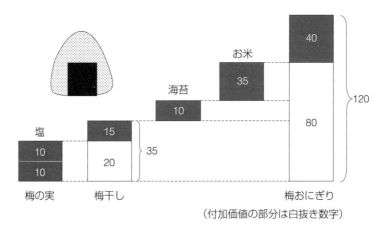

（付加価値の部分は白抜き数字）

「タイヤ」、下請け企業から調達する各種部品などが中間生産物に該当します。これに対して、最終生産物とは、家計や企業の最終需要に向けて販売される生産物のことです。わかりやすく言えば完成品です。なお、車などの最終生産物を、家計が購入すると「消費（耐久消費財）」、企業が購入すると「投資（投資財）」と呼ばれるようになりますので、注意してください。

　では、いよいよ**付加価値**（value added）の説明です。一般に、既存の生産物に手を加え、新しい生産物を作り販売するとき、既存の生産物よりも高い価値が付きます。付加価値とはその差のことであり、既存の生産物の価値に、さらに付加された価値を表す概念です。上記の用語を用いると、既存の生産物とは中間生産物のことですので、付加価値は生産額から投入された中間生産物の額（これを中間投入額と言います）を差し引いた値として求められます。

$$付加価値 ＝ 生産額 － 中間投入額 \quad (1.3)$$

　次に、付加価値の計算方法を具体的に見るために、**図1-5**の仮設例を取り上げます。この図は梅おにぎりの製造工程を単純化したものです。梅おにぎりはお米、海苔、梅干しで作られます。このなかの梅干しは、梅の実と塩で作られます。

　話を簡単にするために、原材料のなかの梅の実、塩、海苔、お米の生産に際し、中間生産物は用いなかった（つまり中間投入額はゼロ）としましょう。まず、梅

干しの生産者は梅の実と塩を各10で仕入れ、梅干しを生産し、それを35でおにぎり業者に販売します。また、おにぎり業者は海苔を10、お米を35で仕入れます。そのうえで、梅おにぎりを製造し、120で消費者に販売します。

　この話をもとに、各業者が生み出した付加価値を計算すると、梅の実、塩、海苔、お米の生産者は中間投入額がゼロなので生産額がそのまま付加価値になります。次に梅干しの生産者は中間投入額が10＋10＝20であり、生産額が35なので、付加価値は35－20＝15となります。最後に、おにぎり業者の中間投入額は35＋10＋35＝80であり、生産額が120なので、付加価値は120－80＝40であることがわかります。GDPとは、（粗）付加価値の合計ですので、この経済のGDPは10＋10＋15＋10＋35＋40＝120となります。

　実は、上記の仮設例から2つの重要な点が指摘できます。

　1つ目は、GDPという経済活動の指標を求める際に、各経済主体の生産額を単に合計してはいけないということです。生産額を単純に合計すると、10（梅の実）＋10（塩）＋35（梅干し）＋10（海苔）＋35（お米）＋120（梅おにぎり）＝220となりますが、この数値は実際の経済活動の水準よりも水増しされた数値になっているのです。なぜかというと、梅おにぎり製造業者の生産額120には、梅干しの生産額35と海苔製造業者の生産額10とお米の生産者の生産額35が入り込んでいるため、梅おにぎりの生産額にこれらの生産額を足し合わせた時点で、実は35と10と35を二重に足し合わせていることになるのです。同様に、梅干し生産者の生産額には、梅の実や塩といった前段階の生産額が含まれているので、ここでも二重計算が生じます。したがって、生産額の合計では、実際の経済活動の水準よりも大きな数値になってしまうことがわかります。

　では、適切な経済活動の水準を求めるにはどうすればよいのでしょうか。それは、生産額の合計から二重計算部分を差し引けば良いのです。そして、その二重計算部分がまさに、中間投入額に対応しているのです。このようなことから、生産額から中間投入額を差し引いた付加価値を用いて、GDPを求めることになるのです。

　ところで、いちいち生産額から中間投入額を差し引いてGDPを求める作業はとても面倒に思えますが、実は簡単にGDPを求めることができるのです。それは、最終生産物（梅おにぎり）の生産額を見ればよいのです。これが2つ目のポイントです。上記の仮設例では梅おにぎりの生産の120は、各経済主体が生み

出した付加価値の合計額に一致していることが、図1-5より確認できます。

$$\text{GDP} = \text{粗付加価値の合計額} = \text{最終生産物の生産額} \qquad (1.4)$$

■ GDP に含まれるものと含まれないもの（生産境界の問題）

ここまでの議論で、GDP は最終生産物の生産額であることを確認しました。したがって、生産されない財やサービスは GDP には含まれません。例えば、贈与、移転所得（年金など）、株の値上がりで儲けた所得（キャピタル・ゲイン）などは GDP に含めません。ただし、株への配当は生産活動に伴い発生しますので、GDP に含まれます。

また、生産額とは価格×生産量で求められます。したがって、価格のつくものが GDP の対象となることがわかります。しかし、必ずしも市場で取引されることのない生産活動についても、一部を GDP に含める場合があります。いくつかの事例を挙げてみましょう。

公共サービス：警察や消防、さらには国防といった政府による公共サービス活動は、市場で取引されていません。したがってそれらの価値を直接求めることはできません。そこで、市場価格のかわりに、それらのサービスを生産するために費やした費用で評価します。その大半は公務員に支払われた賃金です。

住宅サービス：住宅には賃貸と持ち家があります。賃貸の家賃については、市場で価格がついているため直接その価値を計算することができます。しかし、同じ住宅サービスでも、持ち家の場合には価格がつきません。それでも、賃貸住宅と同様なサービスを受けることができるため、**帰属家賃**という考え方を用いて GDP に算入しています。帰属家賃とは、持ち家住宅と同程度の賃貸住宅の家賃を、自分が自分に支払っているとみなすのです。

農家の自己消費：これも帰属家賃と同様に考えます。農家が自ら収穫し、市場を通さずに自己消費した場合、あたかも自分でそれを売り、自分で買って消費したとみなします。

家事サービス：各家庭では日々の生活の中で料理、洗濯、掃除といった活動を通じて効用を得ています。これらの家事サービスについては対価を支払うことはありません。そのため、これらは GDP の対象とされていません。しかし、同様

のサービスは家事代行サービス業者に依頼することでも享受できます。この場合、市場価格で対価を支払うことになりますので GDP の対象となります。ただし、家事サービスでは帰属計算は行いません[5]。

1.2　三面等価の原則

■4つの経済主体

　マクロ経済学では、**家計、企業、政府、海外**という4つの経済主体が登場します。家計は企業に労働力を供給し、企業や海外から最終生産物を購入するという消費活動（**個人消費**）を行います。企業は資本や労働等を用いて、最終生産物を生産します。また、設備投資を行うことで、固定資本形成を進めます。この設備投資に在庫品の増加（在庫投資）と家計による民間住宅投資を加えたものを、**民間総資本形成**と呼びますが、以下では単に**民間投資**と呼ぶことにします[6]。政府は国内の各経済主体（家計と企業）から税金を徴収するか、もしくは国内外の経済主体から公債の発行による借入を行います。そのようにして集めた資金をもとに政府消費や公共事業による公的資本形成を行います。これらをまとめて**政府支出**と呼びます。最後に、海外の経済主体とは輸出や輸入といった貿易や、国際間での資本取引が行われます。

■生産面・分配面・支出面から見た GDP

　まず、モノ（生産物）の各経済主体への流れを見てみましょう。お金は生産物と逆方向に流れることも念頭に置いてください。図1-6では、企業が生産したすべての最終生産物と、海外から輸入した生産物が国内の**生産物市場**（財市場とも呼びます）に供給され、各経済主体が生産物を購入する様子を図式化したもの

5）武野秀樹『GDPとは何か』（中央経済社、2004年）pp.62-63によれば、家事サービスがGDPから除かれる主な理由として、家事サービスの数量・金額を評価しようとすれば巨額になるため、適正な方法で帰属的に評価することは技術的に困難であることと、もしこの種の巨額な帰属処理を行った場合、家計の収入と支出が飛躍的に増大し、家計の収支構造は硬直化してしまうこと、が挙げられています。
6）一般に投資という場合、株式投資といった金融資産への投資をイメージする人もいるでしょうが、マクロ経済学で「投資」という場合、企業による設備や建物の購入、家計による住宅の購入といった、「実物投資」を意味します。

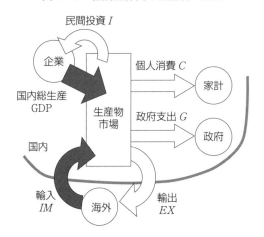

図 1 - 6　経済主体間の生産物の流れ

です。国内外の企業が生産した生産物の一部は個人消費という形で家計が購入します。企業も設備投資のために生産物を購入します。政府も自らの消費や公共投資のために生産物を購入します。最後に、一部の生産物は海外に輸出されます。売れ残った生産物がある場合には、在庫投資という名称で企業の民間投資に加えられます。

　以下では、家計による個人消費（Consumption）を C、民間投資（Investment）を I、政府支出（Government Expenditures）を G、輸出（Export）を EX、輸入（Import）を IM で表します。すると、

$$GDP + IM = C + I + G + EX$$

という関係式が成立することがわかります。この式を変形すると、

$$GDP = C + I + G + (EX - IM)$$

を得ます。$EX - IM$ のことを**純輸出**（Net export）と呼び[7]、NX で表すことにします。すると、この式は

$$GDP = C + I + G + NX \tag{1.5}$$

7）純輸出に純要素所得と経常移転収支を加えたものを**経常収支**と呼びます。

となります。式(1.5)の左辺は生産面から見たGDPですが、右辺は家計、企業、政府、海外の4つの経済主体からの支出を示しています。これを支出面から見たGDP、もしくは**国内総支出**（Gross Domestic Expenditure, GDE）といいます。したがって式（1.5）は、生産面から見たGDPと支出面から見たGDPが一致していることを表すものです。

　次に、企業が生み出したGDPは国内の3つの経済主体のいずれかに分配されます。まず、家計には労働力の対価として、企業から雇用者報酬が家計に対して支払われます。残りは営業余剰（企業の利潤や直接税など）、固定資本減耗、さらに純間接税（間接税マイナス補助金）です。ちなみに、GDPから固定資本減耗を差し引くとNDP（国内純生産）になることはすでに述べました。

　以上の関係をまとめると、次のようになります。

国内総生産（GDP）
　＝個人消費＋民間投資＋政府支出＋純輸出
　＝雇用者報酬＋営業余剰＋固定資本減耗＋純間接税

　これは、企業の経済活動によって生み出された付加価値、つまり国内総生産を、支出面と分配面という別の側面からとらえたもので、恒等的に一致します。これを**三面等価の原則**と呼んでいます。

■**経済循環**

　経済を「お金」に読み替えると、**経済循環**とはお金の循環であることがわかります。これは、企業が生み出したお金（GDP）が各経済主体間の分配や支出の結果、再び企業にGDPとして戻ってくることを意味しています。

　このことを理解するために、企業と家計からなるシンプルな経済を考えましょう。図1-7では企業が1年間に100のGDPを生み出した場合の、その後のお金の流れを描いています。最終生産物の生産額として企業の手元に集まった100は、労働などの生産要素を提供した見返りに、生産要素市場（労働市場など）を通じて家計に分配されます。この100が分配面から見たGDPです。なお、それは家計の所得になりますので、これを「所得面から見たGDP」と呼ぶ場合もあります。次に、家計は生産物市場で支出活動を行いますが、貯蓄を行わないとすれば、

図1-7　経済循環と三面等価

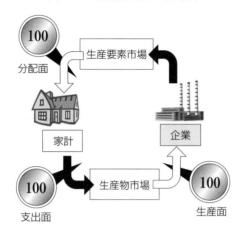

100の所得のすべてが生産物市場で支出されることになります。これが、支出面から見た GDP です。最後に、家計が支出した100は、生産物市場に最終生産物を供給した企業が受け取ります。これが次年度の GDP です。このように、100というお金が経済主体間を循環することが、経済循環なのです。

　次に、より一般的な状況を設定してみましょう。経済循環にかかわる経済主体として政府を加えます。また、お金の貸し借りを行う**金融市場**も組み込むことにします。政府は家計から税金を徴収し、税収が不足する場合は公債を発行し、金融市場から資金を調達します。そのうえで、生産物市場を通じて政府支出活動を行います。金融市場には直接金融と間接金融があります。直接金融とは債券や株式の発行により、借り手が貸し手から直接資金を調達する形態のことです。これに対して、間接金融とは貸し手と借り手の間に銀行などの金融機関が仲介業者として存在する形態のことです。

　図1-8に記された①から⑩の番号順に説明を進めることにします。まず、①企業は1年間に100の GDP を生み出し、生産要素市場を通じてその全額を家計に分配したとします。②これにより家計は100の所得を受け取ります。

　③所得を得た家計は、政府に10の税金を納めます[8]。所得から税金を引いた残

8）この図では企業からの法人税を考えていませんが、明示することも可能です。その場合、
　企業から家計への分配は、その法人税額を差し引いた額になります。

図 1-8　家計、企業、政府からなる経済での経済循環

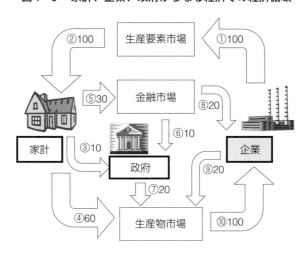

りの部分を**可処分所得**（Disposable Income）と呼びます。④家計はこの可処分所得を元手に生産物市場で消費を行いますが、この経済では 1 年間の消費額は60でした。⑤家計は可処分所得のうち消費に使わなかった30を金融市場に貯蓄します。いま、租税（Tax）を T、貯蓄（Savings）を S で表すと、

$$GDP = C+S+T \tag{1.6}$$

が成立していることがわかります。

　⑥政府は国民からの税収をもとにさまざまな政府活動を計画しますが、現在の日本のように税収が不足している場合には、赤字国債などの公債を発行し、金融市場から不足分を調達します。この経済ではその額は10です。⑦税収と公債の発行で得た20は公共事業などの政府活動にあてられます。

　⑧企業は設備投資のために必要な資金を金融市場から調達します。もし企業の手元に一定の資金があれば、それを投資にあてることも可能ですが、この図では企業が得た100の全額を家計に分配していますので、手元に資金は残っていません。そのような中で、将来を見据えて設備投資を実施するためには、金融市場から資金調達するしかありません。この図では投資のための資金として20を金融市場から調達しており、その資金で⑨生産物市場から投資財の購入を行っています。

　次に、生産物市場に注目します。図 1-8 では 3 つの経済主体のそれぞれが生

産物市場で支出を行っています。その内訳は家計による60の消費支出（C）、政府による20の政府支出（G）、企業による20の民間投資（I）です。これらのすべての需要に応えるのが企業です。企業が最終生産物を生産し、これら需要に見合う分の供給を行ったとしましょう。すると、⑩企業はこれらの支出を合計した$C+I+G=100$を最終生産物の生産額として受け取ることになります。

この図でも、三面等価の原則を確認することができます。まず、企業の最終生産物の生産額は100です。そして、この100が家計に所得として分配され[9]、さらにその所得は消費と貯蓄と租税の和に一致します。また、生産物市場への各経済主体の支出の合計も100でした。以上をまとめると、次のような関係が確認できます。

> 生産面から見た GDP
> $= C+S+T$（分配面から見た GDP）
> $= C+I+G$（支出面から見た GDP）

この恒等式は、海外との取引のない閉鎖経済でのGDPを考えるうえで非常に大切な式です。これに対して、海外との取引を組み入れた場合には、図1-6で示したように、生産物市場で「海外」も支出を行い、その大きさは純輸出（$NX = EX-IM$）で表します。したがって、その場合は

$$\text{支出面から見た GDP} = C+I+G+NX \qquad (1.7)$$

という関係式が成り立ちます。

最後に、次章以降で繰り返し用いられる重要な記号を紹介します。それはYです。Yは国民所得（National Income）を表す記号です。所得は英語でIncome（インカム）ですが、Yncomeと書いてもインカムと読めますので（綴りは正しくはありません）、その頭文字が「所得」を表していると思ってください[10]。また、すでに学んだように、閉鎖経済において固定資本減耗や純間接税がない場合

9）すでに学んだように、分配面から見た GDP は、雇用者報酬＋営業余剰＋固定資本減耗＋純間接税ですが、この図では営業余剰、固定資本減耗、純間接税をゼロと仮定しています。

10）Income の頭文字 I を使おうにも、投資を表す記号も I であるため使えないというやむを得ない理由もあります。

には、国民所得＝国民総所得＝国内総生産（GDP）が成立しますので、Yを
GDPと呼ぶ場合もあります。

1.3　産業連関表

　私たちはこれまでGDPについて学んできましたが、これから説明する産業連
関表を見ることでGDPの意味が一層明確になります。GDPは経済が生み出す粗
付加価値だけを取り出しますが、その裏で原材料や部品などの中間財の取引が行
われています。産業連関表で中間財の流れを追跡すればGDPが生み出されるプロ
セスも理解することができます。

　産業連関表（Input-Output table）とは、経済で生産・販売される取引を中間
財と最終財に分けて、産業別に記録した表のことです。ワリシー・レオンチェフ
（W. Leontief）によって考案されました。産業連関表は「投入産出表」とも言い
ます。**投入**（Input）とは、財を生産する際に、どの産業からどれだけの中間財
を購入したのか、またはどれだけの労働力を投入したのかを表します。これに対
して、**産出**（Output）とは各産業における財の生産を表しますが、生産した財
をだれに販売したのか、といった観点から表が作られています。この表を見るこ
とで、経済構造を把握することができ、生産波及効果を計算することができるよ
うになります。

■産業連関表の見方
　産業連関表は、中間財取引、最終需要、粗付加価値を記した3つのブロックか
ら構成されています。それぞれのブロックは**図1-9**のように配置されます。

　図1-10は、3つの産業からなる経済の取引例です。産業1は第1次産業、産
業2は第2次産業、産業3は第3次産業をイメージしてください。

　以下では、この図を用いて産業連関表の見方を説明します。まず、この産業連
関表の数字を縦方向（↓）に見てみましょう。この数字は各産業の生産にかかる
費用を表しています。言い換えれば投入額です。産業1の列の数字で説明しまし
ょう。産業1は生産のための中間投入として産業1から2兆円、産業2から3兆
円、産業3から2兆円の原材料等を中間生産物として購入しています。さらに、
従業員への賃金の支払い（雇用者報酬）が1兆円、営業余剰が4兆円、資本減耗

図1-9　産業連関表の概念図

中間財取引	最終需要
粗付加価値	

図1-10　産業連関表の具体例

		中間財需要			最終需要					国内生産額	合計
		産業1	産業2	産業3	消費	投資	政府	輸出	輸入		
中間投入	産業1	2	8	1	3	1	0	0	-2	13	
	産業2	3	179	61	68	90	1	56	-59	399	972
	産業3	2	76	135	226	25	90	17	-11	560	
粗付加価値	雇用者報酬	1	80	194							
	営業余剰	4	17	78							
	資本減耗引当	1	22	74							
	間接税−補助金	0	17	17							
国内生産額		13	399	560							
合計			972								

単位：兆円

引当（固定資本減耗引当、減価償却と同等）が１兆円、税金（補助金は差し引く）が０兆円です。産業２と産業３の列も同様に読みます。

　縦方向の数字のある部分に注目すると、GDPを求めることができます。GDPとは粗付加価値の合計額であり、それは生産額から中間投入額を差し引いた値でした。産業連関表では、この数字は「粗付加価値」のブロックに記載されています。このブロックの数字を合計すると、

$$(1+4+1+0)+(80+17+22+17)+(194+78+74+17) = 505$$

となり、GDPは505兆円であることがわかります。なお、この経済のGDPは国内生産額の合計である972兆円ではありませんので、間違えないでください。

　次に、産業連関表の数字を横方向（→）に見てみましょう。これは産出された生産物の販売先を示しています。産業１の行を見てください。産業１が生み出した生産物は、中間財として同じ産業１に２兆円、産業２に８兆円、産業３に１兆円販売されています。さらに、最終需要として家計の消費に３兆円、企業の投資に１兆円販売されています。最後の輸入にマイナスがついていますが、これは販

売の逆、つまり購入を表しています。これらの数字を合計すると、産業1の生産物に対する中間需要として（2+8+1＝）11兆円、最終需要が（3+1+0+0−2＝）2兆円、合計の生産額（販売額）が13兆円となります。産業2と産業3の列についても同様に計算すれば、3つの産業の中間財の合計は467兆円、最終需要の合計額は505兆円、生産額の合計額は972兆円となります。このとき、この経済のGDPは「最終需要の合計額」で求めることができます。つまり、505兆円です。この金額は、縦方向で求めたGDP、つまり、「粗付加価値の合計額」と一致していることがわかります。

　また、この産業連関表から、GDPについての以下の関係を再確認することができました。

> 国内総生産（GDP）
> 　＝個人消費＋民間投資＋政府支出＋純輸出
> 　＝雇用者報酬＋営業余剰＋固定資本減耗＋純間接税

■経済効果を求めてみよう

　この産業連関表を用いると、「くまモンの経済効果」や「九州新幹線開業の経済効果」など、さまざまなイベントや公共事業の経済効果を求めることができます。経済効果は、ある事業が中間財を含めた経済全体にどれだけの波及効果があるかを計算することで求められるのですが、これらの関係を明示したものが産業連関表なのです。

　実は、産業連関表を用いて経済効果を求める計算ツールは、総務省や全国都道府県のサイトに「経済波及効果分析ツール」などの名称で、エクセル形式で公開されています（「総務省」もしくは「都道府県名」と「産業連関表」のキーワードで簡単にネット検索できます）。そこにあらかじめ設定した「与件データ」と呼ばれる数値（イベントに集まると見込まれる観光客数など）を入力すれば、経済波及効果が自動的に計算されます。使い方の説明もウェブ上に出ていますので、皆さんで地域おこしイベントを考え、その経済効果を求めてみてください。

【練習問題】

次の表の数値をもとに、以下の問に答えなさい。

個人消費＝300、政府支出＝50、民間投資＝100、
生産物の輸出＝50、生産物の輸入＝60、固定資本減耗＝
80、海外からの所得受け取り＝20、海外への所得支払＝
15、間接税＝30、補助金＝10

このとき、次の値を求めよ。

(1) GDP（国内総生産）、(2) NDP（国内純生産）、(3) GNI（国民総所得）、(4) NNI
（国民純所得）、(5) NI（国民所得）

第2章 GDPの決定

　ここから、GDPが一国の経済の中でどのように決まるのかを考えます。第1章の後半では経済循環を学びましたが、そこでは生産要素市場と生産物市場が登場しました。本章では、生産物市場の需要と供給に注目し、GDPの決定メカニズムを論じます[1]。

　生産物市場では、企業が生産するすべての最終生産物と、海外から輸入する最終生産物が供給されます。これに対して、家計、企業、政府、海外の4つの経済主体がこれらの最終生産物を需要します。一般に、市場で需要と供給が一致する状況を**均衡**（equilibrium）といいます。本章の目的は、生産物市場が均衡するようなGDPを求めることです。

　このためには、まず、生産物市場の需要と供給がどのような項目から構成されるのかを理解する必要があります。さらに、本章ではケインズの**有効需要の原理**（principle of effective demand）に基づいた需給調整のメカニズムを説明します。有効需要とは家計の消費需要、企業の投資需要、政府支出、海外からの需要（純輸出）の合計で定義されます。これらの需要の大きさに合うように、企業が生産数量を調整し、生産物市場の均衡を達成するのです。このようなことから、本章において需要サイドの理解は特に重要です。

1）なお、経済循環の議論の中で、一国のマクロ経済には生産物市場のほかに、資金の貸し借りを行う金融市場や、労働力などの生産要素を扱う生産要素市場があることを述べました。第4章以降では、貨幣のストック量についての需給を考える貨幣市場をマクロ経済学の体系に加えます。さらに第7章以降では労働市場も加えたより大きな体系の下で、GDPの決定を論じます。なお、第1章で登場した金融市場と第4章で扱う貨幣市場の違いはフローとストックの違いです。すなわち、金融市場は一定の期間中に新たに発生した貯蓄を投資に結び付ける（言い換えれば資金の貸し借りを行う）フローの市場であるのに対し、貨幣のストック量についての需要と供給を考える市場が貨幣市場です。

2.1 短期と長期

　マクロ経済学の理論は、大きく短期と長期のモデルに分けることができます。**短期**とは、価格が変化しないような期間として定義されます。マクロ経済学では賃金や物価水準が不変である状況に対応します。これに対して、**長期**とは価格が変化するような期間です。価格が硬直的な短期の世界では、市場で需要と供給が一致していない場合、価格調整が機能しないことになります。このため、需要に合わせて供給量を調整するという「数量調整」が機能します。これに対して、価格が変化する長期では、「価格調整」によって需要と供給が調整されます。

　ところで、このような短期と長期の定義の下では、生産物の性質により、その期間が異なってきます。例えば、生鮮食料品はその日のうちに売り切る必要があるものが多いため、スーパーなどではその日の夕方には価格調整が始まります。これに対して、工業製品は価格調整ではなく、数量で調整する期間が長いと考えられます。

2.2 生産物市場の需要

　生産物市場では家計、企業、政府、海外の4つの経済主体が最終生産物を需要しますが、それぞれを個人消費 C、民間投資 I、政府支出 G、純輸出 NX と呼びます[2]。これら4つの経済主体の需要の合計を Y^D とすると、

$$Y^D = C + I + G + NX \tag{2.1}$$

となります。これら4つの需要項目の中で、最も大きな割合を占めるのは個人消費です。そこで、以下では個人消費がどのような要因によって決まるのかを考えていきます。なお、ここからは個人消費を単に「消費」と呼ぶことにします。

2.3 消費関数

　人々の消費に影響を与える要因にはさまざまなものが考えられますが、本節で

2）詳しくは、第1章の図1-6をもう一度見てください。

図2-1　ケインズ型消費関数

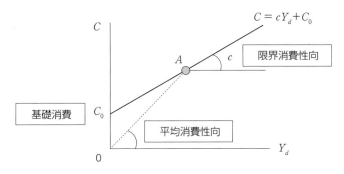

は所得、特に可処分所得と消費の関係に注目します。**可処分所得**（disposable income）とは所得 Y から租税 T を差し引いた、いわゆる税引き後の所得のことで、以下 $Y_d = Y - T$ で表します。可処分所得は家計が自由に使う（処分する）ことができる所得です。もしも、所得が10万円であっても、税金が2万円であれば、家計が自由に使える所得は8万円です。この可処分所得が大きいほど、消費も大きくなると考えることができます。

　このような可処分所得と消費の関係を、以下では**消費関数**（consumption function）を用いて定式化します。特に、次の式(2.2)は**ケインズ型消費関数**と呼ばれます。

$$C = cY_d + C_0 \tag{2.2}$$

　同じことですが、ケインズ型消費関数は

$$C = c(Y - T) + C_0 \tag{2.2′}$$

と書くこともできます。

　横軸を可処分所得 Y_d、縦軸を消費 C でとると、(2.2)のグラフは切片が C_0 で傾きが c であるような直線になります（図2-1）。このときの切片 C_0 の大きさを**基礎消費**、グラフの傾き c を**限界消費性向**（Marginal Propensity to Consume, MPC）といいます。

　基礎消費は「人々が生存するために必要な最低限の消費水準」を表し、通常は $C_0 > 0$ を仮定します。これに対して、限界消費性向とは「可処分所得が限界的

に1単位増加したときの、消費の限界的な増加分」を表します。言い換えれば、可処分所得が増加したときに、その何割が消費の増加に回るか、ということです。例えば、可処分所得が10万円増加したときに、そのうちの8万円が消費の増加にあてられたとしましょう。この場合、限界消費性向は 8/10 = 0.8 となります。一般に、限界消費性向は0と1の間の値を取ります（つまり、$0 < c < 1$ です）。なお、この例では残りの2万円は貯蓄の増加にあてられることになります。このように、可処分所得の増加に対する貯蓄の増加の比率のことを**限界貯蓄性向**（Marginal Propensity to Save, MPS）といいます。限界貯蓄性向は $1-c$ で表され、この値も0と1の間の値を取ります。限界消費性向が0.8であれば、限界貯蓄性向は0.2です。

　また、消費関数に関しては平均消費性向と平均貯蓄性向という概念も重要です。**平均消費性向**（Average Propensity to Consume, APC）とは可処分所得に占める消費の割合のことです。式で表すと、

$$APC = \frac{C}{Y_d} = c + \frac{C_0}{Y_d} \tag{2.3}$$

となります。式(2.3)から直ちにわかるように、ケインズ型消費関数の下ではつねに平均消費性向のほうが限界消費性向 c よりも大きな値を取ります。この大小関係は図2-1でも確認できます。読者は図中 A 点での平均消費性向と限界消費性向の大きさを見比べてみてください。また、式(2.3)より、ケインズ型消費関数の下では、可処分所得が大きくなるにつれて C_0/Y_d が小さくなるため、平均消費性向は小さくなり、可処分所得が無限大になれば限界消費性向に一致することもわかります。最後に、**平均貯蓄性向**（Average Propensity to Save, APS）は可処分所得に占める貯蓄の割合として定義されます。

2.4 生産物市場の供給

　生産物市場に財やサービスを供給する経済主体は企業です。このとき、企業は生産した最終生産物をそのまま生産物市場に供給すると考えます。いま、生産物市場の供給を Y^s で表すと、

$$Y^S = Y \tag{2.4}$$

となります。ここでの Y は GDP（国内総生産）です。

2.5　生産物市場の均衡と均衡 GDP

　ここまで、生産物市場の需要と供給について説明を行いました。そこで、本節では生産物市場における均衡と、均衡に対応する GDP を求めます。

　まず、話を簡単にするために、政府と海外が存在しないケースを想定しましょう。つまり、家計と企業のみからなる経済を考えるのです。このとき、式(2.1)は次のようになります。

$$Y^D = C + I \tag{2.5}$$

　また、消費関数はケインズ型としますが、政府が存在しない場合、租税 T はゼロとなるので、式(2.2′)より

$$C = cY + C_0 \tag{2.6}$$

となることがわかります。この式をグラフにしたものを**図 2-2** に破線で描いています。

　では、このときの生産物市場の需要 Y^D をグラフで表すとどうなるのでしょうか。図 2-2 に描いているように、それは式(2.6)の消費関数のグラフを、企業の投資需要 I の大きさだけ上方にスライドした直線になります[3]。このため、Y^D のグラフの傾きは消費関数の傾き c に一致しています。なお、図 2-2 では、横方向の座標軸は GDP Y であることに注意してください（可処分所得ではありません）[4]。

　さらに、この図に生産物市場の供給 Y^S のグラフを描くと、45度線になることがわかります。そこで、このような図を「45度線図」と呼びます。

　図 2-2 には、生産物市場の需要と供給が一致している均衡点が描かれていま

3）ここでは、企業の投資需要は一定であると仮定します。

4）第 1 章の最後で説明したように、いくつかの仮定を置けば国内総生産は国民所得と一致しますので、ここでは Y を GDP と呼んだり国民所得と呼んだりしています。

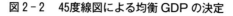

図2-2　45度線図による均衡 GDP の決定

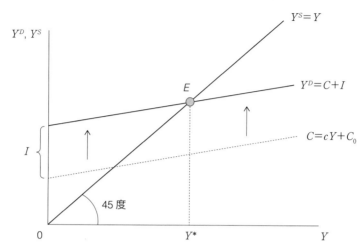

す。それは E 点です。需要と供給の大きさは、図中の縦の高さで測っているの
ですが、実際、E 点では需要と供給の高さが一致していることがわかります。
さらに、この均衡を達成するような GDP が横軸上の Y^* で表されています。こ
の GDP を**均衡 GDP** と呼びます。

2.6　均衡 GDP の安定性

　本章では、「実際の GDP は均衡 GDP の大きさで決定する」ことを主張します。
しかし、常にそうなるのでしょうか。実際の GDP が均衡 GDP と一致しないこ
とはないのでしょうか。実は、一致しないことも想定できるのですが、もしそう
だとしても、本章で仮定した生産物市場の「数量調整」によって、GDP は均衡
GDP に収束していくのです。以下、そのメカニズムを説明します。

　図2-3を見てください。いま、実際の GDP が均衡 GDP よりも小さな A であ
ったとします。このとき、生産物市場の需要は A^D、供給は $A^S(=A)$ であるこ
とがわかります（それぞれ縦の高さで測っていることに注意）。つまり、
$Y = A$ では $A^D - A^S$ の大きさで超過需要が発生しているのです。この場合、有
効需要の原理の下では、数量調整が行われますので、企業は生産を拡大します。
これにより GDP は均衡 GDP Y^* に向かって増加するのです。逆に、実際の

図2-3　均衡 GDP の安定性

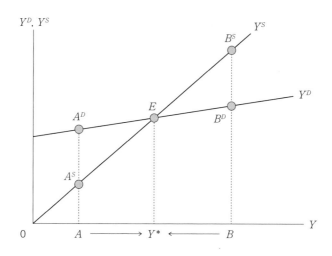

GDP が均衡 GDP よりも大きな B であった場合、生産物市場で $B^S - B^D$ の分だけの超過供給が発生しています。このときは、数量調整によって企業は生産を縮小しますので、やはり均衡 GDP に向かって収束することがわかります。このように、初期の GDP が均衡 GDP に一致していなくても、数量調整によって実際の GDP が均衡 GDP に収束していく性質を、「均衡は安定である」といいます。

2.7　均衡 GDP の導出

　ここまで、グラフを用いて均衡 GDP とその安定性について話を行いました。しかし、この均衡 GDP の大きさは、簡単な計算によって求めることができるのです。まず、家計と政府だけからなる経済において、生産物市場の需要は式(2.5)、供給は式(2.4)で表されます。すると、均衡では $Y^D = Y^S$ が成立しますので、

$$Y = C + I \Rightarrow Y = cY + C_0 + I \tag{2.7}$$

となることがわかります。そこで、この式を Y について解きなおすと、

$$Y^* = \frac{C_0 + I}{1 - c} \tag{2.8}$$

を得ます。これが均衡 GDP の値なのです。

式 (2.8) から、次のことがわかります。まず、均衡 GDP は基礎消費 C_0 や投資 I が大きいほど、大きくなります。また、限界消費性向 c が大きいほど、言い換えれば、限界貯蓄性向 $1-c$ が小さいほど、均衡 GDP は大きくなることもわかります。限界消費性向の大きな経済では、追加的に得られる可処分所得の多くの割合を消費の増加に回すため、生産物市場の需要が大きくなります。有効需要の原理から、消費や投資の増加はそれに見合う供給の増加を引き起こしますので、結果として均衡 GDP が大きくなるのです。この考え方は次章の「乗数分析」で再度登場します。

次に、政府部門を加えた場合の均衡 GDP を求めてみましょう。政府は租税 T を徴収し、政府支出 G を行います。この結果、消費関数は式 $(2.2')$ となり、生産物市場の需要は次のように修正されます。

$$Y^D = C+I+G = c(Y-T)+C_0+I+G \tag{2.9}$$

供給は式 (2.4) で変わりません。そこで、生産物市場の均衡条件 $Y^D = Y^S$ に式 (2.9) を代入すると、次のような均衡 GDP が得られます。

$$Y^* = \frac{C_0+I+G-cT}{1-c} = \frac{1}{1-c}(C_0+I+G) - \frac{c}{1-c}T \tag{2.10}$$

ここで、式 (2.8) と式 (2.10) を比較してみると、政府支出 G は均衡 GDP を押し上げる要因になっている一方で、租税 T は均衡 GDP を逆に押し下げてしまう要因になっていることがわかります。T の係数がマイナスになっているためです。T の増加は可処分所得を減少させるため、消費関数から C も小さくなります。T や G の大きさは政府が決定しますので、政府支出の拡大や減税政策といった財政政策が均衡 GDP に影響を与えることが読み取れます。

2.8 インフレギャップとデフレギャップ

ここまで均衡 GDP を導出し、その特徴を分析してきました。ところで、この均衡 GDP は、我々にとって望ましい GDP の水準なのでしょうか。確かに、この GDP の水準で生産物市場は均衡しています。しかし、マクロ経済のフレーム

ワークで想定されるさまざまな市場の均衡までは考えていません。特に、社会的
観点から望ましさを判定するには、失業が発生する GDP の水準かどうかを考え
ることは重要でしょう。そのためには、労働市場の均衡を考慮する必要がありま
す。

　労働市場については本書の第 7 章で詳しく論じますが、ここでは労働市場の均
衡を達成する完全雇用 GDP（full-employment GDP）Y_F という概念を紹介しま
す。この GDP では、働きたいと思っている人がすべて雇用される状況が達成さ
れます。つまり、失業が生じないのです。このような意味で、望ましい GDP の
水準であると考えることができます。そこで本節では、この完全雇用 GDP と均
衡 GDP を比較し、両者が一致していない場合にどのようなことが起きるのかを
説明します。

　均衡 GDP と完全雇用 GDP は、その母体となる市場が異なるため、両者が一
致する保証はありません。そこで、以下では①均衡 GDP ＞ 完全雇用 GDP のケー
ス、②均衡 GDP ＜ 完全雇用 GDP のケース、の 2 つに分けて話を進めます。

■インフレギャップ

　まず、①均衡 GDP が完全雇用 GDP を上回っている場合から見ていきましょ
う。完全雇用 GDP は図 2-4 の Y_A^F の水準にあるとします。一方、生産物市場の
均衡 GDP Y^* は、この Y_A^F を上回っています。この場合、Y_A^F の水準で生産物市
場では超過需要が発生しています。そこで、実際の GDP が Y_A^F であれば、数量
調整により企業は生産を拡大し、このギャップを埋めようとするでしょう。しか
し、このケースでは Y_A^F を超えて企業は生産を拡大することができないのです。
なぜならば、完全雇用 GDP の下では、働きたい人は全員が雇用されているため、
これ以上の雇用を増やすことができないのです。すると、慢性的な品不足が生じ、
物価が上昇するインフレーションが発生してしまいます。

　このとき、$Y = Y_A^F$ の下での超過需要の大きさ $Y_A^D - Y_A^S$ を**インフレギャップ**
と呼びます。つまり、インフレギャップとは、完全雇用 GDP における超過需要
の大きさのことです。このインフレギャップを解消するためには、政府支出 G
の抑制政策や租税 T を増やす増税政策を実施し、均衡 GDP を完全雇用 GDP の
水準まで押し下げる必要があります。

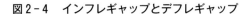

図2-4　インフレギャップとデフレギャップ

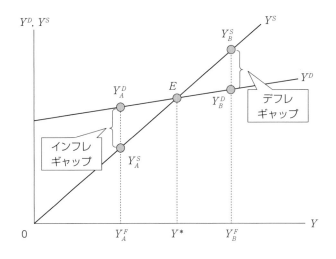

■デフレギャップ

　次に、②均衡 GDP が完全雇用 GDP を下回っている場合を見てみましょう。完全雇用 GDP は図2-4の Y_B^F の水準であり、均衡 GDP Y^* は、この Y_B^F を下回っています。この場合、Y_B^F の水準で生産物市場では超過供給が発生しています。そこで、もし実際の GDP が Y_B^F であったとしても、数量調整により企業は Y^* の水準まで生産を縮小することになります。すると、Y^* の下では働きたいのに働けない人が出てきます。つまり、労働市場で失業が発生することになるのです。このような失業を**非自発的失業**と呼びます。

　ここで、$Y = Y_B^F$ の下での超過供給の大きさ $Y_B^S - Y_B^D$ を**デフレギャップ**と呼びます。つまり、デフレギャップとは、完全雇用 GDP における超過供給の大きさのことです。このとき生じる GDP の縮小と失業を解消するためには、デフレギャップに相当する需要不足を解消する必要があります。具体的には、政府支出 G の拡大政策や租税 T を小さくする減税政策を実施することで、均衡 GDP を完全雇用 GDP の水準まで押し上げることが求められます。

コラム　経済成長率の寄与度分解とコロナショック

　本章では生産物市場における GDP の決定モデルを学習しました。GDP がどのような要因によって決まるのかを明らかにすることは重要で、それは経済成長の要因分析にも応用が可能です。ここでは、式（2.1）と式（2.4）から得られる生産物市場の均衡式

$$Y = C + I + G + NX \tag{2.11}$$

を用いて経済成長率を求め、経済成長の要因を分析する寄与度分解の手法を紹介します。

　まず、式(2.11)の両辺の変化分を Δ（デルタ）を用いて次のように表します。

$$\Delta Y = \Delta C + \Delta I + \Delta G + \Delta NX \tag{2.12}$$

ここで、式(2.12)の左辺の ΔY は GDP の変化分を表しており、右辺の各項はそれぞれ消費の変化分、投資の変化分、政府支出の変化分、外需の変化分を表しています。

　次に、式(2.12)の両辺を Y で割ると、

$$\frac{\Delta Y}{Y} = \frac{\Delta C}{Y} + \frac{\Delta I}{Y} + \frac{\Delta G}{Y} + \frac{\Delta NX}{Y} \tag{2.13}$$

を得ます。式(2.13)の左辺が経済成長率を表し、右辺の各項はそれぞれ消費の寄与度、投資の寄与度、政府支出の寄与度、外需の寄与度といいます。つまり、寄与度とは経済成長に対する各需要項目の貢献度のことです。例えば、消費の寄与度が2ポイント、投資の寄与度が1ポイント、政府支出の寄与度が1ポイント、外需の寄与度がマイナス1ポイントであれば、経済成長率は

$$\frac{\Delta Y}{Y} = 2 + 1 + 1 - 1 = 3$$

となり、3％となることがわかります。このように、経済成長率の数字を需要項目の寄与度別に分解することを寄与度分解というのです。

この寄与度分解ですが、式(2.13)は、さらに次のように変形することができます。

$$\frac{\Delta Y}{Y} = \frac{\Delta C}{C}\frac{C}{Y} + \frac{\Delta I}{I}\frac{I}{Y} + \frac{\Delta G}{G}\frac{G}{Y} + \frac{\Delta NX}{NX}\frac{NX}{Y} \qquad (2.14)$$

この式の右辺部分は「各需要項目の成長率×構成比」という構造をしています。例えば右辺第1項は「消費の成長率($\Delta C/C$)×消費のGDPに占める構成比(C/Y)」となっています。構成比はすべてを合計すると必ず1になりますので、式(2.14)から、経済成長率は各需要項目の成長率の加重平均であると解釈することができます。

さて、この寄与度分解を用いて、最近の日本経済の状況を見てみましょう。図2-5を見ると、2019年第4四半期（だいよんしはんき）に消費税の引き上げで消費の寄与度が大きなマイナスとなっていることがわかります。さらに、2020年の第2四半期にはコロナショックが顕在化し、消費と外需（輸出）が大きく落ち込んでいることがわかります。つまり、コロナショックでは全世界的に消費需要が縮小したことが見てとれます。

図2-5 日本の経済成長率の寄与度分解（2018年第1四半期〜2020年第2四半期）

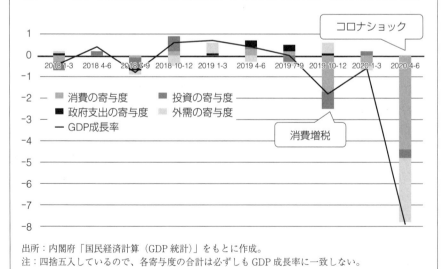

出所：内閣府「国民経済計算（GDP統計）」をもとに作成。
注：四捨五入しているので、各寄与度の合計は必ずしもGDP成長率に一致しない。

【練習問題】

海外部門が存在しない閉鎖経済で、消費関数はケインズ型であるとします。限界消費性向が0.8、基礎消費が5、民間投資が30、政府支出が20、租税が30である経済の均衡GDPを求めなさい。

第3章 乗数分析

　第2章では、生産物市場の需要と供給が等しくなる GDP の水準を均衡 GDP といいました。そして、GDP の水準は、この均衡 GDP に決まる（収束する）ということでした。また、政府支出が増えると、均衡 GDP は大きくなるということでした。第3章では、政府支出が増加した場合などに、その増加の何倍の大きさで均衡 GDP が変化するのかを求めます。

　第3章では、引き続き、生産物市場の需要と供給は以下の式で与えられるものとします。また、消費の額は以下のケインズ型消費関数で与えられるものとします。

　　　生産物市場の供給　　　　$Y^S = Y$
　　　生産物市場の需要　　　　$Y^D = C + I + G$
　　　消費関数　　　　　　　　$C = c(Y - T) + C_0$

このとき、均衡 GDP の値は、以下の値になるということでした（この均衡 GDP の値は、第2章で導出されました）。

$$Y^* = \frac{1}{1-c}(C_0 + I + G) - \frac{c}{1-c}T \tag{3.1}$$

　以下では、政府支出が増加した場合などに、この均衡 GDP の値が、どのように変化するのかを検討します。

3.1　政府支出乗数

　まずは、政府支出乗数と呼ばれる値を求めます。**政府支出乗数**とは、政府支出

が増加したときに、その増加額の何倍の大きさで均衡 GDP が変化するかを示す値となります。例えば、政府支出が 1 兆円増加すると、均衡 GDP が2.5兆円大きくなるというケースであれば、政府支出乗数の値は2.5となります。ここでは、この政府支出乗数の値を求めます。そのため、まずは、政府支出が増加すると、均衡 GDP の値がどのように変化するのかを明らかにします。

　ここでは、政府支出の値が G から $G+\Delta G$ に増加するケースを考えます。このとき、政府支出増加後の均衡 GDP の値は、式（3.1）の G が $G+\Delta G$ に変化した値となります。したがって、政府支出増加後の均衡 GDP の値は、

$$Y^{**} = \frac{1}{1-c}(C_0+I+G+\Delta G)-\frac{c}{1-c}T \tag{3.2}$$

となります。なお、ここでは、Y^{**} は政府支出増加後の均衡 GDP を表します。

　さて、この政府支出増加後の均衡 GDP の値である式(3.2)から、元の均衡 GDP の値である式(3.1)を差し引けば、政府支出の増加によって生じた均衡 GDP の変化額を求めることができます。そこで、式(3.2)から式(3.1)を引くと、

$$Y^{**}- Y^* = \frac{1}{1-c}\Delta G$$

となります[1]。ここで、均衡 GDP の変化額 $Y^{**}-Y^*$ を ΔY で表すと、

$$\Delta Y = \frac{1}{1-c}\Delta G \tag{3.3}$$

となります。この式(3.3)の値が、政府支出が ΔG だけ増加したときの均衡 GDP の変化額となります。

　この式(3.3)からは、政府支出が増えると、その増加額である ΔG に $\frac{1}{1-c}$ を

1）式(3.2)から式(3.1)を引くと、次のようになります。

$$
\begin{aligned}
Y^{**} \quad &= \frac{1}{1-c}(C_0+I+G+\Delta G) -\frac{c}{1-c}T \\
-)\ Y^* \quad &= \frac{1}{1-c}(C_0+I+G) \quad\quad\ -\frac{c}{1-c}T \\
\hline
Y^{**}-Y^* &= \frac{1}{1-c}\Delta G
\end{aligned}
$$

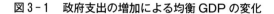

図 3-1　政府支出の増加による均衡 GDP の変化

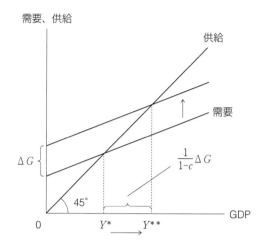

掛けた額だけ、均衡 GDP が大きくなるということがわかります。したがって、政府支出乗数の値は $\frac{1}{1-c}$ になるということがわかります（ただし、c は限界消費性向を表します）[2]。

　なお、このときの均衡 GDP の変化を図に示すと、**図 3-1**のようになります。この図は、第 2 章で取り上げた「45 度線図」となります。政府支出が ΔG だけ増加すると、「45 度線図」では、生産物市場の需要を示す直線が ΔG だけ上にシフトすることになります。その結果、均衡 GDP は Y^* から Y^{**} へと変化します。そして、このときの均衡 GDP の変化の大きさは $\frac{1}{1-c}\Delta G$ となります。

3.2　GDP が乗数倍で変化する理由

　例えば、限界消費性向 $c = 0.8$ のケースでは、政府支出乗数の値は $\frac{1}{1-0.8} = 5$ となります。したがって、政府支出が増えると、その 5 倍の大きさで GDP は

2）限界貯蓄性向の値は $1-c$ になるということでした。したがって、政府支出乗数の値は、$\frac{1}{1-c} = \frac{1}{限界貯蓄性向}$ と表されることもあります。

図 3-2　GDP が乗数倍で変化する理由

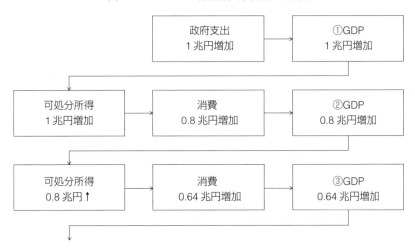

大きくなるということになります。では、なぜ、政府支出が増えると、その何倍もの大きさでGDPは大きくなるのでしょうか。その理由は、次のように説明することができます。

　いま限界消費性向が $c = 0.8$ であったとします。このとき、政府支出が1兆円増加したとします。そうすると、このことにより、まずは、GDP が1兆円大きくなります（**図3-2の①**）。また、この増加分の1兆円は、最終的には誰かの所得となります。したがって、経済全体で可処分所得が1兆円増加することになります。

　可処分所得が1兆円増加すると、今度はこれに限界消費性向 $c = 0.8$ を掛けた0.8兆円だけ消費が増加します。そうすると、このことにより、GDP が0.8兆円大きくなります（図3-2の②）。また、この増加分の0.8兆円は、最終的には誰かの所得となります。したがって、経済全体で可処分所得が0.8兆円増加することになります。

　可処分所得が0.8兆円増加すると、今度はこれに限界消費性向 $c = 0.8$ を掛けた0.64兆円だけ消費が増加します。そうすると、このことにより、GDP が0.64兆円大きくなります（図3-2の③）。

　このように、最初の1兆円の政府支出の増加が次から次へと新たな消費を生むことになるので、最終的な GDP の変化額は 1＋0.8＋0.64＋… となり、1兆円の

何倍もの大きさになります。

　以上の説明を一般化すると、次のように説明することができます。ここでは、限界消費性向を c とします。このとき、政府支出が ΔG 円増加したとします。そうすると、このことにより、まずは、GDP が ΔG 円大きくなります。また、この増加分の ΔG 円は、最終的には誰かの所得となります。したがって、経済全体で可処分所得が ΔG 円増加することになります。

　可処分所得が ΔG 円増加すると、今度はこれに限界消費性向 c を掛けた $c\Delta G$ 円だけ消費が増加します。そうすると、このことにより、GDP が $c\Delta G$ 円大きくなります。また、この増加分の $c\Delta G$ 円は、最終的には誰かの所得となります。したがって、経済全体で可処分所得が $c\Delta G$ 円増加することになります。

　可処分所得が $c\Delta G$ 円増加すると、今度はこれに限界消費性向 c を掛けた $c^2\Delta G$ 円だけ消費が増加します。そうすると、このことにより、GDP が $c^2\Delta G$ 円大きくなります。

　したがって、最終的な GDP の変化額 ΔY は、

$$\Delta Y = \Delta G + c\Delta G + c^2\Delta G + \cdots$$
$$= (1+c+c^2+\cdots)\Delta G$$

となります。この式に含まれる $(1+c+c^2+\cdots)$ は、初項が 1、公比が c の無限等比数列の和となっています。そこで、無限等比数列の和の公式を適用すると、$1+c+c^2+\cdots = \dfrac{1}{1-c}$ となります[3]。これを上の式に代入すると、

$$\Delta Y = \frac{1}{1-c}\Delta G$$

となります。したがって、最終的な GDP の変化額 ΔY は、この式の値となります。この値は、先ほど求めた式(3.3)の値とも一致しています。

3）無限等比数列の和の公式については、『トリアーデ経済学 1　経済学ベーシック［第 2 版］』第 3 章 3.5 節を参照してください。

3.3 租税乗数

　次に、租税乗数と呼ばれる値を求めます。**租税乗数**とは、租税が変化したとき
に、その変化額の何倍の大きさで均衡 GDP が変化するかを示す値となります。
この租税乗数の値を求めるために、まずは、租税が増加すると、均衡 GDP の値
がどのように変化するのかを明らかにします。

　ここでは、租税の値が T から $T+\Delta T$ に増加するケースを考えます。このとき、
租税増加後の均衡 GDP の値は、式(3.1)の T が $T+\Delta T$ に変化した値となります。
したがって、租税増加後の均衡 GDP の値は、

$$Y^{**} = \frac{1}{1-c}(C_0+I+G) - \frac{c}{1-c}(T+\Delta T) \tag{3.4}$$

となります。なお、ここでは、Y^{**} は租税増加後の均衡 GDP を表します。

　さて、この租税増加後の均衡 GDP の値である式(3.4)から、元の均衡 GDP の
値である式(3.1)を差し引けば、租税の増加によって生じた均衡 GDP の変化額
を求めることができます。そこで、式(3.4)から式(3.1)を引くと、

$$Y^{**} - Y^* = \frac{-c}{1-c}\Delta T$$

となります[4]。ここで、均衡 GDP の変化額 $Y^{**} - Y^*$ を ΔY で表すと、

$$\Delta Y = \frac{-c}{1-c}\Delta T \tag{3.5}$$

となります。この式(3.5)の値が、租税が ΔT だけ増加したときの均衡 GDP の変
化額となります。

---

4) 式(3.4)から式(3.1)を引くと、次のようになります。

$$
\begin{aligned}
Y^{**} \quad &= \frac{1}{1-c}(C_0+I+G) - \frac{c}{1-c}(T+\Delta T) \\
-)\ Y^* \quad &= \frac{1}{1-c}(C_0+I+G) - \frac{c}{1-c}T \\
\hline
Y^{**} - Y^* = \quad & \qquad\qquad\qquad -\frac{c}{1-c}\Delta T
\end{aligned}
$$

　この式 (3.5) からは、租税が増えると、その増加額である ΔT に $\dfrac{-c}{1-c}$ を掛けた額だけ、均衡 GDP が変化するということがわかります。したがって、租税乗数の値は $\dfrac{-c}{1-c}$ になるということがわかります（ただし、c は限界消費性向を表します）[5]。

　なお、増税が行われたときには、ΔT はプラスの値となります。そのため、ΔT に $\dfrac{-c}{1-c}$ を掛けた値はマイナスとなります。したがって、増税が行われたときには、均衡 GDP の変化額はマイナスとなります。それに対して、減税が行われたときには、ΔT はマイナスの値となります。そのため、ΔT に $\dfrac{-c}{1-c}$ を掛けた値はプラスとなります。したがって、減税が行われたときには、均衡 GDP の変化額はプラスとなります。

3.4　投資乗数

　次に、投資乗数と呼ばれる値を求めます。**投資乗数**とは、投資が増加したときに、その増加額の何倍の大きさで均衡 GDP が変化するかを示す値となります。この投資乗数の値を求めるために、まずは、投資が増加すると、均衡 GDP の値がどのように変化するのかを明らかにします。

　ここでは、投資の値が I から $I+\Delta I$ に増加するケースを考えます。このとき、投資増加後の均衡 GDP の値は、式 (3.1) の I が $I+\Delta I$ に変化した値となります。したがって、投資増加後の均衡 GDP の値は、

$$Y^{**} = \frac{1}{1-c}(C_0 + I + \Delta I + G) - \frac{c}{1-c}T \qquad (3.6)$$

となります。なお、ここでは、Y^{**} は投資増加後の均衡 GDP を表します。

　さて、この投資増加後の均衡 GDP の値である式 (3.6) から、元の均衡 GDP の

5）限界貯蓄性向の値は $1-c$ になるということでした。したがって、租税乗数の値は、$\dfrac{-c}{1-c} = \dfrac{-限界消費性向}{限界貯蓄性向}$ と表されることもあります。

値である式(3.1)を差し引けば、投資の増加によって生じた均衡GDPの変化額を求めることができます。そこで、式(3.6)から式(3.1)を引くと、

$$Y^{**} - Y^* = \frac{1}{1-c}\Delta I$$

となります[6]。ここで、均衡GDPの変化額 $Y^{**} - Y^*$ を ΔY で表すと、

$$\Delta Y = \frac{1}{1-c}\Delta I \tag{3.7}$$

となります。この式(3.7)の値が、投資が ΔI だけ増加したときの均衡GDPの変化額となります。

　この式(3.7)からは、投資が増えると、その増加額である ΔI に $\frac{1}{1-c}$ を掛けた額だけ、均衡GDPが大きくなるということがわかります。したがって、投資乗数の値は $\frac{1}{1-c}$ になるということがわかります（ただし、c は限界消費性向を表します）[7]。なお、この投資乗数の値は、先に求めた政府支出乗数の値と同じになります。

3.5　均衡予算乗数

　次に、均衡予算乗数と呼ばれる値を求めます。ここでは、政府支出を増加させる際に、その財源が租税でまかなわれるケースを考えます。すなわち、政府支出と租税が同額だけ増加するケースを考えます。**均衡予算乗数**とは、政府支出と租

6）式(3.6)から式(3.1)を引くと、次のようになります。

$$Y^{**} \quad = \frac{1}{1-c}(C_0 + I + \Delta I + G) - \frac{c}{1-c}T$$

$$-)\ Y^* \quad = \frac{1}{1-c}(C_0 + I \qquad + G) - \frac{c}{1-c}T$$

$$\overline{Y^{**} - Y^* = \frac{1}{1-c}\Delta I}$$

7）限界貯蓄性向の値は $1-c$ になるということでした。したがって、投資乗数の値は、$\frac{1}{1-c} = \frac{1}{限界貯蓄性向}$ と表されることもあります。

税が同額だけ増加したときに、その増加額の何倍の大きさで均衡 GDP が変化するかを示す値となります。

　この均衡予算乗数を求めるために、政府支出の増加による均衡 GDP の変化額と、租税の増加による均衡 GDP の変化額をそれぞれ求めます。ここでは、政府支出が ΔA だけ増加する（$\Delta G = \Delta A$）とともに、租税も ΔA だけ増加する（$\Delta T = \Delta A$）ケースを考えます。

　まずは、政府支出の増加による均衡 GDP の変化額を求めます。式(3.3)で示されたように、政府支出が増加したときには、その増加額に $\dfrac{1}{1-c}$ を掛けた額だけ均衡 GDP は大きくなるということでした（政府支出乗数の値は $\dfrac{1}{1-c}$ になるということでした）。したがって、政府支出が ΔA だけ増加したときの均衡 GDP の変化額 ΔY_G は、次のようになります。

$$\Delta Y_G = \frac{1}{1-c}\Delta A \tag{3.8}$$

　次に、租税の増加による均衡 GDP の変化額を求めます。式(3.5)で示されたように、租税が増加したときには、その増加額に $\dfrac{-c}{1-c}$ を掛けた額だけ均衡 GDP は変化するということでした（租税乗数の値は $\dfrac{-c}{1-c}$ になるということでした）。したがって、租税が ΔA だけ増加したときの均衡 GDP の変化額 ΔY_T は、次のようになります。

$$\Delta Y_T = \frac{-c}{1-c}\Delta A \tag{3.9}$$

　さて、政府支出と租税がそれぞれ ΔA だけ増加したときの均衡 GDP の変化額 ΔY は、ΔY_G と ΔY_T の合計となります。

$$\Delta Y = \Delta Y_G + \Delta Y_T$$

これに、式(3.8)および式(3.9)を代入すると、

$$\Delta Y = \frac{1}{1-c}\Delta A + \frac{-c}{1-c}\Delta A = \Delta A \tag{3.10}$$

となります。

　この式 (3.10) からは、政府支出と租税がそれぞれ ΔA だけ増加すると、均衡 GDP はちょうど ΔA だけ大きくなるということがわかります。すなわち、政府支出と租税が同額だけ増加したときには、その増加額の 1 倍の大きさで均衡 GDP が大きくなるということがわかります。したがって、均衡予算乗数の値は 1 であるということがわかります。

3.6　海外部門を考慮に入れた場合

　本節では、海外部門を考慮に入れた場合（海外との貿易を考慮に入れた場合）の乗数の値を求めます。そこで、本節では、生産物市場の需要と供給は以下の式で与えられるものとします。また、消費の額は、引き続き、以下のケインズ型消費関数で与えられるものとします。

生産物市場の供給	$Y^S = Y$
生産物市場の需要	$Y^D = C + I + G + EX - IM$
消費関数	$C = c(Y - T) + C_0$

ここでは、生産物市場の需要に新たに純輸出 $EX - IM$ が含まれています。

　このうち、輸出額 EX については、輸出相手国の GDP によって決まってくると考えられます。例えば、米国の GDP が大きくなれば、米国で日本製品がよく売れるようになります。そのため、米国の GDP が大きくなれば、日本から米国への輸出は増加すると考えられます。このように、輸出額は輸出相手国の GDP が大きくなれば増加すると考えられます。ここでは、分析を簡単にするため、輸出相手国の GDP は一定であると考え、輸出額は一定とします[8]。

　一方、輸入額 IM については、自国の GDP が大きくなれば増加すると考えられます。そこで、輸入額 IM は以下の式で表されるものとします。

8）輸出額は、輸出相手国の GDP のほかにも、為替レートなどの他の要因の影響も受けますが、ここでは輸出額に影響を及ぼす他の要因も一定であると仮定します。

$$IM = mY + IM_0 \tag{3.11}$$

ここで、m は**限界輸入性向**と呼ばれ（本章でのみ、m は限界輸入性向を表します）、0から1の間の値をとります（$0 < m < 1$）。

このとき、生産物市場の均衡条件は次のようになります[9]。

$$Y = c(Y-T) + C_0 + I + G + EX - (mY + IM_0) \tag{3.12}$$

したがって、この式(3.12)を満たす Y の値が均衡 GDP となります。すなわち、この式を Y について解いた解が均衡 GDP となります。そこで、この式を Y について解くと、

$$Y^* = \frac{1}{1-c+m}(C_0 + I + G + EX - IM_0) - \frac{c}{1-c+m}T \tag{3.13}$$

となります。この式(3.13)が、海外部門を考慮に入れた場合の均衡 GDP の値となります。

■乗数の値

さて、この式(3.13)において、政府支出 G には $\frac{1}{1-c+m}$ という値が掛かっています。そのため、政府支出 G が増加すると、その増加額に $\frac{1}{1-c+m}$ を掛けた額だけ Y^*（均衡 GDP）は大きくなることになります。したがって、海外部門を考慮に入れた場合の政府支出乗数の値は $\frac{1}{1-c+m}$ となります。

同様に、式(3.13)において、租税 T には $-\frac{c}{1-c+m}$ という値が掛かっています。そのため、租税 T が増加すると、その増加額に $\frac{-c}{1-c+m}$ を掛けた額だけ Y^*（均衡 GDP）は変化することになります。したがって、海外部門を考慮に入れた場合の租税乗数の値は $\frac{-c}{1-c+m}$ となります。

9）式(3.12)は、生産物市場の供給 $Y_S = Y$、生産物市場の需要 $Y^D = C+I+G+EX-IM$、および消費関数 $C = c(Y-T)+C_0$ を、生産物市場の均衡条件 $Y^S = Y^D$ に代入したものとなります。

また、式(3.13)において、投資 I には $\dfrac{1}{1-c+m}$ という値が掛かっています。そのため、投資 I が増加すると、その増加額に $\dfrac{1}{1-c+m}$ を掛けた額だけ Y^*（均衡 GDP）は大きくなることになります。したがって、海外部門を考慮に入れた場合の投資乗数の値は $\dfrac{1}{1-c+m}$ となります。

次に、海外部門を考慮に入れた場合の均衡予算乗数の値を求めます。均衡予算乗数とは、政府支出と租税が同額だけ増加したときに、その増加額の何倍の大きさで均衡 GDP が変化するかを示す値でした。海外部門を考慮に入れた場合、政府支出が増加したときには、その増加額に $\dfrac{1}{1-c+m}$ を掛けた額だけ均衡 GDP は変化します（政府支出乗数の値は $\dfrac{1}{1-c+m}$ になるということでした）。また、租税が増加したときには、その増加額に $\dfrac{-c}{1-c+m}$ を掛けた額だけ均衡 GDP は変化します（租税乗数の値は $\dfrac{-c}{1-c+m}$ になるということでした）。そのため、政府支出と租税が同額だけ増加すると、その増加額に $\dfrac{1}{1-c+m}+\dfrac{-c}{1-c+m}$ を掛けた額だけ、均衡 GDP は変化することになります。したがって、海外部門を考慮に入れた場合の均衡予算乗数の値は $\dfrac{1}{1-c+m}+\dfrac{-c}{1-c+m}=\dfrac{1-c}{1-c+m}$ となります。

表3-1は、海外部門を考慮に入れない場合（閉鎖経済の場合）と海外部門を考慮に入れた場合（開放経済の場合）で、各乗数の値を比較したものとなります。表3-1で示されるように、開放経済の場合には、分母に限界輸入性向 m が加わる分だけ、各乗数の値は小さくなります。すなわち、政府支出や投資などが増加したときの均衡 GDP の変化額は、開放経済の場合には閉鎖経済の場合よりも小さくなるということです。

政府支出の増加による均衡 GDP の変化額が、開放経済の場合に小さくなる理由は次のように説明することができます。政府支出が増加すると GDP が大きくなりますが、開放経済の場合には、GDP が大きくなると輸入が増えることにな

表 3 - 1　閉鎖経済と開放経済の場合の乗数の値

	閉鎖経済 （海外部門なし）	開放経済 （海外部門あり）
政府支出乗数	$\dfrac{1}{1-c}$	$\dfrac{1}{1-c+m}$
租税乗数	$\dfrac{-c}{1-c}$	$\dfrac{-c}{1-c+m}$
投資乗数	$\dfrac{1}{1-c}$	$\dfrac{1}{1-c+m}$
均衡予算乗数	1	$\dfrac{1-c}{1-c+m}$

注：c は限界消費性向を表し、m は限界輸入性向を表す。

ります。この輸入の増加は、国内の生産物市場の需要を減らすことになります。したがって、開放経済の場合には、輸入の増加により国内の生産物市場の需要が減少する分だけ、政府支出の増加による均衡 GDP の変化額は小さいものとなります。

【練習問題】

ある経済において、マクロ経済モデルが次の式で示されている。

$$Y = C + I + G$$
$$C = 0.75(Y-T) + 20$$

ただし、Y は GDP、C は消費、I は投資、G は政府支出、T は租税である。この経済の政府支出乗数と租税乗数の値を求めよ。

第4章 | 貨幣市場

　本章では貨幣市場について学習します。貨幣と聞くと現金をイメージする人は多いと思いますが、現代ではこれに預金などを加え、より広範に貨幣をとらえます。その際のキーワードは「流動性」です。次に、貨幣市場について考えますが、誰がどのような場面で貨幣を必要とするのか、という貨幣需要の側面と、誰がどのように貨幣を供給するのか、という貨幣供給の側面に分けて説明を行います。貨幣需要については取引に伴う需要と、資産選択のなかで生じる需要が重要です。貨幣供給では、日本銀行（中央銀行）による貨幣の供給と、民間の金融機関（市中銀行）による預金の発生メカニズムに注目します。

4.1 貨幣の定義

　我々は日常生活の中でしばしば貨幣を使用します。ではなぜ我々は貨幣を用いようとするのでしょうか。その理由は、貨幣にはとても便利な機能があるからです。代表的な機能には次の3つがあります。（図4-1）

　まず、貨幣には（1）取引の決済手段としての機能があります。これは、貨幣を持つことで欲しいものを効率的に手に入れることができるという機能です。もし、貨幣が存在しなければ、物々交換によって必要なものを手に入れることになります。しかし、『トリアーデ経済学1　経済学ベーシック［第2版］』の第4章でも説明したように、物々交換が成立するためには、「自分の欲しいものを相手が持っている」ということに加え、「相手の欲しいものを自分が持っている」という**欲望の二重の一致**が成立しなければなりません。この二重の一致を満たすためには多くの人と交渉をする必要が生じますが、時間等のさまざまな費用がかさみ、効率的ではないのです。

図4-1　貨幣の3つの機能

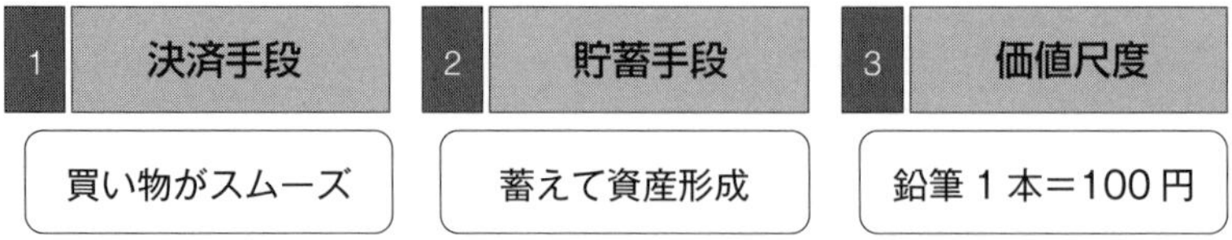

1	決済手段	2	貯蓄手段	3	価値尺度
	買い物がスムーズ		蓄えて資産形成		鉛筆1本＝100円

　次に、貨幣には（2）貯蓄手段としての機能があります。人々は今期の所得の一部を貯蓄し、来期以降の消費にあてようとします。このとき、肉や魚のように、貯蔵に適さないものにはこのような機能はありません。貯蓄しても価値が減少することがないものが貨幣となり、資産の蓄積手段としての機能を果たします。

　最後に、貨幣には（3）価値尺度としての機能があります。物々交換の世界では、モノの価値を統一的に図る尺度を見つけることはとても困難ですが、貨幣であれば、例えばリンゴやみかん、さらには車といったさまざまな財の価値を表すことが可能になります。

　これらの3つの機能の中でも、特に取引の決済手段と貯蓄手段としての機能はとても重要です。人々は取引をスムーズに行うため、または富の貯蓄手段として、貨幣を手に入れようとします。もちろん、貯蓄手段には貨幣以外にも株式や国債などの金融資産、土地などの不動産など多くの種類があります。しかし、これらの資産は基本的に取引の決済手段にはなり得ません。欲しい物を購入するためには資産を現金などの貨幣に交換する必要があります。ここで、資産を現金化する場合の容易さの度合いを**流動性**（liquidity）と呼びます。実は、経済学では「流動性の高いもの」を総称して貨幣といいます。流動性という言葉は貨幣の代名詞です。

　紙幣や硬貨などの**現金**は、定義上最も高い流動性を持っていることがわかります。しかし、現代の経済では、現金だけでなく銀行の**預金**も高い流動性を持っているのです。

　まず、銀行のキャッシュカードを持っていれば、さまざまな場所に設置してあるATM（現金自動預け払い機）で手軽に現金を引き出すことができます。また、そのキャッシュカードにデビット機能がついているもの（デビットカード）があります。これは、買い物をする際にキャッシュカードを提示することで、必要な額を銀行口座から直ちに引き落とし、決済できるという機能です。これらのこと

から、銀行の預金にはきわめて高い流動性があることがわかります。

　さらに、銀行に預金口座を持っている人がクレジットカードを所有していれば、あえて現金を引き出すことなく買い物をすることもできます。購入した商品の代金は、後日、指定の銀行口座上で決済が行われるのです。銀行口座での決済という点では、電気・ガス・水道などの公共料金も同様です。自動引き落とし契約を結んでいれば、指定の期日に銀行口座から引き落とされますので、現金を必要としません。

　以上のことから、銀行の預金も現金と同様に貨幣の機能を有していることが理解できます。経済学では現金と預金の全体を**マネーストック**と呼び、一国の貨幣供給量を表す重要な指標として用います。

$$\text{マネーストック} = \text{現金} + \text{預金} \qquad (4.1)$$

　ところで、銀行の預金には当座預金、普通預金、定期預金、外貨預金などさまざまな種類の預金があります。実は、これらの間で流動性の程度は同一ではありません。特に、原則無利子ですが取引の手段として小切手が振り出せる当座預金と、若干の利子が付きいつでも引き出せる普通預金などを合わせて「要求払い預金」と言います。この要求払い預金が最も高い流動性を有しており、次に定期性預金、外貨預金となります。このように、同じ預金でも流動性の程度に違いがあることと、金融機関の種類に応じて、マネーストックはさらにM1（エムワン）、M2（エムツー）、M3（エムスリー）の3種類に区分されています。

　図4-2[1]では、M1、M2、M3の定義を示しています。まず、日銀が発行する現金と、国内の銀行、信用組合、農協などの預金を取り扱うすべての金融機関に受け入れられた要求払い預金（これを**預金通貨**と呼びます）を合計したものがM1です[2]。これに対して、現金通貨と、ゆうちょ銀行を除いた国内の銀行に受け入れられた要求払い預金と定期性預金、外貨預金、譲渡性預金の合計額がM2

1）この図は「マネーストック統計の解説」日本銀行調査統計局（2014年8月）のp.12にある図「通貨指標の変更」の一部を簡略化したものです。同資料は日銀のホームページ上に公開されています。
2）2007年の郵政民営化を機に、従来のマネーサプライ統計は2008年にマネーストック統計に変更されました。その際、ゆうちょ銀行の預金通貨がM1に加えられるようになりました。

図4-2 マネーストックの種類

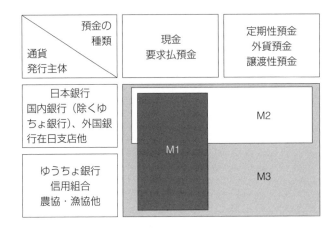

預金の種類 通貨 発行主体	現金 要求払預金	定期性預金 外貨預金 譲渡性預金
日本銀行 国内銀行（除くゆ ちょ銀行）、外国銀 行在日支店他	M1	M2
ゆうちょ銀行 信用組合 農協・漁協他		M3

です。ここで、**譲渡性預金**（Certificate of Deposit, CD）とは企業が取引の決済手段として開設でき、しかも金融市場を通じて口座ごと譲渡可能な大口の定期預金のことです。なお、定期性預金と外貨預金を合計したものを**準通貨**と呼びます[3]。M3は現金とすべての金融機関の預金の合計（＝現金通貨＋預金通貨＋準通貨＋CD）であり、これらの中では最も広い概念になっています。特に、M3は最も代表的なマネーストックの指標として、ニュースや記事でしばしば取り上げられます[4]。

　最後に、M3に投資信託や国債など、預金を取り扱わない証券会社が扱う金融商品を加えた指標を**広義流動性**と呼びます。この定義の下では、例えば、投資信託を解約し、国内の銀行預金に振り替えた場合、M1、M2、M3の値は増加しますが、広義流動性の大きさは変化しないことがわかります。

3）定期性預金は解約すれば現金通貨や預金通貨（要求払い預金）に替えることができ、決済手段として利用できるため、「準」通貨と呼ばれます。

4）かつての我が国での貨幣の範囲は現金発行高を中心としたものでしたが、1949年にその概念が若干拡張され、当座預金が加えられました。その後、経済の発展とともに、取引の決済手段として預金が急速に用いられるようになったことで、1955年に要求払預金を貨幣に含めることになりました。さらに、IMFが定期預金などの準通貨を貨幣概念に組み込む形で国際的な貨幣の統一基準を提案したことを受け、我が国では1967年に準通貨を含めた通貨統計の作成が始まりました。詳しくは日本銀行調査統計局の「マネーストック統計の解説」を参照してください。

4.2　貨幣の需要

■貨幣需要

　これまでの話から、貨幣の機能のなかで、(1) 取引の決済手段、(2) 富の蓄積手段の2つが特に重要であることを述べました。貨幣の需要は、これらの機能を利用しようとするときに発生します。

　まず、取引をスムーズに行うために、貨幣需要が発生します。これを貨幣の**取引需要**と言います。我々は欲しいもの、必要なものをすぐに手に入れるために財布を持ち歩きます。その財布にいくら入れるのかが、個人レベルでの貨幣の取引需要の大きさを表します。一般にそれは個人の所得に比例すると考えられます。つまり、所得の低い人の財布の中身よりも、所得の高い人の財布の中身が大きいということです。これを一国経済に拡張して考えると、経済全体では、貨幣の取引需要は国民所得に比例すると考えられます。いま、貨幣の取引需要の大きさを L_1 とすれば[5]、この関係は

$$L_1(Y) = kY \tag{4.2}$$

で表すことができます。ここで、k は正の定数です[6]。

　次に、富の貯蓄手段として貨幣が需要される場合があります。これは、人々の資産選択の問題のなかで生じる貨幣需要であり、貨幣の**資産需要**、もしくは**投機的需要**と言います。

　ところで、一口に資産運用といってもさまざまな選択肢があります。代表的な運用手段は株式投資です。株価が安いときにある企業の株を買って、その後値上がりした時点で売却できれば、キャピタル・ゲイン（capital gain）と呼ばれる差額分の利益を得ます。さらに、黒字決算の企業の株式を保有していれば、配当を受け取ることができます。しかし、購入後に株価が下落した場合、その株を売却した際にはキャピタル・ロス（capital loss）と呼ばれる損失が発生します。企業の決算が赤字であれば配当もありません。

　株式投資と類似した資産運用の手段に債券投資があります。債券とは日本国債、地方債、社債などの総称で、いずれも「借金証書」です。これら債券も、株式と

5）L_1 の L は貨幣の代名詞である流動性（Liquidity）の頭文字から取っています。

6）貨幣数量説（第7章で学習）では、この k を「マーシャルの k」と呼びます。

同様に市場で売買されており、日々債券価格が変動しています。したがって、債券価格が安いときに債券を購入し、値上がりした時点で売却すれば利益が得られます。さらに、債券を長期保有すれば、クーポン（利札）に記された利息を受け取ることができます。満期まで保有すれば、これら利息に加え、元本が受け取れます。

　一方で、あえて株や債券に手を出さず、「貨幣」のまま資産を保有し続けるという選択肢もあります。貨幣で資産を保有し続ける場合、利息や配当はありませんが[7]、資産の額は全く変化しないため、とても安全な資産運用方法です。

　ここまで、株や債券と、貨幣の違いを見てきました。これらには対照的な性質がありますので、あるときは株や債券で資産の多くの割合を運用し、またあるときは資産の多くを貨幣で保有する、ということが、上手な資産運用になるでしょう。具体的には、株価や債券価格が安く、今後価格が上昇しそうな場面では、資産の多くの割合を株や債券で運用した方がよいでしょう。そして、実際に株価や債券価格が上昇し始めたら、弱気な人（もうこれ以上株価は上昇しない、と考えている人）から株を売却すると考えられます。株価や債券価格がさらに上昇すると、強気な人までもが株や債券から貨幣に資産保有の形態を変更することになるでしょう。つまり、株価が上昇し、その後の値下がりの可能性が高まるにつれ、安全確実な資産運用の手段である貨幣での運用が重要視されるようになるのです。

　このように考えると、貨幣の資産需要の大きさは、株価や債券価格と関連していることがわかります。そこで、これらの価格がどのように決定されるかを、次節で考えてみることにしましょう。

4.3　株価と債券価格

■割引現在価値

　株価については、さまざまな要因が影響を与えており、そのすべてをここで明らかにすることは容易ではありません。しかし、次のような単純化された状況では、株価を比較的容易に求めることができます。

　いま、経営状態が長期的に安定しており、毎年受け取ることのできる配当額が

7）貨幣には預金が含まれ、当座預金以外の預金にも利子はつきますが、預金の利子率は低いため、ここではそれを無視しています。

図4-3　*R*円の割引現在価値

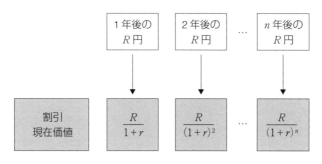

R円で一定である企業があるとします。ところで、現在のR円、1年後のR円、10年後のR円、みなR円で同じですが、受け取れる時期が異なる場合、経済学では異なった価値があると考えます。そのことを、**割引現在価値**という概念で説明します。

　将来のR円の現在の価値は、**図4-3**のように利子率rで割引きます。例えば、1年後のR円の現在の価値は$\dfrac{R}{1+r}$円となります。その理由は、現在$\dfrac{R}{1+r}$円を保有している人が1年間銀行に預けたとすると、利息がついて元利合計は

$$\underbrace{\frac{R}{1+r}}_{\text{元金}} + \underbrace{\frac{R}{1+r} \times r}_{\text{利息}} = (1+r)\frac{R}{1+r} = R \tag{4.3}$$

となり、1年後にはR円になるためです。複利計算[8]の下では、現在の$\dfrac{R}{(1+r)^2}$円は、2年後のR円に一致することが確認できます。一般に、n年後のR円の割引現在価値は$\dfrac{R}{(1+r)^n}$となります。

■株価の決定

　では、1年後から毎年R円の配当を受け取れる企業の価値、すなわち現在の株価Vを求めてみましょう。毎年のR円を割引現在価値で表した値を合計することで、その企業の現在の価値を求めることができます。

8）複利計算については序章を参照してください。

$$V = \frac{R}{1+r} + \frac{R}{(1+r)^2} + \cdots + \frac{R}{(1+r)^n} + \cdots \qquad (4.4)$$

この式は、初項 $\frac{R}{1+r}$、公比 $\frac{1}{1+r}$ の等比級数です。そこで、『トリアーデ経済学1　経済学ベーシック［第2版］』で学習した公式を用いると、

$$V = \frac{\text{初項}}{1-\text{公比}} = \frac{\dfrac{R}{1+r}}{1-\dfrac{1}{1+r}} = \frac{R}{r} \qquad (4.5)$$

となることがわかります。式(4.5)が株価の決定式です。この式より、毎年受け取れる配当 R が高いほど、そして利子率 r が小さいほど、株価 V は高くなることが理解できます。特に、利子率と株価の間には反比例の関係があることに注目してください[9]。

■債券価格の決定

すでに述べたように、日本国債などの債券は借金証書です。このため、債券には借金の金額（額面）と、返済（償還）期日、および償還までに毎年支払われる利息額（クーポン（利札））が明示されています。いま、額面が A 円、満期まで毎年受け取ることのできる利息額が R 円である債券の現在の価値、つまり債券の市場価格 B を、割引現在価値の方法で求めてみましょう。この債券は n 年後に満期を迎え、償還されるものとし、1年後から利息を受け取れるものとします。

$$B = \underbrace{\frac{R}{1+r} + \frac{R}{(1+r)^2} + \cdots + \frac{R}{(1+r)^n}}_{\substack{\text{クーポン部分の} \\ \text{割引現在価値}}} + \underbrace{\frac{A}{(1+r)^n}}_{\substack{\text{額面の} \\ \text{割引現在価値}}} \qquad (4.6)$$

9）本節で導出した株価は経営状態が安定している仮想的な企業を想定したものです。この場合、配当と利子率が一定であれば、式(4.5)より株価も変化しないことになります。しかし、現実には多くの企業の株価は日々変動し、時にはバブルを発生させます。この事実を説明するためには、本節での議論に、企業の経営状態と将来性を織り込んだ「リスクプレミアム」という概念を新たに導入する必要があります。リスクプレミアムについては本書の第12章「為替レート決定論」や、三野和雄『マクロ経済学』（培風館、2013年）pp.77-79などを参照してください。

式(4.6)では、n年後の満期に利息Rと元金Aが戻ってきますので、ともに$(1+r)^n$で割り引いていることに注意してください。この式を簡単にまとめることは困難ですが、コンソル債[10]と呼ばれる、償還が無限先の債券を考えると、等比級数の公式から簡単に計算することができます。

$$B = \frac{R}{1+r} + \frac{R}{(1+r)^2} + \cdots + \frac{R}{(1+r)^n} + \cdots = \frac{R}{r} \tag{4.7}$$

この式(4.7)から、株価(4.5)と同じ仕組みでコンソル債の価格が決まっていることがわかります。つまり、毎年受け取れる利息Rが高いほど、そして利子率rが小さいほど債券の割引現在価値、つまり債券価格は高くなるのです[11]。

> **利子率と債券価格は反対方向に動く**

この性質は、新聞やニュースなどでしばしば紹介されますし、次章で説明するLM曲線の導出の際にも再度登場します。非常に重要ですので、しっかりと理解してください。

■債券価格と資産需要の関係

では、貨幣の資産需要の議論に戻りましょう。これまでの議論から、株価と債券価格の決定メカニズムが類似していることがわかりましたので、以下の議論では株式と債券を区別せず、まとめて「債券」と呼ぶことにします。つまり、資産運用の方法を債券と貨幣の二者択一問題として定式化します。

すでに述べたように、債券と貨幣は、資産運用の面で異なる性質を持っていま

---

10) コンソル債（consolidated annuities）とは、イギリス政府によって1752年に創設された永久年金公債のことです。

11) コンソル債を念頭に置いた場合、式(4.7)より$r = \frac{R}{B}$となることから、債券価格と利子率の関係は次のように簡単に説明することができます。いま、債券の市場価格Bが100円、利息Rは年6円だとすれば、利回り（これを利子率と考えてください）は6％（0.06）です。ところが、この債券が人気化し、市場価格Bが120円に上昇したとしましょう。その場合も利息Rは年6円で変わりませんので、$\frac{R}{B} = \frac{6}{120}$から利子率は5％（0.05）に低下することがわかります。

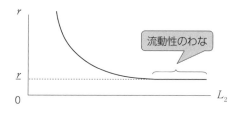

図4-4　利子率と貨幣の資産需要

す。この違いに由来し、（A）債券価格が上昇するに従って貨幣の資産需要は高まります。また、（B）債券価格と利子率は逆方向に動く、という関係があることも学びました。これら（A）と（B）の性質を合わせることで、貨幣の資産需要を利子率との関係で考えることができます。つまり、利子率が低ければ低いほど、債券価格は高くなるので、貨幣の資産需要は高まるのです。いま、貨幣の資産需要を L_2 で表すことにしましょう。すると、L_2 は利子率 r の関数として

$$L_2 = L_2(r) \tag{4.8}$$

のように表すことができます。この関係をグラフで示すと、**図4-4**のように描くことができます。

■流動性のわな

　ところでケインズは『一般理論』の中で、貨幣の資産需要には特殊な状況を想定する必要があることを指摘しました。それは利子率が極端に低い状況で生じるとされ、貨幣の資産需要が無限大になってしまう可能性がある[12]ということです。利子率が歴史的な下限に近くなるにつれ、債券価格は極端に高い水準に上昇します。その結果、債券価格がその上限に到達したとすれば、次に来るのは価格の暴落でしょう。したがって、そのような状況ではだれも債券を保有しようとせず、貨幣の資産需要が無限大になってしまうのです。これを**流動性のわな**（liquidity trap）と呼びます。

　図4-4では利子率の下限が $\underline{r}$ であり、利子率がその水準に達した時点で流動性のわなの領域に経済が陥ることを示しています。ケインズの時代には歴史的に

12）ミクロ経済学で登場する「弾力性」という概念を用いると、これは貨幣需要の利子弾力性が無限大になるということに対応します。

イギリスの利子率が2％を下回ったことがなかったため、その水準をrとして想定したようです[13]。事実、『一般理論』のなかでケインズは、「ジョンブルはたいていのことには我慢できるが、2％の利子率には我慢できない」という表現で流動性のわなを説明しています[14]。ジョンブルとは代表的なイギリス人を表します。保守的で我慢強いイギリス人であっても、2％という極端に低い利子率の下で債券を我慢強く持ち続ける人はいないということです。

　ところで、なぜ流動性の「わな」と呼ぶのでしょうか。わなとはトラップのことであり、決して良い意味ではありません。「わなにかかった」などと言います。一旦わなにかかったら、容易に抜け出すことはできません。実は、次章で明らかにするように、経済も流動性のわなの領域に陥ってしまうと、容易には抜け出せなくなってしまうのです。なかでも金融政策は全く効果を失ってしまいます。1990年代以降、日本経済は長い不況に陥り、日銀の積極的な金融政策にもかかわらずその不況から抜け出すことができませんでした。このため、流動性のわなの議論は、日本経済に最もあてはまるのでは、と考えている論者はクルーグマンをはじめとして数多く存在します。

■貨幣需要のまとめ

　これまでに、貨幣需要には取引需要L_1と、資産需要L_2があることを学びました。さらに、L_1は国民所得の増加関数であること、L_2は利子率の減少関数であることもわかりました。以上をまとめると、貨幣需要$L(=L_1+L_2)$は国民所得と利子率の2変数関数として、$L = L(Y, r)$と表すことができます。

4.4　貨幣の供給

　本節では貨幣供給について説明します。すでに学んだように、マネーストックは現金と預金からなります。ここで現金の供給は日本銀行（日銀）の役割であり、預金の創造は民間の金融機関（市中銀行）の信用創造によって生み出されます。

---

13) 実は、イギリスの利子率（イングランド銀行の政策金利）は2008年のリーマンショック後の2009年に、歴史的に初めて2％を割り込みました。

14) J.M.ケインズ（塩野谷祐一訳）『雇用・利子および貨幣の一般理論』（東洋経済新報社、1995年）p.309では、19世紀の諺として紹介されています。

詳しくは『トリアーデ経済学1　経済学ベーシック［第2版］』の第4章で説明していますが、重要な部分を概説しておきましょう。

■現金の供給

　日銀には3つの役割があります。「発券銀行」、「銀行の銀行」、「政府の銀行」です。発券銀行とは、日本銀行券という紙幣を発行する主体であるということであり、その供給水準をコントロールすることが重要な金融政策の手段になります。

　次に、市中銀行は当座預金の口座を日銀に開設しています。この口座に市中銀行が預けているお金を**日銀預け金**と言います。市中銀行は、家計や企業からの預金が発生した場合、その預金の一定比率（預金準備率）以上の金額を、日銀にある当座預金口座に預け入れなければいけない決まりがあります（準備預金制度）。このような制度の理由は、もしすべての預金を市中銀行が貸し出してしまった場合、預金者の引き出しに応えられなくなることと、預金準備率を操作することで預金額に影響を与え、ひいてはマネーストックの大きさをコントロールするためです。市中銀行同士の決済も、日銀にある市中銀行の当座預金を通じて行われます。ここで、現金と日銀預け金の合計額を、経済学では**マネタリーベース**（もしくは、**ベースマネー**、**ハイパワードマネー**）と呼んでいます。

$$\text{マネタリーベース} = \text{現金} + \text{日銀預け金} \qquad (4.9)$$

　日銀の役割の最後に、政府は国民との間で税金の受け入れや公共事業・年金の支払いといったお金のやり取りを行っています。これらのやり取りは、日銀が管理する政府の預金口座で行われます。これが、「政府の銀行」と呼ばれるゆえんです。

　ところで現金は、日銀の「発券銀行」と「銀行の銀行」という役割を通じて世の中に供給されていきます。たとえば、市中銀行が保有している国債を日銀が購入した場合、その代金は日銀の中にある市中銀行の口座に振り込まれます。その結果、日銀預け金が大きくなり、マネタリーベースが増加します。そこで、市中銀行が当座預金の日銀預け金からお金を引き出すことで、日銀預け金は減少しますが、市中銀行の手持ちの現金が増えることになります。この現金が銀行の貸出業務を通じて、世の中に出ていくのです。

　特に、国債などが取引される金融市場には、市中銀行が参加するインターバンク市場と、市中銀行に加え企業や地方自治体などが参加できる公開市場（オープンマーケット）があります。このなかで、日銀が公開市場に介入して市中銀行が保有する国債や手形などを売買することを**オペレーション（公開市場操作）**といいます。特に、市中銀行が保有している国債などの資産を日銀が購入することを、資金供給オペレーション（または、買いオペレーション）、逆に、売却することを資金吸収オペレーション（または、売りオペレーション）と言います。日銀のオペレーションは、マネタリーベースの大きさをコントロールする最も有力な手段です。

■預金の創造（信用創造と信用乗数）

　日銀から市中銀行に提供された「現金」は、その何倍もの大きさの「預金」を生み出します。そのメカニズムが、銀行の**信用創造**です。

　いま、日銀の資金供給オペレーションによって、市中銀行の手元に100万円の現金が供給されたとしましょう。すると、市中銀行はその現金をAさんに貸し出すことにしました。しかし、Aさんは受け取った100万円の現金を自分の銀行口座に預け入れることにしました。これにより、銀行に100万円の預金が発生します。

　ところで、預金が発生するとその一定割合を日銀預け金として、市中銀行は日銀の当座預金口座に預ける決まりがあることを思い出してください（準備預金制度）。いま、そのための預金準備率、つまり預金のうち貸し出せない割合が10%であるとしましょう。すると、100万円の預金が発生した場合、10万円は貸し出すことができませんが、残りの90万円は貸し出せるのです。そこで、この90万円をBさんに貸し出したとしましょう。しかし、Bさんも自分の銀行口座に90万円を預け入れたとすると、90万円の追加的な預金が発生することがわかります。この追加的な預金の10%にあたる9万円を差し引いた81万円は、さらに別の人に貸し出すことができます。その結果、新たに81万円の預金が発生します。このプロセスを繰り返すことで、預金総額は

$$100 + 0.9 \times 100 + (0.9)^2 \times 100 + \cdots = \frac{100}{1-0.9} = 10 \times 100 = 1000 \qquad (4.10)$$

となります。このとき、最初の預金額（本源的預金通貨と言います）は100万円ですが、その10倍の預金が生じていることがわかります。この倍率を**信用乗数**と呼びます。信用乗数は、一般には預金準備率の逆数で表すことができます。

■マネーストックと貨幣乗数

ここまで、マネタリーベースの増加に伴い本源的預金通貨が発生すると、その信用乗数倍の預金が生み出されることを見てきました。すると、現金と預金の合計であるマネーストックも増加することがわかります。また、マネタリーベースは現金と日銀預け金の合計でした。そこで、これらの関係を用いて、マネタリーベースの何倍の倍率でマネーストックが拡大するのかを考えてみましょう。いま、マネタリーベースを H、マネーストックを M で表すと、

$$\frac{M}{H} = \frac{現金＋預金}{現金＋日銀預け金} \tag{4.11}$$

となります。この式(4.11)の右辺の分子分母を、さらに預金額で割ると、

$$\frac{M}{H} = \frac{\dfrac{現金}{預金}＋1}{\dfrac{現金}{預金}＋\dfrac{日銀預け金}{預金}} \tag{4.12}$$

を得ます。式(4.12)に登場する「現金／預金」は「現金・預金比率」と呼びます。さらに、「日銀預け金／預金」は準備率を表します。そこで、この(4.12)の右辺を m で表すと、

$$M = mH, \quad m = \frac{現金・預金比率＋1}{現金・預金比率＋準備率} \tag{4.13}$$

を得ます。このときの乗数 m が**貨幣乗数**です。貨幣乗数の分母にある準備率は1よりもはるかに小さい値を取ります（我が国では0.01～0.02）。すると、分子が分母よりも大きいことになるので、m は1より大きい値となることがわかります。例えば、現金・預金比率を0.1とし[15]、準備率も0.1と仮定すると、貨幣乗数は $m = 5.5$ となります。また、準備率は0.1のままで、現金・預金比率が0.2に増加すると、貨幣乗数は $m = 4$ に低下します。

4.5　貨幣市場の均衡

　ここまで、貨幣の需要と供給について話をしました。貨幣の需要には取引需要 L_1 と資産需要 L_2 があること、貨幣供給では日銀によるマネタリーベースの供給と、市中銀行の預金の創造メカニズムが重要であることを学びました。

　では、本章の最後に、貨幣市場で需要と供給が等しくなる状態、つまり、貨幣市場の均衡を式で表してみましょう。

　まず、貨幣需要 $L(=L_1+L_2)$ は $L=L(Y,r)$ で表すことができます。次に、貨幣供給はマネーストック M で表すことができるのですが、これを物価水準 P で割って、実質マネーストック $\dfrac{M}{P}$ で表す必要があります。その理由は、物価が P 倍になることで、貨幣の実質的な購買力は $\dfrac{1}{P}$ 倍になってしまうからです[16]。

　以上のことから、貨幣市場の均衡は

$$L(Y,r) = \frac{M}{P} \tag{4.14}$$

で表すことができます。この式(4.14)は、貨幣市場が均衡するための国民所得 Y と利子率 r が満たすべき条件を表しており、LM 式といいます。次章では、これらの関係を LM 曲線としてグラフで表現します。

---

15) 現金・預金比率は、世の中の経済主体が資産を現金と預金に分けて保有する場合の、その保有比率を表します。例えば、100万円の預金を持つ家計が手元に10万円の現金を保有していた場合の現金・預金比率は0.1です。

16) 例えば、千円札の価値をおにぎりで表すことを考えてみましょう。いま、おにぎり1個が100円だとすれば、千円札の実質価値はおにぎり10個分に対応します。しかし、物価が2倍になり、おにぎりの価格も1個200円になると、千円札の実質価値はおにぎり5個分に減少します。つまり、おにぎりで測った千円札の価値は $\dfrac{1}{2}$ になってしまうのです。このような理由から、一般に物価が P 倍になると、貨幣の実質的な価値は $\dfrac{1}{P}$ 倍になるのです。

【練習問題】

次のケースにおいて、貨幣乗数がどのような影響を受けるのか考えなさい。

(1) 日銀により準備率が引き下げられた。

(2) 金融不安が生じ、人々がより多くの預金を引き出し、手元に現金を多く持つように
　　なった。

第5章 | *IS-LM* 分析

第2章では、生産物市場の需要と供給が等しくなる GDP の水準を求めました。また、第4章では、貨幣市場の需要と供給について学びました。*IS-LM* 分析と呼ばれる分析では、生産物市場でも貨幣市場でも需要と供給が等しくなる GDP の水準を求めます。本章では、この *IS-LM* 分析を取り上げます。

5.1 投資関数

第2章では、生産物市場の需要は、消費 C、投資 I、政府支出 G の合計になるということでした（海外部門を考慮しない場合）。ここでは、生産物市場の需要に含まれる投資 I の水準は何によって決まってくるのかを検討します。

結論から述べると、マクロ経済学の最も基本的な分析では、投資の水準は利子率によって決まってくると考えられます。例えば、10％の利子率で1億円を借り入れた場合、毎年の利息の支払いは1000万円となります[1]。しかし、5％の利子率で1億円を借り入れた場合には、毎年の利息の支払いは500万円となります。このように、利子率が低い場合には、利息の支払いの負担が軽くなるので、企業は設備投資のための資金を借り入れやすくなります。そのため、利子率が低くなると、経済全体の投資額は増加すると考えられます。

以上の理由から、マクロ経済学の最も基本的な分析では、利子率 r が低くなれば、投資 I は増加すると考えられます（より詳しい説明は、第10章で改めて取り上げます）。すなわち、投資 I は利子率 r の減少関数になると考えられます（**図5-1**）。

1）ただし、元金を返済していった場合には、利息の支払い額は、年々減少していきます。

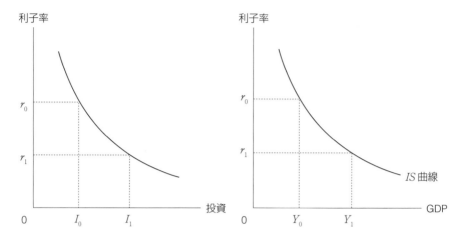

図 5-1　経済全体の投資関数　　　　　　　図 5-2　*IS* 曲線

5.2　*IS* 曲線

　以上を踏まえた上で、*IS-LM* 分析と呼ばれる分析を取り上げます。本節では、まずは、*IS* 曲線と呼ばれる曲線について説明します。ここでは、横軸に GDP をとり、縦軸に利子率をとる座標軸を考えます。この座標軸上に、生産物市場の需要と供給が等しくなる点（すなわち、生産物市場の均衡条件が満たされる点）を示していくと、通常は右下がりの曲線となります（**図 5-2**）。この曲線を ***IS* 曲線**といいます[2]。

■ *IS* 曲線の導出

　以下では、*IS* 曲線が右下がりの曲線になることを確認します。いま、利子率が r_0 から r_1 へと低下したとします（$r_0 > r_1$）。利子率が r_0 から r_1 へと低下すると、図 5-1 で示されるように、投資は I_0 から I_1 へと増加します。投資は生産物市場

2）生産物市場の均衡条件は $I = S$ と表すこともできるため、この曲線は *IS* 曲線と呼ばれます。生産物市場の均衡条件は $Y = C + I$ で表されます（政府部門と海外部門を考慮しない場合）。この式は $I = Y - C$ と変形することができます。ここで、所得 Y から消費 C を引いた残りは貯蓄 S となるため、この式の右辺は S となります。したがって、生産物市場の均衡条件は $I = S$ と表すこともできます。

図5-3　投資が増加したとき

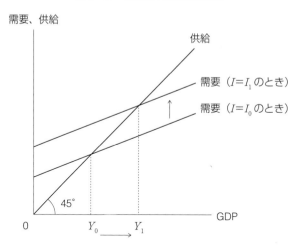

の需要に含まれるため、投資がI_0からI_1へと増加すると、その分だけ生産物市場の需要は大きくなります。生産物市場の需要が大きくなると、**図5-3**の「45度線図」では、生産物市場の需要を示す直線が上にシフトすることになります（「45度線図」については、第2章で学びました）。その結果、生産物市場の需要と供給が等しくなるGDPの水準は、図5-3のY_0からY_1へと大きくなります。

　以上のように、利子率がr_0からr_1へと下がると、生産物市場で需要と供給が等しくなるGDPの水準はY_0からY_1へと大きくなります。したがって、図5-2の座標軸上に、生産物市場の需要と供給が等しくなる点を示していくと、右下がりの曲線となります。この曲線が、*IS*曲線となります。

■生産物市場の需給バランス

　*IS*曲線は、生産物市場で需要と供給が等しくなる点（生産物市場の均衡条件が満たされる点）を示す曲線でした。したがって、*IS*曲線上では、生産物市場の需要と供給は等しくなります。

　それに対して、図5-2の*IS*曲線よりも右上の領域は、生産物市場の需要と供給が等しくなる水準よりも、利子率が高い領域となります。利子率が高いと投資は少なくなるため、その分だけ需要は小さくなります。したがって、*IS*曲線の右上の領域では、需要の方が小さい状態となります。すなわち、供給の方が大き

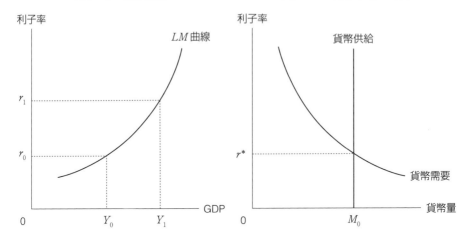

図5-4　*LM*曲線　　　　　　　図5-5　貨幣市場の均衡

い状態（超過供給の状態）となります。

　また、図5-2の*IS*曲線よりも左下の領域は、生産物市場の需要と供給が等しくなる水準よりも、利子率が低い領域となります。利子率が低いと投資は多くなるため、その分だけ需要は大きくなります。したがって、*IS*曲線の左下の領域では、需要の方が大きい状態（超過需要の状態）となります。

5.3　*LM*曲線

　次に、*LM*曲線と呼ばれる曲線について説明します。引き続き、横軸にGDPをとり、縦軸に利子率をとる座標軸を考えます。この座標軸上に、貨幣市場の需要と供給が等しくなる点（すなわち、貨幣市場の均衡条件が満たされる点）を示していくと、通常は右上りの曲線となります（**図5-4**）。この曲線を ***LM*曲線**といいます[3]。

■*LM*曲線の導出

　*LM*曲線が右上がりの曲線になることを確認するために、まずは、貨幣市場の

3）貨幣需要をLで表し、貨幣供給をMで表すと、貨幣市場の均衡条件は$L=M$となります。そのため、この曲線は*LM*曲線と呼ばれます。

図 5-6　GDP が大きくなったとき

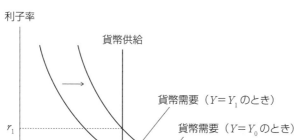

需要と供給が等しくなる利子率を求めます。第 4 章では、貨幣需要は利子率の減少関数、かつ GDP の増加関数になるということでした。したがって、利子率と貨幣需要の関係を図示すると、**図 5-5** のような右下がりの曲線となります。一方、貨幣供給（マネーストック）は利子率の関数ではないので、図 5-5 では垂直線で示されることになります。したがって、図 5-5 において、貨幣市場の需要と供給が等しくなる利子率（貨幣市場の均衡条件を満たす利子率）は、この図の r^* となります。

　このことを踏まえた上で、*LM* 曲線が右上がりの曲線になることを確認します。いま、**図 5-6** において、GDP が Y_0 から Y_1 へと大きくなったとします（$Y_0 < Y_1$）。貨幣需要は GDP の増加関数であるため、GDP が Y_0 から Y_1 へと大きくなると貨幣需要は増加することになります。したがって、GDP が Y_0 から Y_1 へと大きくなると、図 5-6 では、貨幣需要を示す曲線が右にシフトすることになります。その結果、貨幣市場の需要と供給が等しくなる利子率は、図 5-6 の r_0 から r_1 へと上昇することになります。

　以上のように、GDP が Y_0 から Y_1 へと大きくなると、貨幣市場で需要と供給が等しくなる利子率の水準は r_0 から r_1 へと上昇します。したがって、図 5-4 の座標軸上に、貨幣市場の需要と供給が等しくなる点を示していくと、右上りの曲線となります。この曲線が、*LM* 曲線となります。

図 5-7　GDP と利子率の決定

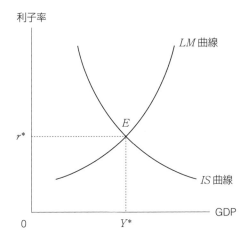

■貨幣市場の需給バランス

　LM 曲線は、貨幣市場で需要と供給が等しくなる点（貨幣市場の均衡条件が満たされる点）を示す曲線でした。したがって、LM 曲線上では、貨幣市場の需要と供給は等しくなります。

　それに対して、図5-4の LM 曲線よりも左上の領域は、貨幣市場の需要と供給が等しくなる水準よりも、GDP が小さい領域となります。貨幣需要は GDP の増加関数であるため、GDP が小さいと貨幣需要は小さくなります。したがって、LM 曲線の左上の領域では、需要の方が小さい状態となります。すなわち、供給の方が大きい状態（超過供給の状態）となります。

　また、図5-4の LM 曲線よりも右下の領域は、貨幣市場の需要と供給が等しくなる水準よりも、GDP が大きい領域となります。貨幣需要は GDP の増加関数であるため、GDP が大きいと貨幣需要は大きくなります。したがって、LM 曲線の右下の領域は、需要の方が大きい状態（超過需要の状態）となります。

5.4　GDP と利子率の決定

　以上では IS 曲線と LM 曲線について説明しました。この IS 曲線と LM 曲線を同じ座標軸上に示すと、**図5-7**のようになります。以上で説明したとおり、

図5-8　政府支出が増加したとき

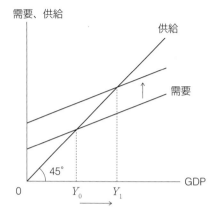

図5-9　政府支出が増加したとき

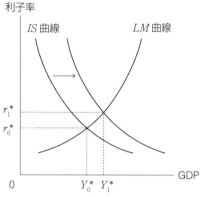

*IS*曲線上の点では、生産物市場の需要と供給が等しくなるということでした。また、*LM*曲線上の点では、貨幣市場の需要と供給が等しくなるということでした。したがって、図5-7の*IS*曲線と*LM*曲線の交点では、生産物市場でも貨幣市場でも需要と供給が等しくなります。

　この*IS*曲線と*LM*曲線の交点Eは**均衡点**と呼ばれます。また、この均衡点におけるGDPの水準Y^*は**均衡GDP**と呼ばれ、均衡点における利子率の水準r^*は**均衡利子率**と呼ばれます。前述のとおり、均衡点では生産物市場でも貨幣市場でも需要と供給が等しくなるため、GDPは均衡GDPの水準に決まり、利子率は均衡利子率の水準に決まると考えられます。

5.5　財政政策と金融政策の効果

■財政政策の効果

　本節では、*IS-LM*分析を用いて、財政政策と金融政策の効果を分析します。まずは、財政政策により、政府が政府支出を増加させるケースを考えます[4]。

　いま、図5-8の「45度線図」において政府支出が増加したとします。政府支出は生産物市場の需要に含まれます。そのため、政府支出が増加すると、生産物

4）政府支出を増加させる政策は、拡張的財政政策と呼ばれます。

市場の需要を示す直線は、その分だけ上にシフトすることになります。その結果、生産物市場で需要と供給が等しくなる GDP の水準は Y_0 から Y_1 へと大きくなります。

　このように、政府支出が増加すると、生産物市場で需要と供給が等しくなる GDP の水準は以前よりも大きくなります。したがって、**図 5 - 9**の座標軸上において、生産物市場の需要と供給が等しくなる点は、以前よりも右側に移動することになります。そのため、政府支出が増加すると、(生産物市場で需要と供給が等しくなる点を示す曲線である) IS 曲線は右にシフトすることになります (図5 - 9)。

　図5 - 9で示されるように、政府支出が増加し、IS 曲線が右にシフトすると、均衡 GDP は Y_0^* から Y_1^* へと大きくなり、均衡利子率も r_0^* から r_1^* へと上昇することになります。したがって、財政政策による政府支出の増加は、GDP の拡大と利子率の上昇をもたらすことがわかります[5]。

■クラウディング・アウト

　政府支出の増加により利子率が上昇する理由は、次のように考えることができます。政府支出が増加すると GDP が大きくなり、貨幣需要が増加します。GDPの拡大により貨幣需要が増加すると、図5 - 6でみたように、貨幣市場で需要と供給が等しくなる利子率は上昇することになります。そのため、政府支出が増加すると利子率は上昇することになります。

　では、このとき投資は、どのように変化しているでしょうか。5.1節で検討したように、投資は利子率の減少関数になるということでした。したがって、政府支出の増加により利子率が上昇すると、投資は減少することになります。このようにして、政府支出の増加が利子率を上昇させ、民間投資を減少させる現象を**クラウディング・アウト**といいます。

■金融政策の効果

　次に、金融政策により、日銀が貨幣供給 (マネーストック) を増加させるケースを考えます[6]。いま、図5 - 10において貨幣供給が M_0 から M_1 へと増加したと

---

5) 反対に、政府支出が減少するケースでは、IS 曲線は左にシフトすることになります。その結果、均衡 GDP は小さくなり、均衡利子率は低下することになります。

図 5 - 10　貨幣供給が増加したとき

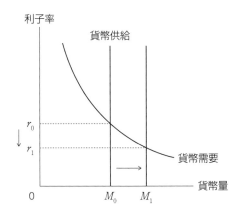

図 5 - 11　貨幣供給が増加したとき

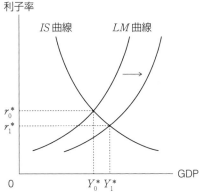

します。そうすると、貨幣市場で需要と供給が等しくなる利子率は r_0 から r_1 へと低下します。

　このように、貨幣供給が増加すると、貨幣市場で需要と供給が等しくなる利子率の水準は以前よりも低くなります。したがって、図 5 - 11 の座標軸上において、貨幣市場の需要と供給が等しくなる点は、以前よりも下に移動することになります。そのため、貨幣供給が増加すると、（貨幣市場で需要と供給が等しくなる点を示す曲線である）*LM* 曲線は下にシフトすることになります。図 5 - 11 から明らかなように、*LM* 曲線が下にシフトすることは、右にシフトすることと同じになります。したがって、貨幣供給が増加すると、*LM* 曲線は右にシフトすることになります。

　図 5 - 11 で示されるように、貨幣供給が増加し、*LM* 曲線が右にシフトすると、均衡 GDP は Y_0^* から Y_1^* へと大きくなり、均衡利子率は r_0^* から r_1^* へと低下することになります。したがって、金融政策による貨幣供給の増加は、GDP の拡大と利子率の低下をもたらすことがわかります[7]。

6）貨幣供給（マネーストック）を増加させる政策は、拡張的金融政策と呼ばれます。
7）反対に、貨幣供給（マネーストック）が減少するケースでは、*LM* 曲線は左にシフトすることになります。その結果、均衡 GDP は小さくなり、均衡利子率は上昇することになります。

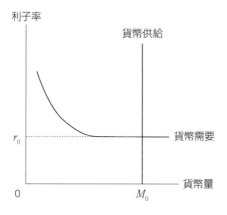

図 5 - 12　流動性のわなのケース

利子率

貨幣供給

r_0　貨幣需要

0　　　　　　　M_0　貨幣量

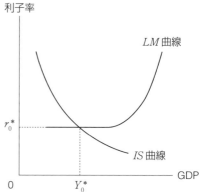

図 5 - 13　流動性のわなの場合の *LM* 曲線

利子率

LM 曲線

r_0^*

IS 曲線

0　　　　　　Y_0^*　GDP

■財政政策と金融政策の同時実施

　以上の分析では、財政政策による政府支出の増加は、GDP の拡大と利子率の上昇をもたらすということでした。一方、金融政策による貨幣供給の増加は、GDP の拡大と利子率の低下をもたらすということでした。したがって、これらの政策を同時に行えば、GDP はより大きく拡大することになります。

　また、政府支出の増加は利子率を上昇させるのに対して、貨幣供給の増加は利子率を下げる効果を持つので、これらを同時に行えば、利子率の変化を小さくすることができます。そのため、これらの政策を同時に行えば、政府支出の増加によって生じるクラウディング・アウトを抑えることができます。

5.6　流動性のわなのケース

　第 4 章では、利子率が低すぎて（誰も債券を保有しようとしないために）貨幣需要が無限大になる状態を「流動性のわな」といいました。そして、経済が「流動性のわな」の状態にあるときには、**図 5 - 12** の座標軸上において、貨幣需要を示す曲線は水平になるということでした。

　さて、このとき、GDP が大きくなり貨幣需要が増加したとします。GDP の拡大により貨幣需要が増加すると、図 5 - 12 の貨幣需要を表す曲線は、右にシフトするということでした（図 5 - 6 ）。しかし、図 5 - 12 のケースでは、貨幣需要を

示す曲線が右にシフトしたとしても、貨幣需要と貨幣供給が等しくなる利子率は r_0 のままで変化しません。すなわち、経済が「流動性のわな」の状態にあるときには、（GDPの水準にかかわらず）貨幣市場の需要と供給が等しくなる利子率は一定となります。

したがって、図5-13の座標軸上に、貨幣市場の需要と供給が等しくなる点を示していくと水平線となります。よって、経済が「流動性のわな」の状態にあるときには、図5-13のように、LM曲線は水平となります。

このとき、財政政策により政府支出を増加させるケースを考えます。財政政策により政府支出を増加させると、IS曲線が右にシフトするということでした（図5-9）。図5-13のようにLM曲線が水平な状態のときにIS曲線を右にシフトさせると、均衡GDPは大きくなりますが、均衡利子率は r_0^* のままで変化しません。このように、「流動性のわな」の下では、政府支出を増加させると、クラウディング・アウトを発生させることなく、均衡GDPを拡大することができます。

また、このとき、金融政策により貨幣供給を増加させるケースを考えます。金融政策により貨幣供給を増加させると、LM曲線が右にシフトするということでした（図5-11）。しかし、図5-13のように、LM曲線が水平な状態のときには、LM曲線を右にシフトさせたとしても、均衡GDPは Y_0^* のままで変化しません。したがって、「流動性のわな」の下では、金融政策は無効となります。

【練習問題】

ある経済において、生産物市場および貨幣市場では、次のような関係が成立しているとする。

$$Y = C + I$$
$$C = 0.8Y + 20$$
$$I = -5r + 100$$
$$L = 0.2Y - 5r + 180$$

ただし、Y はGDP、C は消費、I は投資、r は利子率、L は実質貨幣需要を表す。実質貨幣供給量が270であったとすると、この経済における均衡GDPと均衡利子率はいくらになるか。

第6章 物価指数

6.1 はじめに

物価とはモノの値段のことです。マクロ経済学では国レベルの経済について議論しますから、物価は国内で取引されるさまざまな財やサービスの値段を平均したものになります。

序章では、近年の日本の GDP は500兆円を超えることを学びました[1]。「円」という単位がついていることから、GDP は貨幣を単位として測られていることがわかります。ここで、極端な例ですが、モノの値段がすべて10倍になったとしましょう。昨日までコンビニで100円だったおにぎりが今日からは1000円になります。すべてのモノの値段が10倍になることは貨幣の価値が1/10になることと同じです。1000円札1枚で昨日まで100円だったおにぎりを今日からは1個しか買えなくなります。おにぎりで測った1000円札の価値が1/10になったのです。このとき貨幣を単位として測られている日本の GDP は500兆円から5000兆円になります。GDP が10倍になりましたが、これは測定する単位である貨幣の価値が変わったのであって、生産量が上昇したのでも国が豊かになったのでもありません。実質的には何の変化もありません。経済学では、このような貨幣の価値の変化と経済の実質的な変化を区別して考えます。

物価が急に変化すると経済は混乱します。おにぎりが突然100円から1000円になれば皆さんも混乱することでしょう。「物価の安定を図ることを通じて国民経済の健全な発展に資すること（日銀法第2条)」は貨幣を発行する中央銀行の重要な役割となっています[2]。

1）日本の GDP の推移については本書の序章や『トリアーデ経済学1　経済学ベーシック
　［第2版]』第3章を参照してください。

表 6 - 1　物価の計算例

	おにぎり	サンドイッチ
価格	100	250
数量	2	1

6.2　物価指数の測定

　物価は国内で取引されるさまざまな財やサービスの値段を平均したものですが、平均の取り方には工夫が必要です。おにぎり1個の価格とダイヤモンド1個の価格を足して2で割ることに意味があるとは思えません。100円のおにぎりの価格が1000円になれば生活に大きな影響が出て、物価が上がったことを実感しますが、1億円のダイヤモンドの価格が10億円になったとしても多くの人々の生活に影響はないでしょう。ダイヤモンドはそれほど頻繁に取引される財ではないからです。実際には物価は、足して2で割るような単純な平均ではなく、現実に取引された数量に基づいて重み付けをした**加重平均**として計算されます。現実に多く取引されているおにぎりには大きな重みを、現実に取引量が少ないダイヤモンドには小さな重みを付けて平均します。

　表6-1の簡単な例で見てみましょう。

　この経済は、おにぎりとサンドイッチのみが取引される経済です。ある一定の期間におにぎりが2個とサンドイッチが1個取引されました。物価を計算する場合には取引量で重み付けをして価格を加重平均します。具体的には次のようになります。

$$100円 \times \frac{2\,個}{2\,個 + 1\,個} + 250円 \times \frac{1\,個}{2\,個 + 1\,個} = 150円$$

　2個+1個で割っているのは平均を取るためです。平均を取るにはすべての数量で割らなければなりません。この重み付けの部分をすべて加えると1になります。ここでは2/3+1/3＝1です。

　現実の経済では、おにぎりとサンドイッチだけでなく、たくさんの財やサービ

2）中央銀行のその他の役割については『トリアーデ経済学1　経済学ベーシック［第2版］』
第4章を参照してください。

スが取引されています。一般に、財・サービスの価格を$P_1, P_2, \cdots P_N$、取引量を$Q_1, Q_2, \cdots Q_N$とすれば、物価を次のように計算することができます[3]。

$$
\begin{aligned}
物価 &= P_1 \times \frac{Q_1}{Q_1+Q_2+\cdots+Q_N} + P_2 \times \frac{Q_2}{Q_1+Q_2+\cdots+Q_N} + \cdots + P_N \times \frac{Q_N}{Q_1+Q_2+\cdots+Q_N} \\
&= \frac{P_1Q_1+P_2Q_2+\cdots+P_NQ_N}{Q_1+Q_2+\cdots+Q_N} \\
&= \frac{\sum_{i=1}^{N}P_iQ_i}{\sum_{i=1}^{N}Q_i}
\end{aligned}
$$

　私たちは物価の水準そのものよりも時間を通じた物価の変化に興味があります。経済に混乱をもたらすのは物価の水準そのものよりもその変化だからです。そこで、物価はある時点の物価を基準（＝100）とした比率として測定されるのが普通です。このようにすると変化がわかりやすいからです。これを**物価指数**（price index）といいます。

■ラスパイレス指数とパーシェ指数

　物価の変化を議論するには2つの時点が必要です。それぞれ基準時点と比較時点と呼ぶことにしましょう。基準時点と比較時点における物価の変化を考えます。価格が変化すれば取引量も変化します。物価を測るには取引量で重み付けをした加重平均を考えますが、基準時点か比較時点かどちらの取引量を用いて重み付けを行うかにより、**ラスパイレス指数**と**パーシェ指数**という二種類の物価指数を考えることができます。ラスパイレス指数は基準時点の取引量を用いて、パーシェ指数は比較時点の取引量を用いて重み付けを行います。私たちが知りたいのは物価の変化です。価格と取引量の両方が変化すると、どちらの変化なのかがわからなくなりますから、取引量を固定して価格の変化に注目するのです。

　基準時点の価格と取引量をそれぞれ (P_i^0, Q_i^0)、比較時点の価格と取引量をそれ

3）ここで用いられている数学記号Σをシグマ記号と言い、総和を求める計算を簡潔に書くために用いられます。$x_1, x_2, \cdots, x_N$ について、その総和を次のように書きます。

$$
x_1+x_2+\cdots+x_N = \sum_{i=1}^{N}x_i
$$

i を1からNまで変えながら x_i を加えていくという計算になります。

表6-2　物価指数の計算例

		おにぎり	サンドイッチ
基準時点	価格	100	250
	数量	2	1
比較時点	価格	190	250
	数量	1	2

ぞれ (P_i^t, Q_i^t) とします。i は財のインデックスであり、具体的にはおにぎりとサンドイッチです。t は比較時点を表します。基準時点は固定されていて変化しませんが比較時点は変化します。二種類の物価指数を式で表すと次のようになります。

$$ラスパイレス指数(LI) = \frac{\sum_i P_i^t Q_i^0 / \sum_i Q_i^0}{\sum_i P_i^0 Q_i^0 / \sum_i Q_i^0} \times 100 = \frac{\sum_i P_i^t Q_i^0}{\sum_i P_i^0 Q_i^0} \times 100$$

$$パーシェ指数(PI) = \frac{\sum_i P_i^t Q_i^t / \sum_i Q_i^t}{\sum_i P_i^0 Q_i^t / \sum_i Q_i^t} \times 100 = \frac{\sum_i P_i^t Q_i^t}{\sum_i P_i^0 Q_i^t} \times 100$$

　二種類の物価指数の違いは取引量 Q_i の時点です。ラスパイレス指数は基準時点の取引量 Q_i^0 を用いて、パーシェ指数は比較時点の取引量 Q_i^t を用いて重み付けを行います。

　表6-2の数値例を用いて、比較時点のラスパイレス指数とパーシェ指数を具体的に計算してみましょう。

$$LI = \frac{190 \times 2 + 250 \times 1}{100 \times 2 + 250 \times 1} \times 100 = \frac{630}{450} \times 100 = 140$$

$$PI = \frac{190 \times 1 + 250 \times 2}{100 \times 1 + 250 \times 2} \times 100 = \frac{690}{600} \times 100 = 115$$

　比較時点のラスパイレス物価指数が140というのは、基準時点を100とした値になっていますので、基準時点と比較して比較時点では物価が40%上昇したということです。おにぎりの価格だけをみれば価格は90%上昇していますが、サンドイッチの価格は変化していませんので、集計量としての物価水準は90%よりは小さな上昇幅になっています。

　二種類の物価指数のうち、実際によく使われているのはラスパイレス指数です。これはラスパイレス指数では取引量が基準時点で固定されているために、比較時点が変わったとしても、そのたびに取引量を調査しなおす必要がないからです。取引量を調べるのは価格を調べるよりも大変な作業です。価格はスーパーマーケットに行けば売り場に表示されていますが、何個売れたかを知るにはお店の人に聞く必要があります。取引量のデータの収集と整理には多くの時間と費用がかかります。

　一方、パーシェ指数は比較時点の取引量で重み付けをしますから、比較時点が変わるたびに取引量を調査しなおさなくてはなりません。取引量のデータの収集と整理には多くの時間と費用がかかるためパーシェ指数は速報性に劣ります。

　一方、ラスパイレス指数にも欠点があります。表6-2の例ではおにぎりの価格が100円から190円に上昇したことによって、消費者はおにぎりの購入量を2個から1個に減少させています。価格が上昇した財の購入量を減らすという合理的な行動です。しかしラスパイレス指数は基準時点の取引量を用いますから、価格が上昇した財を買わなくなるという情報が反映されていません。その結果ラスパイレス指数は物価の上昇を過大に評価してしまうことになります。表6-2の数値例を用いた計算でラスパイレス指数とパーシェ指数の値が異なっているのはそのためです[4]。

■フィッシャー指数と連鎖指数

　二種類の物価指数はどちらも完璧ではなく一長一短があります。そこで両方の指数の平均を取れば良いのではないかというアイデアが出てきます。このアイデアから生まれた指数が**フィッシャー指数**です。フィッシャー指数はラスパイレス指数とパーシェ指数の幾何平均[5]によって表されます。

$$フィッシャー指数(FI) = \sqrt{LI \times PI}$$

4）本文中ではラスパイレス指数の歪みを強調していますが、パーシェ指数も基準時点で価格が低かった財を買っていないという点でラスパイレス指数とは逆の方向に歪んでいます。

5）平均として皆さんが通常思い浮かべるものは、すべての標本を足し合わせて標本のサイズで割ることで求めるものだと思いますが、これは算術平均と呼ばれる平均の一種です。フィッシャー指数で使われる幾何平均は、すべての標本を掛け合わせて標本のサイズのべき根（標本サイズがNのときはN乗根）を取ることで求められます。

フィッシャー指数はラスパイレス指数とパーシェ指数の中間的な性質を持っています。

　指数の歪みの問題は軽減されます。しかし計算式からわかるように、フィッシャー指数を求めるには先にパーシェ指数を求めておく必要がありますから、速報性に劣るというパーシェ指数の問題は全く解決されていません。それどころか、フィッシャー指数を求めるには、先に両方の指数を求めておく必要があるために、計算が最も面倒です。

　パーシェ指数の問題は取引量の調査に時間がかかることです。このためパーシェ指数は速報性に劣ります。一方でラスパイレス指数は基準時点と比較時点が遠く離れるほど比較時点の取引量を使わないことで生じる歪みが大きくなります。そこで、比較時点の取引量の調査結果を待つことはできないが、比較時点からできるだけ近い過去の取引量ですでに調査結果が出たものを使うというアイデアが出てきます。このアイデアから生まれた指数が**連鎖指数**です。連鎖指数は基準時点から比較時点までを、一期毎に計算したパーシェ指数を掛け合わせることで接続します（詳しい計算方法は本章末の補論で説明します）。基準時点と比較時点の間の期間については、すでに取引量の調査結果が出ているのでパーシェ指数を計算することが可能です。また一期毎に計算することにより、基準時点と比較時点が離れることで生じる歪みが軽減されます。

コラム　ラスパイレス式の応用

　ラスパイレス指数の計算には、比較時点の価格において、もし基準時点と同じ買い物をするならばいくら支払うことになるか、という考え方が用いられています。現実には生じていない架空の状況が想定されているのです。このように架空の状況を想定した議論は、経済学のみならずすべての科学で役に立つ考え方です。

　ラスパイレス指数の計算式は公務員給与の算定にも使われています。公務員の給与は民間企業に勤める労働者の給与との間に不公平があってはいけません。公務員の給与は民間企業と比べて一般に高いと思われているかもしれませんが、公務員のほうが一般に学歴が高いことや、勤続年数が長いこと、

ホワイトカラーの労働者が多いことが原因である可能性があります。したがって、公務員の給与と民間の給与を正しく比較するには、公務員の学歴や勤続年数や職種などの構成が民間企業と同じであったならば、という架空の状況を想定する必要があります。

　公務員の給与と民間の給与とを比較する場合、民間企業で同等の職種や経歴に相当する労働者の給与額を100としたラスパイレス指数を計算します。

$$LI = \frac{\sum_i W_i^G N_i^P}{\sum_i W_i^P N_i^P} \times 100$$

　ここで i は職種階層を表します。職種階層とは、大卒で勤続年数が10年で事務職で係長級など仕事の性質によって細かく分けられたグループのことです。W_i^G はそのグループにおける公務員の給与、W_i^P はそのグループにおける民間企業の給与、N_i^P はそのグループにおける民間企業の従業員数です。指数は公務員の職種階層が民間企業と同じ構成であったならば、という想定の下で算出されています。人事院あるいは人事委員会は上述のようなラスパイレス指数を計測することで、公務員の給与が民間企業と比較して不公平となっていないかを計測しています。もし不公平が生じた場合には、人事院あるいは人事委員会は公務員給与の増減を勧告します。

6.3　さまざまな物価指数

■消費者物価指数（CPI）

　消費者物価指数（Consumer Price Index, CPI）は、家計が購入する財やサービスの価格を総合した物価の変動を指数化したもので、総務省統計局により毎月作成されています。皆さんが買い物をするときの価格を総合したものですから、最も身近で実感に合う物価指数と言えるでしょう。消費者物価指数はラスパイレス指数です。つまり、財やサービスの品目の組み合わせを基準時点で固定し、これと同等のものを購入した場合に必要な費用がどのように変化するかを指数化したものです。財やサービスの品目の組み合わせを**バスケット**と呼びます。買い物か

ごの中にさまざまな財が入っているイメージです。消費者物価指数はこの中身の詰まった買い物かごの値段の変化を表しています。買い物かごに入っている商品の数は585品目（2015年基準）です。585品目すべてを用いた総合指数のほか、生鮮食品や教育関係費などサブカテゴリごとに集計した指数も計測されて公開されています。総合指数から生鮮食品を除いた指数を**コア指数**、総合指数から食料（酒類を除く）およびエネルギーを除いた指数を**コアコア指数**と呼びます。生鮮食品など天候や市況によって激しく価格が変動する財を除くことで、インフレやデフレの傾向がより見やすくなります。

　ラスパイレス指数は基準時点と比較時点が大きく離れると歪みを生じることを学びました。このため消費者物価指数の計測では５年ごとに基準時点を改定し、同じタイミングでバスケットに含まれる財やサービスの組み合わせも改定しています。これは生活スタイルの変化によって、新しい財やサービスが生まれていることに対応するものです。例えば直近の改定（2015年）ではコンビニにおけるセルフ式コーヒー飲料やウェブコンテンツ利用料などがバスケットに追加されています。

　バスケットに多くの品目を取り入れ、その組み合わせも変更することで、消費者物価指数はできるだけ消費者の実感に合うように作成されています。しかし、現実には消費者の実感に合わないということもしばしばあるようです。これはラスパイレス指数を使うことによって生じるこれまで説明してきた歪みの問題のほかに、多様な品目を取り込んでいるとはいえ、現実に存在するすべての財やサービスを取り込むことはとうてい不可能だからです。消費者物価指数では品目別に価格を調査する具体的な商品として基本銘柄が定められています。たとえばシャンプーの基本銘柄は「アジエンス」または「TSUBAKI」の詰め替えパックです。そのほかの銘柄の価格が変化しても消費者物価指数には反映されません。コーラ飲料の基本銘柄は「コカ・コーラ」です。ディスカウントショップで35円のコーラ飲料が販売されたとしても消費者物価指数には反映されません。

■企業物価指数（CGPI）

　企業物価指数（Corporate Goods Price Index, CGPI）は、企業間で取引される財の価格を集約したものです。日本銀行によって毎月作成されています。2000年基準に改訂されるまでは、卸売物価指数と呼ばれていましたが、近年ではインタ

ーネット通販などの利用により生産者から消費者への直接販売が増大したこと、価格決定における生産者の影響力が増大したことから、企業物価指数と名称が変更されました。

企業物価指数は国内で生産した国内需要向けの財の価格を総合した**国内企業物価指数**、輸出品の価格を総合した**輸出物価指数**、輸入品の価格を総合した**輸入物価指数**から構成されます。企業物価指数はラスパイレス指数で、一年ごとに連鎖方式による調整が行われます。企業物価指数を算出するときの重み付けに使われる数量のデータは、経済産業省「工業統計調査」、および財務省「貿易統計」です。

パソコンやデジタルカメラなど、技術の変化による高性能化が著しい商品では、**ヘドニック・アプローチ**という手法を用いて品質の変化を調整しています。例えばデジカメの画素数は年々上昇しています。今年のデジカメの画素数は昨年のデジカメ2台分であるかもしれません。この場合、取引量を基準時点に戻すために、今年のデジカメの取引量を1/2にする調整が行われます。これをヘドニック・アプローチといいます。取引量を基準時点に合わせるのはラスパイレス指数だからです。

■ GDP デフレーター

本章のはじめに述べたように、GDP は貨幣を単位にして測られていますから、物価が10倍になれば GDP は10倍になります。しかしこのことは生産量が上昇したことや国が豊かになったことを表すわけではありません。実際の取引量の伸びを知るには GDP の変化から物価の上昇分を取り除く必要があります。このとき用いられる物価指数が **GDP デフレーター**です。消費者物価指数や企業物価指数はラスパイレス指数ですが、GDP デフレーターはパーシェ指数です[6]。私たちの目的は、実際の取引量の伸びを知ることですから、基準時点の取引量を固定するラスパイレス指数は使えません。

貨幣の単位で測られた名目 GDP を GDP デフレーターで割ったものを実質

---

6) 名目 GDP は比較時点の価格で、実質 GDP は基準時点の価格で表示（不変価格表示）されています。式で書けば $Y_t = \sum_i p_t^i q_t^i$、$y_t = \sum_i p_0^i q_t^i$ となります。よって $P_t = \dfrac{Y_t}{y_t} = \dfrac{\sum_i p_t^i q_t^i}{\sum_i p_0^i q_t^i}$ であり、これは GDP デフレーターがパーシェ指数であることを表します。

図6-1　GDPとGDPデフレーターの推移

出所：内閣府、国民経済計算（GDP統計）、四半期。
https://www.esri.cao.go.jp/jp/sna/menu.html

GDPといいます。実質GDPの変動は名目GDPの変動から物価の変動による影響が取り除かれたものになります。名目GDP（Y_t）、実質GDP（y_t）とGDPデフレーター（P_t）の関係は次の通りです。

$$y_t = \frac{Y_t}{P_t} \;\leftrightarrow\; P_t = \frac{Y_t}{y_t}$$

　GDPデフレーターは実際には名目GDPと実質GDPを調査した後で、名目GDPを実質GDPで割ることによって逆算されています。このような算出法をインプリシット方法といい、求められたデフレーターを**インプリシット・デフレーター**と呼びます。

　図6-1は最近の日本の名目GDPと実質GDPおよびGDPデフレーター（右目盛）をグラフに表したものです。GDPは名目、実質ともに2008年のリーマンショックと2020年のコロナ禍で大きく減少しています。GDPデフレーターで表される物価は2010年代半ばまでは減少傾向（デフレ）でしたが、それ以降は回復しています。2010年代半ばまでは物価が減少傾向にあったため、実質GDPは伸びても名目GDPが伸びないという状態が続きました。

　GDP デフレーターと消費者物価指数はほぼよく似た動きをしますが、両者が乖離する場合もあります[7]。たとえば、輸入品の価格が上昇した場合を考えましょう。輸入品の価格の上昇は、消費者物価指数を上昇させます。消費者物価指数を計測するときに考える財のバスケットの中には輸入品も含まれているからです。一方で、輸入品の価格が上昇すると GDP デフレーターは低下します。これは名目 GDP を構成する項目の中に輸入がマイナスで入っている（第1章）からです。よって、輸入品の価格が上昇すると消費者物価指数は上昇、GDP デフレーターは低下することになり、両者は互いに逆の方向に動きます。

■実質化

　本章のはじめに述べたように、貨幣を単位として測られた名目 GDP は、物価が10倍になれば10倍になります。しかしこのことは生産量が増えたことや、国が豊かになったことを表すのではありません。経済の実質的な生産力を測るには、貨幣の価値の変化による影響を取り除いてやらなければなりません。そのためには名目 GDP を物価水準（GDP デフレーター）で割るとよいのです。このようにして求めた GDP を実質 GDP といいます。この本では名目 GDP を Y、実質GDP を y と書きます。実質 GDP y は、名目 GDP Y を物価水準 P で割ることで求めることができます。

$$y = \frac{Y}{P}$$

　利子率にも実質利子率と名目利子率の区別があります。皆さんが通常目にする利子率は名目利子率です。名目利子率から物価の変化すなわちインフレの影響を取り除いたものを実質利子率と言います。この本では名目利子率を i、実質利子率を r と書きます。実質利子率と名目利子率の関係は、インフレ率を π とすれば、次のようになります（**フィッシャー方程式**）。

$$r = i - \pi$$

　名目 GDP と実質 GDP の関係は割り算で表されるのに、名目利子率と実質利

7）実際の物価の推移については『トリアーデ経済学1　経済学ベーシック［第2版］』第8章を参照してください。

子率の関係が引き算になるところが難しいかもしれません。順を追って説明しましょう。名目利子率と実質利子率の間には次の関係があります。

$$1+r = \frac{1+i}{1+\pi}$$

GDPの場合と同じ割り算です。この式を変形すると、

$$1+i = (1+r)(1+\pi) = 1+r+\pi+r\pi$$

となりますが、最後の項 $r\pi$ は小さな数の積になっていますので無視できるほどに小さいです。そこでこの項を無視すれば、

$$i = r+\pi$$

となり、r について整理すれば、フィッシャー方程式が得られます。

【練習問題】
本文中の表6-2を参考にし、次の表6-3を用いて、ラスパイレス指数とパーシェ指数を計算しなさい。

表6-3 物価指数の計算

		牛丼	ハンバーガー
基準時点	価格	400	200
	数量	2	4
比較時点	価格	240	200
	数量	4	2

6.A 補論

■連鎖指数

表6-4の数値例を考えます[8]。連鎖指数の特徴を議論するためには少なくと

---

8) 表6-4の数値例は、内閣府(2004年)「実質GDP(支出系列)における連鎖方式の導入について」、スライドp.8に基づいています。

表 6 - 4　連鎖指数の計算

		A	B
基準時点 $t=0$	価格	10	6
	数量	5	3
比較時点 $t=1$	価格	10	4
	数量	5	5
比較時点 $t=2$	価格	10	3
	数量	5	8

も 3 つの異なる時点が必要です。連鎖指数はパーシェ指数の掛け合わせで表されるため、2 つの時点の比較であればパーシェ指数と同じ値になります。

表 6 - 4 の数値例では、財 A の価格と取引量は変化していません。財 B の価格が全期間を通じて低下し、取引量は増加しています。

まずは $t=1$ 時点について、基準時点（$t=0$）と比較したラスパイレス指数とパーシェ指数を計算しましょう。計算結果は小数第二位を四捨五入して第一位までで表示しています。

$$LI_{10} = \frac{\sum P^1 Q^0}{\sum P^0 Q^0} \times 100 = \frac{10\times5+4\times3}{10\times5+6\times3} \times 100 = \frac{62}{68} \times 100 ≒ 91.2$$

$$PI_{10} = \frac{\sum P^1 Q^1}{\sum P^0 Q^1} \times 100 = \frac{10\times5+4\times5}{10\times5+6\times5} \times 100 = \frac{70}{80} \times 100 ≒ 87.5$$

ここで、LI の添え字10は $t=1$ 時点と $t=0$ 時点とを比較したラスパイレス指数であることを表します。次に $t=2$ 時点について、基準時点（$t=0$）と比較したラスパイレス指数とパーシェ指数を計算しましょう。

$$LI_{20} = \frac{\sum P^2 Q^0}{\sum P^0 Q^0} \times 100 = \frac{10\times5+3\times3}{10\times5+6\times3} \times 100 = \frac{59}{68} \times 100 ≒ 86.8$$

$$PI_{20} = \frac{\sum P^2 Q^2}{\sum P^0 Q^2} \times 100 = \frac{10\times5+3\times8}{10\times5+6\times8} \times 100 = \frac{74}{98} \times 100 ≒ 75.5$$

ラスパイレス指数はパーシェ指数に比べて値が大きいですが、これは財 B の価格低下に伴い、財 B の取引量が増大しているにもかかわらず、取引量が小さ

い基準時点の取引量を重みとして使い続けているからです。価格が低下した財が小さな重みで評価されますので、ラスパイレス指数は上方向に歪みます。

$t = 1$ 時点について、基準時点（$t = 0$）と比較した連鎖指数を求めます。連鎖指数は期間の間を、一期毎に計算したパーシェ指数で接続しますから、期間のずれが一期間だけであれば、パーシェ指数と一致します。

$$CI_{10} = \frac{\sum P^1 Q^1}{\sum P^0 Q^1} \times 100 = \frac{10 \times 5 + 4 \times 5}{10 \times 5 + 6 \times 5} \times 100 = \frac{70}{80} \times 100 ≒ 87.5$$

$t = 2$ 時点について、基準時点（$t = 0$）と比較した連鎖指数は以下のようになります。まず $t = 0$ 時点と $t = 1$ 時点の間の連鎖指数はすでに求めたように87.5です。次に $t = 1$ 時点と $t = 2$ 時点の間の連鎖指数は、

$$CI_{21} = \frac{\sum P^2 Q^2}{\sum P^1 Q^2} \times 100 = \frac{10 \times 5 + 3 \times 8}{10 \times 5 + 4 \times 8} \times 100 = \frac{74}{82} \times 100 ≒ 90.2$$

となります。$t = 0$ 時点と $t = 2$ 時点の間の連鎖指数は2つの連鎖指数の積として、

$$CI_{20} = \frac{CI_{21}}{100} \times \frac{CI_{10}}{100} \times 100 = \frac{70}{80} \times \frac{74}{82} \times 100 = \frac{5180}{6560} \times 100 ≒ 79.0$$

となります。

連鎖指数を求めるには、一期間毎にパーシェ指数を求め、それを掛け合わせていくことになります。

第7章

労働市場の分析と総供給

7.1 総需要曲線の導出

第5章で学んだ $IS\text{-}LM$ 分析は、生産物市場と貨幣市場の同時均衡を想定し、財政政策や金融政策が経済に与える効果を分析することができる優れた分析手法でした。IS 曲線や LM 曲線は GDP を横軸とし、利子率を縦軸とする平面上に描かれました。本章と次章では物価 P を縦軸とした総需要・総供給分析を学びます。本章ではまず総需要曲線と総供給曲線の導出を行います。$IS\text{-}LM$ 分析では利子率であった縦軸を物価にすることで、高校までの経済の授業やミクロ経済学で学んだ、価格や生産量が需要曲線と供給曲線の交点で決まるという枠組みのマクロ経済学バージョンを手に入れることができます。

物価と GDP との関係を $IS\text{-}LM$ 分析を用いて考えてみましょう。物価が変動したときにシフトするのは LM 曲線です。第5章までは物価を固定した議論となっていて、実質と名目の違いを明示しませんでしたが、物価 P は実質貨幣残高（マネーストック）と実質貨幣需要量が均衡するという貨幣市場の均衡式において、実質貨幣残高の分母に含まれています。いま、**図7-1** において、点 E_0 が実現されている状態を考えます。ここで物価が P_0 から P_1 に低下したとしましょう。物価が低下すると実質貨幣残高 M/P が増加するので、LM 曲線は右方向にシフトします。金融政策で貨幣供給量を増大させた場合の動きと同じです。新しい均衡点は E_1 となり、均衡 GDP は Y_0^* から Y_1^* へと増加します。

物価が低下すると GDP が増大することがわかりました。物価の低下は実質貨幣残高の上昇をもたらしますから、拡張的金融政策を行った場合と同じ効果を経済にもたらします。この関係は物価を縦軸に GDP を横軸に取った平面上で右下がりとなります（図7-1）。これを総需要曲線（Aggregate Demand Curve, AD

図7-1　総需要曲線の導出

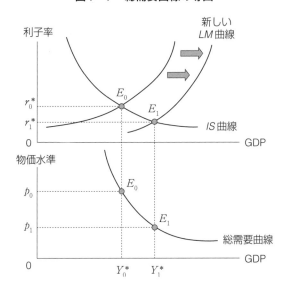

曲線）といいます。

7.2　総供給曲線の導出

　前節では、IS-LM 分析をベースとして、右下がりの総需要曲線（AD 曲線）を導出しました。AD 曲線は物価と GDP の関係を表していて、GDP を横軸に物価を縦軸に取った平面において右下がりの曲線になりました。

　高校までの経済の授業や、ミクロ経済学で学んだように、価格や生産量は需要と供給との間の相互関係で決まりますから、私たちは AD 曲線のほかにもう一つ、物価と GDP の関係を表す**総供給曲線**（Aggregate Supply Curve, AS 曲線）を手に入れたいと思います[1]。そのためには生産者の側から見た物価と GDP の関係を考えなければなりません。生産者の立場で考えてみましょう。あなたは物価が上がれば生産量を増やしますか？

　ミクロ経済学からの類推では、答えは YES です。生産物の価格が上昇すれば

1）『トリアーデ経済学1　経済学ベーシック［第2版］』第8章では、ミクロ経済学における需要供給分析をマクロ経済に拡張したものとして総需要・総供給分析を説明しています。

売上げが伸びて利益が増えますから、より生産を拡大させることになります。AS 曲線は GDP を横軸に物価を縦軸に取った平面において右上がりとなり、右下がりの AD 曲線との交点で物価と GDP が決まりそうです。ミクロ経済学で学んだ右上がりの供給曲線と右下がりの需要曲線の交点で価格と取引量が決まる図と同じです。

　しかし、実はこの問題は意外に難しいのです。物価というのは第 6 章で学んだようにさまざまな財やサービスの価格を集約したものですから、価格が上昇したのはあなたの企業が生産している財だけではないかもしれません。パン工場を考えましょう。生産物であるパンの価格が上昇すれば、もちろんあなたは生産を拡大しようと考えるでしょう。しかし、注意しなければならないのは、原材料である小麦粉の価格や、パン工場で働く労働者の賃金（労働サービスの価格）も上昇している可能性があるということです。物価が上昇するというのはそういうことです。

　ある価格の組み合わせに対し、すでに最適な生産量が選択されていたとしましょう。ここで、生産物であるパンの価格が10倍になったとしても、パンを作るのに必要な小麦粉の価格や労働者の賃金も同時に10倍になったのであれば、最適な生産量は変化しません。生産者は行動を変化させませんから、経済に実質的な影響はありません。物価の変化が GDP 等の実体経済に影響を与えないのですから、AS 曲線は GDP を横軸に物価を縦軸に取った平面において垂直に立つことになります。

　物価の変化が実体経済に影響を与えるとすれば、それはすべての財やサービスの価格が同時に変化する場合ではなく、価格が変化するタイミングがずれる場合です。例えば何らかの理由で賃金が変化しにくいとしましょう。パンの価格が10倍になったとき、パン工場で働く労働者の賃金が変化しないならば、パン工場は利益を得ます。このときパン工場は生産を拡大するでしょう。AS 曲線は GDP を横軸に物価を縦軸に取った平面において右上がりになります。

　このように、生産者の側から見た物価と GDP の関係、すなわち総供給曲線を考えるには、生産物市場だけではなく、**生産要素市場**についても考える必要がありそうです。本章では、生産要素市場の一つである**労働市場**を考察した上で、総供給曲線を導出します。

7.3 古典派の二分法

ケインズによって「古典派」と呼ばれたケインズ以前の経済学では、貨幣量の増減は実体経済に影響を与えないと考えられてきました。これを**古典派の二分法**といいます。二分法とは貨幣量と実体経済の間には関係がないので、二つに分けて別々に考えるということです。貨幣量を増やせば貨幣の価値が低下します。貨幣の価値が低下するというのは、物価が上昇するというのと同じです。おにぎりが100円であるときには1000円札1枚でおにぎりが10個買えますが、おにぎりが1000円になれば同じ1000円札1枚でおにぎりが1個しか買えなくなります。このことはおにぎりの価格が10倍になったともいえますし、1000円札の価値が1/10になったということもできます。

古典派はこのような変化は実体経済に影響しないと主張します。これは先に述べたように、おにぎりの価格が10倍になっても、皆さんのおこづかいも10倍になっていれば消費量は変化しないということです。単に物価が10倍になっただけで、実体経済には何の影響もありません。

■フィッシャーの交換方程式と貨幣数量説

貨幣量 M と物価 P、実質 GDP y の間には次の関係があります。

$$Mv = Py \tag{7.1}$$

右辺は物価と実質 GDP が掛け合わされているので名目 GDP Y を表します。左辺で貨幣量と掛け合わされている v を**貨幣流通速度**といいます。貨幣流通速度は GDP を測定する期間に同じ貨幣が何回の取引に使われたかを表します。

図7-2について、ある一定の期間に A さんから B さんに1万円の財 a が販売され、また B さんから C さんに1万円の財 b が販売されたとしましょう。財 a と財 b は同じ財である必要はありません。この2回の取引を成立させるためには、1万円札は必ずしも2枚必要ではありません。B さんは C さんから受け取った1万円札を A さんへの支払いに用いることができます。この場合、2回の取引に同じ1万円札が用いられていますから貨幣量は1、貨幣流通速度は2になります。

式(7.1)は**フィッシャーの交換方程式**と呼ばれ、常に成立します。なぜなら、

図7-2　貨幣流通速度

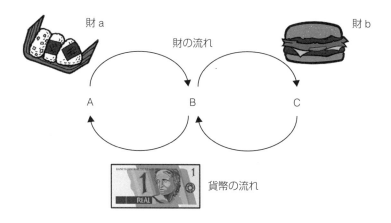

右辺が表す財やサービスの取引が行われるときには、全く同じ額の貨幣が交換に用いられるからです。財やサービスの流れとは逆方向に同じ額の貨幣の流れがあります。このように常に成立している式は**恒等式**と呼ばれています。

　古典派の二分法は、貨幣量が上昇するときは物価が上昇するだけで実体経済には影響しないと主張していますので、式(7.1)でいえば左辺の M が上昇したときに、右辺では P が上昇して、y は変化しないという主張です。注意したいのはフィッシャーの交換方程式は恒等式ですから、常に成立します。古典派の二分法は貨幣量の変化はすべて物価の変化が吸収して GDP は変化しないという「主張」です。

　さて、GDP が変化しないのであれば、物価を決めるのは、貨幣量とその流通速度です。物価を安定させるためには中央銀行が貨幣流通速度を見ながら通貨の供給量をうまくコントロールすればよいことになります。このような考え方を**貨幣数量説**といいます。

■ケンブリッジ方程式とマーシャルの k

　次の式を**ケンブリッジ方程式**といいます。

$$M = kY = kPy \tag{7.2}$$

この式は、名目 GDP Y に比例した貨幣 M を保有する、という考え方から導かれたもので、比例定数 k を**マーシャルの k** と呼びます。ケンブリッジ方程式は本来フィッシャーの交換方程式とは全く別の考え方から生まれたものですが、すぐにわかるようにマーシャルの k を貨幣流通速度 v の逆数、すなわち $k = \dfrac{1}{v}$ とすれば、二つの式は形の上では完全に一致します。ケンブリッジ方程式はフィッシャーの交換方程式の v を定数としたものになっています。フィッシャーの交換方程式は恒等式ですが、ケンブリッジ方程式には k あるいは v が定数であるという主張が含まれています。

　古典派の二分法はある条件の下では正しいです。それは、すべての財やサービスの価格がスムースに調整されるのであれば、という条件です。フィッシャーの交換方程式（7.1）やケンブリッジ方程式（7.2）で貨幣量 M が上昇した場合を考えましょう。貨幣流通速度 v やマーシャルの k が定数であるならば、式が成立するためには物価 P または実質 GDP y が変化する必要があります。物価の動きがスムースであって貨幣量の変化を物価の変化がすべて吸収するのであれば実質GDP は変化しません。しかし、物価の動きがスムースでなければ、実質 GDP が変化することになります。物価の動きがスムースでなければ、貨幣量の変化は実体経済に影響を与えるのです。したがって、現実の経済において、財やサービスの価格はスムースに調整されるのか、が次に考えるべき重要な問題になります。

7.4　価格の硬直性

　財やサービスの価格がスムースに調整されるかを考えます。もし価格の調整にばらつきがあれば、価格の集約である物価がスムースに調整されず、貨幣量の変化が実体経済に影響を与えます。

■メニューコスト

　現実の経済では、価格の調整がスムースに行われない場合があります。これを**価格の硬直性**といいます。価格の硬直性の一つの原因は価格の改定に費用がかかるためです。消費税が増税された場合を考えましょう。自動販売機のプログラムを書き換え、発券機の運賃表を新調し、値札をすべて貼り替えて、メニューを作

り直さなければなりません。また、自企業だけ値上げをして他企業が現在の低い価格を維持するのであれば顧客を奪われてしまいますし、頻繁に価格を変えては会社の信用を失ってしまうかもしれません。このように価格の調整にかかる諸々の費用を**メニューコスト**といいます。メニューコストという用語を文字通りに解釈すると価格を変えるときにはメニューを書き換えるための費用がかかるということですが、価格の調整に伴って生じるさまざまな費用を含む用語と考えるのがよいでしょう。

　価格の改定にはメニューコストがかかるために、また財やサービスによってメニューコストの大きさにばらつきがあるために、価格の調整にばらつきが生じます。

■賃金の硬直性

　労働市場は、生産要素の一つである労働サービスが取引される市場です[2]。労働者（家計）が供給する労働サービスを企業が需要します。他の市場と同様に右上がりの労働供給曲線と右下がりの労働需要曲線との交点で価格と取引量が決まります。労働サービスの価格は**賃金**と呼ばれ、労働サービスの取引量は**雇用量**と呼ばれます。

　労働サービスの価格である賃金は価格の中でも最も硬直的なものの一つと考えられています。これは**名目賃金**が企業と労働者の間で長期的な契約として定められていることが多いためです。企業は労働者に長く働いてもらい、仕事に**熟練**してもらうことで利益を得ますから、長期的な雇用関係を求めます。そのときは名目賃金についても長期的な契約を結びます。労働者の多くは名目賃金が大きく変化するような企業で働きたいとは思わないからです。たとえば**年功序列型賃金制度**と呼ばれる勤続年数によって名目賃金が徐々に上昇していくような契約が結ばれます。このため企業はたとえ生産物の価格が低下したとしても、一方的に名目賃金を低下させることは困難です。すでに契約によって名目賃金は定められており、企業の一方的な賃下げには労働者あるいはその連帯組織である**労働組合**が抵抗します。

　また、一般的な財と異なり、労働者は人間ですから、名目賃金を下げられると

2）労働市場で取引されているのは労働者が提供する労働力（労働サービス）であって、労働者を取引しているのではありません。労働者を取引すると人身売買になってしまいます。

勤労意欲（インセンティブ）を失ってしまったり、他の企業に転職してしまったりする可能性があります。長く働いてもらうことで熟練からの利益を得たい企業にとって、労働者の勤労意欲の喪失や転職は非常に困ります。したがって、多少経営が苦しくなっても名目賃金を下げることはやりたくないのです。このため名目賃金の調整には慎重にならざるを得ず、名目賃金は硬直的になります。

　物価が低下傾向にあるとしましょう。企業の生産物の価格が低下して、売上げが減少します。企業は名目賃金を下げたいのですが、名目賃金は長期的な契約で定まっていますから下げることができません。あるいは労働者が勤労意欲をなくしたり転職したりするので名目賃金を下げたくありません。生産物の価格 P は下がっているのに名目賃金 W は変化しないので、生産物価格で測った**実質賃金** W/P は生産物価格の低下に伴ってむしろ上昇します。この状況の下で企業は生産量を減少させざるを得なくなります。名目賃金の硬直性の下では、物価の低下は生産量の減少をもたらします。このことが多くの企業で生じるならば、物価の低下は GDP の減少をもたらします。名目賃金の硬直性の下で総供給曲線は右上がりとなるのです。

コラム　ラジア型賃金と長期雇用

　企業は熟練からの利益を得るために、労働者にはできるだけ長く自企業で働いてもらいたいと考えます。それを可能にするための賃金制度とはどのようなものかを考えましょう。企業にとって最も困るのは、自企業で訓練を受けて生産性が上昇した労働者が他企業に転職してしまうことです。それを防ぐために企業は、勤続年数が短い間は低い賃金を支払うが、勤続年数が長くなるに従って、徐々に賃金を上昇させるという契約を提示します。このような賃金制度の下では労働者は長く働き続けないと損をします。途中で辞めてしまうインセンティブは生じません。

　このように、勤続年数が短い間は生産性よりも低い賃金を支払い、勤続年数とともに徐々に賃金を上昇させる制度を、労働経済学者の名をとって**ラジア型賃金**といいます。日本で雇用慣行として見られる年功序列型賃金制度はラジア型賃金と考えることができます。またラジア型賃金は**定年制度**が存在

する理由も説明することができます。ラジア型賃金は勤続年数とともに上昇していくので、勤続年数が長くなった労働者をいわば強制的に辞めさせる制度が必要になるのです。

　近年では、個々の労働者の生産性に見合った**成果主義賃金**を支払う企業も増えていますが、賃金制度は雇用期間の長さと密接に関連していることに注意する必要があります。制度の間に補完関係があるため、賃金制度だけ、または雇用制度だけを変更することはできません。

7.5　フィリップス曲線

■短期のフィリップス曲線

　縦軸にインフレ率（物価上昇率）横軸に失業率を取ったグラフを**フィリップス曲線**といいます[3]。実際のデータを用いてインフレ率と失業率の関係をプロットしてみると、その関係は、一般にこの平面上で右下がりとなります（図7-3）。インフレ率が高いとき、物価は上昇を続けますが、賃金は長期的な契約で定められていてその上昇が遅れるため、企業にとって労働サービスが割安になります。企業が雇用量を増大させ、失業率が低下します。この関係はインフレと失業率の間に**トレードオフ**の関係が存在することを示しています。失業率を下げようとするとインフレになり、インフレを抑制しようとすると失業率が上昇します。

　フィリップス曲線と横軸の交点はインフレ率がゼロであるときの失業率を表します。このときの失業率はゼロではありません。インフレ率がゼロであったとしても、よりよい仕事を探すためなどで、一定割合の労働者は常に失業状態にあります。これを**自然失業率**（Non-Accelerating Inflation Rate of Unemployment, NAIRU）といいます[4]。自然失業率以下に失業率を下げようとすると、経済が

3）フィリップスが発表した当初のフィリップスカーブでは縦軸に賃金上昇率が取られていましたが、賃金上昇率とインフレ率の間には密接な関係があることと、後に見る総供給曲線との対応のため、縦軸にインフレ率を用いることが多く行われています。フィリップス曲線については『トリアーデ経済学1　経済学ベーシック［第2版］』第8章も参照してください。

4）失業者の定義は、働く意思と能力がありながら仕事に就いていない者です。働く意思がない場合は失業者には含まれないことに注意してください。日本では、公共職業安定所（ハローワーク）に通うなど実際に求職活動をしているかどうかによって、働く意思の有無を判断しています。

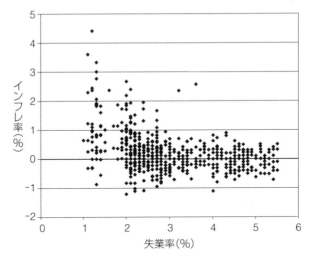

図7-3　インフレ率と失業率の関係（1970-2020、月次）

出所：インフレ率（消費者物価指数上昇率）：総務省統計局「消費者物
価指数」、失業率（完全失業率）：総務省統計局「労働力調査」

過熱してインフレが生じます。

■長期のフィリップス曲線

　フィリップス曲線が右下がりである理由、すなわちインフレが生じたときに失業率が低下する（図7-4の①）理由は、賃金の調整が遅れるためです。十分な時間が経過すれば、労働市場の需給関係から賃金が調整されて物価の上昇に賃金が追いつくはずです。このとき企業は増大させた雇用量を元に戻さなければなりません。失業率は自然失業率にまで引き戻されます（図7-4の②）。長期的には失業率は減少せずに単にインフレが生じただけになります。よって長期のフィリップス曲線は、自然失業率水準で垂直に立っています。長期的には自然失業率以下に失業率を下げることはできません。

図7-4　短期と長期のフィリップス曲線

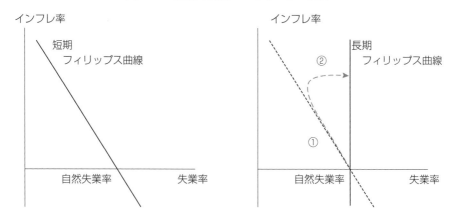

7.6　総供給曲線

■短期の総供給曲線

　生産面から見た物価と GDP の関係を表す AS 曲線について考えます。すでに議論してきたように、すべての財やサービスの価格がスムースに変化しない限り、物価の変化は GDP に影響を与えます。とくに名目賃金が硬直的で調整が遅れる場合には、物価の上昇が企業の利益を増大させるので、企業は生産を拡大させます。よって AS 曲線は GDP を横軸に物価を縦軸に取った平面において、右上がりの曲線になります（図7-5 (a)）。これは短期フィリップス曲線を左右反転させた形状に対応します。一般に GDP と失業率の間には安定的な負の関係があることが知られており、これを**オークンの法則**と呼びます。オークンの法則の下で、失業率を GDP で読み替えることは、グラフを左右反転させることになります。自然失業率は完全雇用水準の GDP に対応します。

■長期の総供給曲線

　十分な時間が経過すれば、すべての財やサービスの価格が調整されるので、物価の変化は GDP に影響を与えません。よって AS 曲線は GDP を横軸に物価を縦軸に取った平面において、垂直になります（図7-5 (b)）。これは長期フィリップス曲線を左右反転させた形状に対応します。

図7-5　短期と長期の総供給曲線

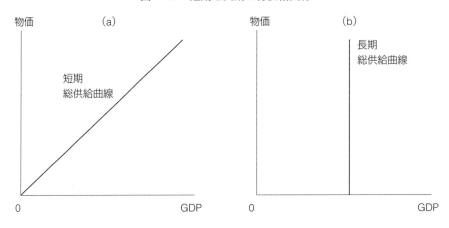

これまで議論してきたように、*AS* 曲線の傾きは価格と取引量のどちらが調整されやすいかによって決まります。これまでの議論では少なくとも短期的には価格は硬直的であるとして、それを時間の問題として扱ってきましたが、時間は本質的な問題ではなく、価格と数量のどちらが調整されやすいかが重要です。たとえば不況の下で企業の設備が遊休状態にあるならば、生産物価格が上昇したときに、企業は費用をかけることなく休んでいる設備を再稼働させることで容易に生産量を拡大することができます。このような場合には、数量の調整がスムースに行われるので、物価の上昇が GDP の拡大に結びつきやすくなります。

7.7　労働市場に対する考え方の違いと総供給曲線

これまで議論してきたように、*AS* 曲線の傾きの違いは、物価の上昇に伴って生産要素価格がどのように変化するかに依存します。そのため *AS* 曲線について議論するためには、生産要素市場について議論することが欠かせません。この節では、生産要素市場の一つである労働市場について、古典派とケインズという代表的な2つの学派の考え方を学ぶことで、*AS* 曲線の傾きの違いについて学びます。

図7-6　古典派とケインズ

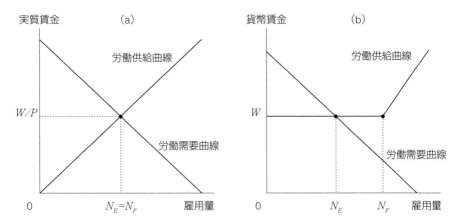

■古典派が考える労働市場

　ケインズによって「古典派」と呼ばれたケインズ以前の経済学は、労働市場においても他の財やサービスの市場と同様に、労働サービスの価格である賃金が速やかに動くことによって需給の一致が達成され、市場均衡が達成されると考えました。

　図7-6(a)は古典派の考える労働市場を図示したものです。他の財やサービスの市場と同様に、右下がりの労働需要曲線と右上がりの労働供給曲線の交点で均衡実質賃金と均衡雇用量が決定されます。

　労働市場の均衡においては、均衡実質賃金において働きたいと思う人（均衡実質賃金における労働供給量）はすべて雇用されているはずです。ある実質賃金において、労働供給量が労働需要量を上回っており、働きたいのに働くことができない人（**非自発的失業者**）がいるとすれば、実質賃金は需給を均衡させるように速やかに低下するはずだからです。したがって、古典派の考える労働市場では、均衡において、非自発的失業者は存在しません。この意味で、古典派の考える労働市場では**完全雇用**が達成されます。均衡雇用量 N_E は完全雇用 N_F に等しくなります。

　古典派の考える労働市場において、もし失業者が存在しているとすれば、それは労働市場が調整の途中にあるために一時的に失業している場合（**摩擦的失業**）か、より高い実質賃金を希望して低い実質賃金では働かないことを労働者自らが選択している場合（**自発的失業**）以外にはあり得ません。

■ケインズが考える労働市場

　1929年、ニューヨークで株価が暴落したことを端緒として、世界的な規模で経済の後退が生じました。これを**世界恐慌**といいます。世界中で多くの会社が倒産し、失業者が街にあふれました。そのような状況を見て、ケインズは古典派の考える労働市場に疑問を持ちました。街にあふれる失業者は、より高い賃金を目指して自ら失業することを選択しているとは、到底考えられませんでした。

　むしろ失業者は、ある程度の**貨幣賃金**（＝**名目賃金**）さえもらえるのであれば、いくらでも働きたいと思っているのではないか、とケインズは考えました。古典派によれば、労働者が失業状態にあるのはより高い実質賃金を求めるからですが、ケインズは、労働者はそもそも実質賃金の決定に関与できないと考えました。実質賃金 w は名目賃金 W を物価水準 P で割ったものですが、名目賃金はともかく、物価水準は主に生産物市場で決定されるものですから、古典派が考えたように実質賃金の決定は労働市場のみで完結するものではないと、ケインズは考えたのです。

　図7−6 (b)はケインズの考える労働市場を図示したものです。ケインズは、労働供給量は実質賃金ではなく名目賃金で決まると考えました[5]。完全雇用 N_F を達成するまでは、ある程度の名目賃金さえもらえれば労働者はいくらでも働きたいと考えていますので、労働供給曲線は水平（賃金弾力性が無限大）になっています。労働市場で決定される雇用量は N_E ですが、これが完全雇用 N_F と等しくなる保証はありません。$N_F - N_E$ の大きさの非自発的失業が発生します。

　生産物市場において、需要が不足している状態を考えましょう。生産物市場では超過供給が存在しますから、生産物価格 P が低下します。名目賃金 W が変化しなければ、自動的に実質賃金 $w = \dfrac{W}{P}$ が上昇します。古典派が考えるように、高い実質賃金を労働者自身が望んだわけでなくても、物価水準の低下によって実質賃金は自動的に上昇するのです。失業者が街にあふれているのは、彼らが高い実質賃金を望んだからではなく、根本的な原因は生産物市場の需要不足にあります。したがってケインズは、生産物市場における需要不足を解消するために、政府の積極的な財政出動による**有効需要**の創出を主張することになるのです。

5）労働需要量については、ケインズも実質賃金によって決まると考えています（古典派の第一公準）。この点では古典派とケインズの考え方は同じです。

■総供給曲線との関係

　古典派とケインズによる労働市場に対する考え方の違いが、AS 曲線にどのように反映されるのかを考えましょう。すでに議論したように、AS 曲線の形状は物価の変化が生じた場合に、生産要素価格（ここでは名目賃金）がどのように変化するかに依存します。

　古典派では、労働市場の需給均衡を達成するように均衡実質賃金と均衡雇用量（＝完全雇用）が決定されます。物価水準 P が10倍になったとすれば、労働市場の均衡を維持するために名目賃金 W も10倍になって実質賃金 $\dfrac{W}{P}$ は変化しません。実質賃金が変化しないので雇用量も変化しません。よって物価が変化したとしても、常に完全雇用に対応する生産量が達成されます。つまり古典派の考える AS 曲線は完全雇用に対応する水準で垂直に立っているのです（図7-5(b)）。

　ケインズでは、完全雇用を達成するまで名目賃金 W は変化しません（図7-6(b)）。よって物価 P が10倍になれば実質賃金 $w = \dfrac{W}{P}$ は1/10になります。労働サービスが割安になるので、雇用量が増えて、生産量が増えます。ケインズが考える AS 曲線は右上がりとなります（図7-5(a)）。

【練習問題】

古典派とケインズによる労働市場の考え方について書かれた次の記述のうち、妥当なものはどれか。

(1) 古典派の考える労働市場では完全雇用が達成されるので、非自発的失業も自発的失業も発生しない。

(2) ケインズは労働市場も他の財市場と同じく、労働市場だけで実質賃金や雇用量を完結的に決定することができると主張した。

(3) ケインズの考える労働市場では、必ずしも完全雇用が達成されるとは限らない。

(4) 労働供給曲線について、古典派は貨幣賃金の関数であると考えたが、ケインズは実質賃金の関数であると考えた。

(5) 古典派は非自発的失業の存在を否定し、貨幣賃金が伸縮的でなくても完全雇用が達成されるとした。

第8章 総需要・総供給分析

8.1 はじめに

第7章までで、私たちは総需要曲線（AD 曲線）と総供給曲線（AS 曲線）を導出しました。AD 曲線は IS 曲線の式と LM 曲線の式から利子率を消去することによって得られました。AD 曲線は需要面から見た物価と GDP との関係を表しています。一方、AS 曲線は供給面から見た物価と GDP との関係を表しています。

GDP を横軸に物価を縦軸に取った平面上で、AD 曲線は右下がり、（短期の）AS 曲線は右上がりになります。今や私たちは、ミクロ経済学でも見慣れた需要供給分析のマクロ経済バージョンを手に入れたのです[1]。本章ではこの新しい分析ツールを用いて、ショックに対する AD 曲線や AS 曲線の動きと、それらの交点で決定される物価と GDP の動きを議論しましょう。

8.2 総需要曲線のシフト

AD 曲線は、その導出過程から明らかなように、IS 曲線と LM 曲線のシフトの影響を受けます。経済の変化に伴って AD 曲線がどのようにふるまうかを議論するには、IS-LM 分析に立ち戻って考えればよいのです。

IS 曲線は、マクロ経済均衡式（第1章）に含まれる各需要項目、すなわち消費・投資・政府支出・純輸出の影響を受けてシフトします。例えば、消費意欲が高まった場合を考えましょう。IS-LM 分析では、消費需要の高まりにより IS 曲

---

1) 『トリアーデ経済学1 経済学ベーシック［第2版］』第8章でもミクロ経済学の需要供給分析のマクロ経済への拡張として総需要・総供給分析が説明されています。

図8-1 総需要曲線のシフト

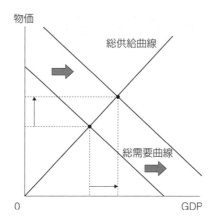

線が右にシフトして均衡 GDP が増大します。このことは、AD 曲線が均衡 GDP を増やす方向である右方向にシフトすることを表しています。AD-AS 分析における均衡点は、AS 曲線が右上がりであるならば、右上方向に移動し、均衡における GDP と物価水準の両方が増大します（図8-1）。投資・政府支出・純輸出が増大した場合も同様に、均衡 GDP と均衡物価水準が増大します。

　LM 曲線は、その式の中に含まれる名目貨幣残高や貨幣に対する需要態度の変化の影響を受けます。たとえば名目貨幣残高が増大した場合、IS-LM 分析では、LM 曲線が右方向にシフトして均衡 GDP が増大します。このことは、AD 曲線が均衡 GDP を増やす方向である右方向にシフトすることを表しています。AD-AS 分析における均衡点は、AS 曲線が右上がりであるならば、右上方向に移動し、均衡における GDP と物価水準の両方が増大します。

　特に、財政政策や金融政策によって IS 曲線や LM 曲線が動くことに注意しましょう。IS-LM 分析で見たように、財政政策や金融政策を行うと一般に均衡 GDP が増加しますから、AD 曲線は右方向にシフトします。AS 曲線との交点は右上方向に移動し、均衡における GDP と物価水準の両方が増大します。

■総供給曲線の傾きと政策効果

　第7章で見たように、AS 曲線の傾きは短期的には右上がりですが、すべての価格が調整された長期では垂直になります。AS 曲線の傾きが垂直に近い場合に

図 8 - 2　総供給曲線の傾きと政策効果

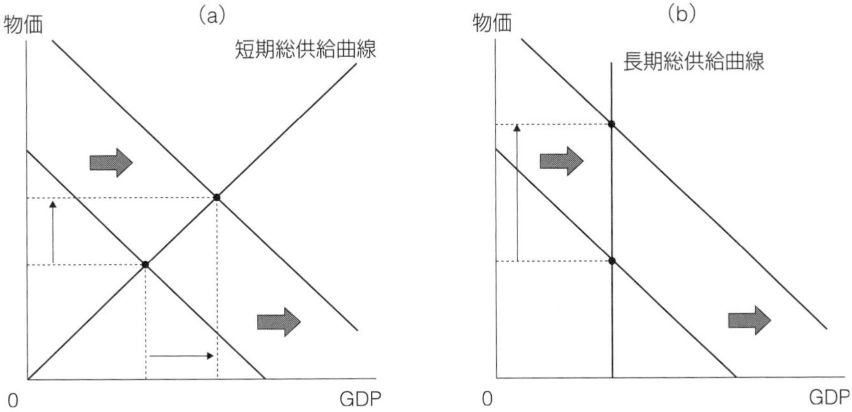

は、財政政策や金融政策によって *AD* 曲線が右方向にシフトしても、GDP はほとんど増えずに、物価が上昇するだけです（図 8 - 2 (b)）。

　財政政策や金融政策などの総需要創出政策が GDP に与える効果は、*AS* 曲線の傾きに依存します。*AS* 曲線が寝ているほど政策効果は大きく、*AS* 曲線が立っているほど政策効果は小さくなります。*AS* 曲線の傾きは、第 7 章で見たように、供給面から見た価格と生産量の相対的な動きやすさで決まります。たとえば賃金が硬直的であるなど、生産物価格の上昇に生産要素価格の上昇が追いつかない場合には、*AS* 曲線は右上がりになりますから、総需要の拡大は均衡 GDP の増大につながります（図 8 - 2 (a)）。また、生産設備が遊休しているような状態で総需要が増大すれば、企業は休んでいる生産設備を動かすことで容易に生産量を増大させることができますから、総需要の拡大は均衡 GDP の増大につながります。

8.3　総供給曲線のシフト

　経済の供給側にショックが発生すると *AS* 曲線がシフトします。たとえば技術革新によって同じ価格でもっとたくさんの財を生産できるようになる場合を考えましょう。このようなショックが多数の企業で生じたならば、同じ物価水準において GDP が増えますから、*AS* 曲線は右方向にシフトします。均衡における

図 8 - 3　総供給曲線のシフト

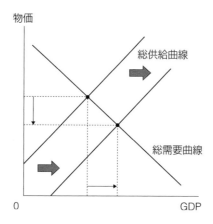

図 8 - 4　総需要曲線の傾きと総供給曲線のシフト

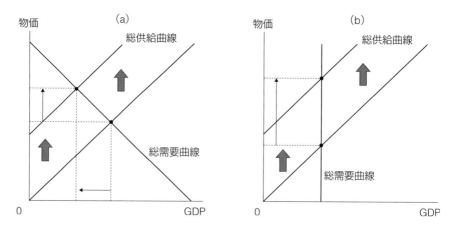

GDP は増加し、物価水準は低下します（**図 8 - 3**）。

　AS 曲線を導出するにあたっては、生産要素市場を考える必要がありました。よって生産要素市場で生じたショックも *AS* 曲線をシフトさせる要因となります。たとえば労働者のやる気（労働意欲）が向上したとしましょう。このとき同じ雇用量で多くの生産物を生み出すことができますから、*AS* 曲線は右方向にシフトします。

　また、生産要素の価格が高騰したために、同じ生産量で高い価格を付けざるを

得ない場合を考えましょう。このようなショックが多数の企業で生じたならば、多数の企業が高い価格をつけるために物価が上昇して、AS 曲線は上方向にシフトします。

■総需要曲線の傾きと総供給曲線のシフト

　第5章で見たように、経済が流動性のわなの状態にある場合には AD 曲線は垂直になります。物価の変化は実質貨幣残高の変化として、LM 曲線をシフトさせますが、流動性のわなの下では LM 曲線が水平なので、LM 曲線がシフトしても GDP は変化せず、AD 曲線は垂直に立つことになります。

　生産要素価格が上昇して、AS 曲線が上にシフトした場合を考えます。AD 曲線が垂直に立っている場合は、物価の変化が総需要に影響を与えませんので GDP は変化しません（図 8 - 4 (b)）。

■スタグフレーション

　生産要素価格が高騰するなどして、同じ生産量では高い価格をつけざるを得なくなり、AS 曲線が上方向にシフトした場合を考えましょう。このとき AD 曲線との交点によって表される均衡点は、AD 曲線が右下がりであれば、左上方向に移動します。元の均衡点と比較すれば、GDP の減少と物価の上昇が同時に生じています（図 8 - 4 (a)）。不況とインフレが同時に生じているのです。これを**スタグフレーション**と言います。スタグフレーションは不況（stagnation）とインフレ（inflation）を組み合わせた造語です。スタグフレーションの下では、景気が悪化しているので雇用が縮小します。同時にインフレによって物価が上昇しているので、国民生活はとても苦しくなります。

コラム　オイルショック

　1970年代には中東における紛争が原因となって原油価格が高騰しました。原油は多くの工業製品を生産するために必要なエネルギー源であり、石油化学製品の原材料でもあります。このため多くの先進国は深刻なスタグフレーションに苦しむことになりました。これを**オイルショック（石油危機）**とい

います。

　1973年に第四次中東戦争が勃発し、イスラエルと対立するアラブ諸国はアメリカ合衆国などイスラエル支援国家への経済制裁として、原油生産の削減と原油価格の引き上げを行いました。日本は戦争に対しては中立の立場でしたが、イスラエルの最大の支援国家であるアメリカ合衆国と同盟関係にあること、またエネルギー源を中東から輸入される石油に大きく依存していたことが原因となって、スタグフレーションの影響は日本経済にも大きな打撃を与えました。1974年の消費者物価指数の上昇率は23%にもなり、この年の経済成長率は−1.2%と戦後初めてのマイナス成長となりました。急激なインフレーションは国民生活を混乱させました。トイレットペーパーがなくなるという噂が流れると消費者はパニックを起こして商店に押し寄せました。トイレットペーパーの生産量は原油価格とはほとんど関係がありませんが、経済はスタグフレーションによる大きな混乱に陥ったのです。これを**第一次オイルショック**といいます。

　1979年にイラン革命がおこると、イランからの原油の輸入が途絶しました。再び原油価格の高騰が先進国経済を襲います。これを**第二次オイルショック**といいます。多くの国々は再び深刻なスタグフレーションに突入することになりましたが、日本経済への影響は第一次オイルショックのときと比較すれば小さなものでした。その理由は、日本では第一次オイルショックを教訓として、石油に依存しない**省エネ経済**への転換が進められていたからです。企業は省エネ技術の開発を行い、消費者の省エネ意識も高まっていました。政府は石油備蓄の拡充を行っており、日本銀行はインフレの抑制のために迅速に貨幣発行残高の引き締めを行いました。第一次オイルショックの教訓から、官民一体となって迅速に対応を行ったことにより、日本は第二次オイルショックの影響を軽減することができたのです。

■コストプッシュインフレーションとディマンドプルインフレーション

　先に見たようにスタグフレーションの原因は、生産コストの増大による供給曲線の上シフトです。上昇した生産コストが生産物価格に上乗せされるためにイン

図8-5　コストプッシュインフレー
ション

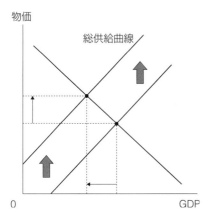

図8-6　ディマンドプルインフレー
ション

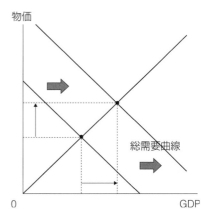

フレが生じます。このようにして生じるインフレを**コストプッシュインフレーシ**
ョンといいます（**図8-5**）。生産コストの上昇が物価を押し上げてインフレが発
生しているイメージです。コストプッシュインフレーションはスタグフレーショ
ンを生み出す可能性があります。

　一方で、何らかの理由で総需要が増大した場合にもインフレが生じます。総需
要曲線が右にシフトした場合です。そのようにして生じるインフレを**ディマンド**
プルインフレーションといいます（**図8-6**）。需要が物価を引き上げることでイ
ンフレが発生している状況です。この場合には、需要が増大してGDPが上昇し
ますから、スタグフレーションは発生しません。ただし、総供給曲線が垂直に近
い状態では、GDPの上昇に比べてインフレの影響が大きくなります。このとき
インフレの危機を感じた政府が引き締め政策への転換を行った場合には、インフ
レの影響が残る中でGDPが縮小して、スタグフレーションが引き起こされる場
合があります。

8.4　インフレーションとデフレーションが社会に与える影響

　インフレとは財やサービスの価格が上がることですが、貨幣の価値が下がるこ
とと言い換えることができます。デフレでは逆に財やサービスの価格が下がって、
貨幣の価値が上がります。古典派の二分法（第7章）で学んだように、財やサー

ビスの価格が同時に変化するのであれば、貨幣の価値の変化は実体経済には影響を与えません。しかし、貨幣の価値が変わりますので、資産として持っている貨幣の価値は影響を受けます。

　近い将来インフレが生じることが予想されるのであれば、貨幣は今すぐ使うべきです。さらに言えば、借金してでも使うべきです。明日、ハイパーインフレが発生するとしましょう。あなたが持っている1万円札は明日にはその価値が下がって紙切れ同然になります。ですから、あなたは手持ちの1万円札を今日中に使うべきです。さらに言えば、ハイパーインフレが生じることを知っているのがあなただけであれば、周りの人から1万円ずつ借りてきてそれもすぐに使うべきです。あなたは明日、紙切れ同然になった1万円札を返せばいいのです。借りた1万円札は使ってしまいましたが、相手は返さなくていいと言うでしょう。紙切れをもらってもしかたがないですから。

　以上は極端な例ですが、インフレが生じると債務者（お金を借りた人）が得をし、債権者（お金を貸した人）が損をすることは覚えておいてください。インフレとは貨幣の価値が下がることですから、貨幣をたくさん持っているお金持ちが損をするのです。

　若い皆さんは、あまりお金の貸し借りをした経験がないかもしれません。しかし、今見たようにインフレやデフレは、お金の貸し借りに大きな影響を与えます。この関係を表すのが第6章で紹介したフィッシャー方程式です。

$$実質利子率(r)＝名目利子率(i)－期待インフレ率(\pi)$$

　皆さんが普通目にする金利は名目利子率です。定期預金の金利が何％、利息は10日で1割（違法です）などという場合、これらはすべて名目利子率です。一方で、皆さんがお金を借りるかどうか、消費や投資を今行うかどうかを決定するには、インフレの影響を考慮する必要があります。インフレの影響を考慮した場合の利子率を実質利子率といいます。消費行動や投資行動に影響を与えるのは実質利子率です。

　インフレが予想される場合には、お金を借りてでも消費した方がよいことを学びました[2]。フィッシャー方程式で見ると、インフレが予想されるときには実質利子率が低下することがわかります。利子率が低いですから、お金を借りることが有利になるのです。

　繰り返し述べてきたように、インフレが生じると債務者は得、債権者は損になります。さて、日本で最大の債務者は政府です。政府は税金を集めるとともに国債を発行してお金を借りることで政策運営を行っています。この債務が大きく膨張していることは皆さんもご存じでしょう。政府がインフレを起こせばこの莫大な借金を帳消しにすることができます。しかし、インフレで借金を帳消しにするというのは1万円札を紙切れにすることですから、もちろんそのようなことをすれば国民生活は大混乱に陥ります。

　逆に、デフレの下での財政再建は極めて困難であることもわかります。デフレの下では貨幣の価値が増大しますから、政府の借金も勝手にどんどんと膨らんでいくのです。

【練習問題】
次にあげる経済に生じた変化は、GDP や物価にどのような影響を与えるか、総需要・総供給分析を用いて議論しなさい。（地方上級、改題）
(1)　技術革新の発生
(2)　公共事業の増大
(3)　名目貨幣供給量の増大
(4)　貨幣賃金率の切り下げ
(5)　労働意欲の向上
(6)　消費意欲の減退

2）この考え方に基づけば、デフレから脱却し、消費や GDP を拡大させるには、積極的な金融緩和によってインフレ期待を抱かせることが一つの方法であることがわかります。日本経済のデフレとの闘いについては『トリアーデ経済学1　経済学ベーシック［第2版］』第8章を参照してください。

第9章 消費

　本章では、生産物市場の需要を構成する一つの項目である消費を取り上げます。消費は支出面からみた GDP の 5 ～ 6 割を占めています（2020年の統計では54%[1]）。消費は GDP を構成する最大の項目であるため、消費の変動は景気に大きな影響を及ぼします。また、可処分所得から消費を引いた残りが貯蓄となるため、消費は貯蓄率を決める要因にもなります。この貯蓄率は経済成長率を決める重要な要因となります（詳しくは、第15章を参照してください）。そのため、消費は経済成長に影響を及ぼす要因にもなります。

　本書では、ここまで、消費の水準はケインズ型消費関数によって決まると考えてきました。しかし、ケインズ型消費関数には、実際の統計データと整合的でない面もあることが知られています。そのため、消費関数に関しては、他にもさまざまな仮説があります。本章では、これらの事柄について順に取り上げます。

9.1　長期と短期の消費関数

　本章では、説明をシンプルにするため、租税を考慮しないものとします。租税を考慮しない場合、ケインズ型消費関数は、次の式で表されました。

$$C = cY + C_0 \tag{9.1}$$

ここで、C は消費、Y は所得、c は限界消費性向、C_0は基礎消費となります。このケインズ型消費関数では、消費の水準は（過去や将来ではなく）現在の所得の（相対額などではなく）絶対額によって決まってきます。そのため、ケインズに

1）内閣府「国民経済計算（GDP 統計）」を参照してください。

図9-1 長期と短期の消費関数

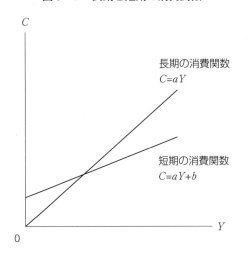

よる消費関数の理論は、**絶対所得仮説**と呼ばれます。

さて、クズネッツ（Simon S. Kuznets）は、長期間の統計データにおいて、消費と所得の間に次のような関係が観察されることを明らかにしました[2]。

$$C = aY \tag{9.2}$$

すなわち、長期の消費関数は、式(9.2)の形になることが明らかにされました（ただし、aは正の定数とします）。それに対して、短期間の統計データにおいては、消費と所得の間に次のような関係が観察されることが明らかにされました。

$$C = aY + b \tag{9.3}$$

すなわち、短期の消費関数は、式(9.3)の形になることが明らかにされました（ただし、aとbは正の定数とします）。また、限界消費性向となるaの大きさは、式(9.3)の短期の消費関数よりも式(9.2)の長期の消費関数の方が大きいことも明らかにされました。したがって、実際の統計データから得られる長期と短期の消費関数を図に示すと、**図9-1**のようになります。

ここで、式(9.1)のケインズ型消費関数は、短期の消費関数である式(9.3)と同

2）クズネッツは1971年にノーベル経済学賞を受賞しました。

じ形をしています。しかし、長期の消費関数である式(9.2)とは異なる形をしています。したがって、ケインズの消費関数の理論は、短期の消費関数とは整合性を持つものの、長期の消費関数とは整合性を持たないものとなります。

　そこで、実際の統計データにおいて観察される長期と短期の消費関数を、ともに矛盾なく説明することを目指して、消費関数に関するいくつかの仮説が提唱されました。以下では、代表的なものとして、相対所得仮説、恒常所得仮説、ライフサイクル仮説を順に取り上げます。

9.2　相対所得仮説

　デューゼンベリー（James S. Duesenberry）は**相対所得仮説**と呼ばれる仮説を提唱しました。この仮説では、消費の水準は、現在の所得だけでなく、過去の所得の最高額によっても決まってくるものとされます。

　相対所得仮説の消費関数は、具体的な数値例を用いて表すと、次のように表すことができます。

$$C = \begin{cases} 0.8Y & （①Y \geq Y_{max}のとき） \\ 0.8Y_{max}+0.6(Y-Y_{max}) & （②Y < Y_{max}のとき） \end{cases} \quad (9.4)$$

ここで、Cは消費、Yは所得、Y_{max}は過去の所得の最高額となります。この式(9.4)の②の関数に含まれる$Y-Y_{max}$は、所得の相対額（過去の最高額に対する相対額）となります。そのため、デューゼンベリーの仮説は相対所得仮説と呼ばれます[3]。

　式(9.4)の消費関数を図に示すと、**図9-2**のようになります。この図のように表すことができる理由は次のとおりです。式(9.4)では、$Y=Y_{max}$のときに、①の関数と②の関数は同じ値をとります（$Y=Y_{max}$を代入すると、どちらも$C=0.8Y_{max}$となります）。そのため、①の関数と②の関数は、$Y=Y_{max}$において交差します。また、①の関数では、Yに0.8が掛かっているのに対して、②の

3）相対所得仮説は、人々の主観的幸福感に関する研究でも注目されています。戦後、人々の所得水準は大幅に上昇しました。しかし、人々の平均幸福度は、ほとんど上がらなかったと言われています。その理由の一つとして、絶対的な所得水準よりも、他人と比較した相対的な所得水準のほうが、人々の主観的幸福感に強く影響するということが指摘されています。

139

図9-2　相対所得仮説の消費関数　　　図9-3　歯止め効果

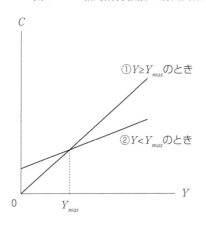 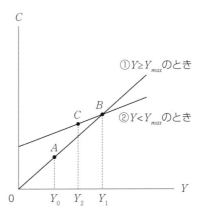

関数では、Yに0.6が掛かっています。そのため、傾きは①の関数のほうが急に
なります。

■歯止め効果

　いま、図9-3において、所得が過去の最高額を更新して、Y_0からY_1へと上
昇したとします。所得が過去の最高額を更新するとき（$Y \geq Y_{max}$のとき）には、
①の関数が消費関数となります。そのため、消費は点Aの水準から点Bの水準
へと上昇します。しかし、その後、所得がY_1からY_2へと低下したとします。所
得が過去の最高所得を下回るとき（$Y < Y_{max}$のとき）には、②の関数が消費関
数となります。そのため、消費は点Bの水準から点Cの水準へと低下します。
　以上のように、相対所得仮説の消費関数では、所得が（過去の最高額を超え
て）上昇したときには、消費は大きく増加しますが、所得が低下したときには、
消費はあまり減少しなくなります。人々は、一度、高い消費水準を経験すると、
所得が減少しても消費をあまり減らせなくなる傾向がありますが、相対所得仮説
の消費関数は、人々のこうした傾向を反映したものとなります。なお、このよう
に、一度、消費の水準が高くなると、所得が低下しても消費の減少に歯止めがか
かる効果は、**歯止め効果（ラチェット効果）** と呼ばれます。

■長期と短期の消費関数

前述のように、実際の統計データにおいて、長期と短期の消費関数は、それぞれ、図9-1のような形になるということでした。相対所得仮説では、その理由について、次のように説明することができます。

長期的には、経済成長によって、所得は過去の最高額を更新していきます（$Y \geq Y_{max}$）。そのため、長期間の統計データでは、図9-2の①の消費関数が観察されやすくなります。この①の消費関数は、図9-1の長期の消費関数と同じ形をしています。

一方、短期間の統計データでは、所得が過去の最高額を更新することは少なくなります。すなわち、所得は過去の最高額よりも低いことが多くなります（$Y < Y_{max}$）。そのため、短期間の統計データでは、図9-2の②の消費関数が観察されやすくなります。この②の消費関数は、図9-1の短期の消費関数と同じ形をしています。

相対所得仮説では、以上のようにして、長期と短期の消費関数が観察される理由を説明することができます。

■デモンストレーション効果

以上のように、デューゼンベリーは、一度、高い消費水準を経験すると、所得が減少しても消費をあまり減らせなくなると考えました。すなわち、人々の消費行動は、過去の消費習慣に影響されると考えました。

デューゼンベリーは、このほかにも、人々の消費行動は、他の人々の消費行動にも影響されると考えました。例えば、友人が携帯電話を買い替えたことに刺激されて、自分も携帯電話を買い替えるといったことは、よくみられます。このように、人々の消費行動が他の人々の消費行動に影響される効果を、**デモンストレーション効果**と呼びます。

なお、相対所得仮説のうち、消費行動が過去の消費習慣の影響を受けることに着目したもの（すなわち、歯止め効果に着目した相対所得仮説）は、時間的相対所得仮説とも呼ばれます。それに対して、消費行動が他の人の消費行動の影響を受けることに着目した相対所得仮説（すなわち、デモンストレーション効果に着目した相対所得仮説）は、空間的相対所得仮説とも呼ばれます。

┌───┐

コラム　見栄のための消費

　デモンストレーション効果に関連する効果として、ヴェブレン効果と呼ばれるものがあります。例えば、ブランドバッグのような商品は、他者に見栄を張るために購入されることがあります。このような商品は、価格が高ければ高いほど、見栄を張るために都合がよくなります。そのため、ブランドバッグなどの商品は、価格が高ければ高いほど、需要が大きくなることがあります。こうした現象は**ヴェブレン効果**と呼ばれます。

└───┘

9.3　恒常所得仮説

　フリードマン（Milton Friedman）は**恒常所得仮説**と呼ばれる仮説を提唱しました[4]。恒常所得とは、所得のうち、一時的な要因で変動しない部分のことを指します。この仮説では、消費の水準は、この恒常所得の額によって決まってくるものとされます。この恒常所得仮説は比較的ミクロ的な基礎付けのある仮説であるため、消費関数に関する有力な仮説の一つとされています。

　恒常所得仮説では、所得は恒常所得と変動所得に分けられます。

$$Y = Y_P + Y_T \tag{9.5}$$

ここで、Y は所得、Y_P は恒常所得、Y_T は変動所得を表します。**恒常所得**とは、所得のうち、一時的な要因で変動しない部分を指し、**変動所得**とは、一時的な要因で変動する部分を指します。

　その上で、消費 C の水準は、恒常所得 Y_P によって決まるものとされます。したがって、恒常所得仮説の消費関数は、具体的な数値例を用いて表すと、次のように表すことができます。

$$C = 0.9 Y_P \tag{9.6}$$

　では、恒常所得 Y_P の値はどのようにして求められるのかということですが、

4）フリードマンは1976年にノーベル経済学賞を受賞しました。

フリードマンは、現在と過去の所得の加重平均になると考えました。したがって、最も簡単な関数例を示すと、恒常所得は、

$$Y_P = 0.6Y + 0.4Y_{-1} \tag{9.7}$$

と表すことができます[5]。ここで、Y は今期の所得、Y_{-1}は前期の所得を表します。

■長期と短期の消費関数

　では、恒常所得仮説の長期の消費関数を求めます。長期間の統計データをとると、変動所得 Y_Tは、好況時にはプラスの値をとり、不況時にはマイナスの値をとります。そのため、長期間の平均をとると、$Y_T = 0$となります。したがって、$Y_T = 0$を式(9.5)に代入すると、$Y = Y_P$となります。そこで、$Y_P = Y$を式(9.6)に代入すると、

$$C = 0.9Y \tag{9.8}$$

となります。この式(9.8)が恒常所得仮説の長期の消費関数となります。この消費関数は $C = aY$ という形をしていることから、式(9.2)と同じ形であることを確認できます。

　次に短期の消費関数を求めます。短期間の統計データでは、好況時のデータしか含まれないことや、不況時のデータしか含まれないことが多くなります。そのため、短期間の統計データでは、平均をとっても $Y_T = 0$とはならず、$Y = Y_P$とはなりません。そこで、式(9.6)に式(9.7)の Y_Pの値を代入すると、

$$C = 0.54Y + 0.36Y_{-1} \tag{9.9}$$

となります。この式(9.9)が恒常所得仮説の短期の消費関数となります。この消費関数は $C = aY + b$ という形をしています（式(9.9)の右辺第2項は定数と考えることができます）。したがって、この消費関数は式(9.3)と同じ形であることを確認することができます。

　また、式(9.8)では所得 Yに0.9が掛かっているのに対して、式(9.9)では所得

5）恒常所得は、これと別の形で定義されることもあります。

Y に0.54が掛かっています。したがって、限界消費性向の大きさは、式(9.9)の短期の消費関数より式(9.8)の長期の消費関数のほうが大きいことも確認できます。

恒常所得仮説では、以上のようにして、実際の統計データにおいて観察される長期と短期の消費関数を説明することができます。

■経済政策に関して

恒常所得仮説に従うと、経済政策に関して、次のような指摘を行うことができます。例えば、不況になると、人々の消費を増やして景気を回復させるために、減税が検討されることがあります。しかし、1年限りなどといった一時的な減税では、人々の変動所得は増えるものの、恒常所得はあまり増えません。そのため、消費の増加にはあまりつながらないと考えられます。したがって、恒常所得仮説にしたがうと、一時的な減税政策は景気対策として、あまり有効ではないと指摘することができます。

9.4 ライフサイクル仮説

モディリアーニ（Franco Modigliani）とアルバート安藤（Albert Ando）は**ライフサイクル仮説**と呼ばれる仮説を提唱しました[6]。この仮説では、今期の消費額は、その人が生涯にわたって得ると予想される所得の総額（ここでは、生涯所得と呼びます）によって決まってくると考えられます。ライフサイクル仮説も比較的ミクロ的な基礎付けのある仮説であるため、恒常所得仮説とならんで、有力な仮説の一つとされています。

いま、ある個人は現時点で W 円の資産を保有しており、今後70年間生きるものとします。そのうち、働ける期間が50年で、毎年の所得は Y 円と予想されるものとします。また、利子率はゼロとします。

このとき、ライフサイクル仮説に従うと、今期の消費額は次のようにして決まってきます。この仮説では、今期の消費額は生涯所得によって決まってくるため、まずは、この個人の生涯所得（今後50年間の所得と現時点での保有資産の合計）

6）モディリアーニは1985年にノーベル経済学賞を受賞しました。

図9-4　生涯における所得と消費の変化

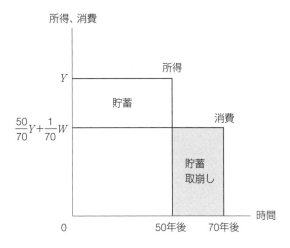

を求めると、

$$50Y + W \tag{9.10}$$

となります。この生涯所得を今後70年間にわたって毎年均等に消費に充てるものとすると、今期の消費額は、

$$C = \frac{50}{70}Y + \frac{1}{70}W \tag{9.11}$$

となります。

　なお、この個人の年々の所得額と消費額を図に示すと、**図9-4**のようになります。この図で示されるように、この個人は若年期と壮年期に働いて貯蓄をし、老後は貯蓄を取り崩して消費を行うというライフサイクル（人生の周期）を歩むことになります。そのため、この仮説は、ライフサイクル仮説と呼ばれます。

■長期と短期の消費関数

　では、ライフサイクル仮説の長期の消費関数を求めます。ここでは経済全体で集計された値について考えます。そうすると、長期的な経済成長の過程では、所得 Y の増加に比例して資産 W も増加すると考えられます。そこで、いま仮に、

$W = 5Y$ という関係が成立するものとします。これを式(9.11)に代入すると、

$$C = \frac{55}{70}Y \qquad\qquad (9.12)$$

となります。したがって、この式(9.12)がライフサイクル仮説の長期の消費関数となります。この消費関数は $C = aY$ という形をしていることから、式(9.2)と同じ形であることを確認できます。

　次に、短期の消費関数を求めます。短期的には、資産 W は、それほど大きくは変化しません。そのため、資産 W は一定であると考えることができます。したがって、式(9.11)の右辺第2項を定数として扱ったものが、ライフサイクル仮説の短期の消費関数となります。この消費関数は $C = aY + b$ という形をしていることから、式(9.3)と同じ形であることを確認できます。

　また、式(9.12)の長期の消費関数では、所得 Y に $\frac{55}{70}$ が掛かっていますが、式(9.11)の短期の消費関数では、所得 Y に $\frac{50}{70}$ が掛かっています。そのため、限界消費性向の大きさは、式(9.12)の長期の消費関数のほうが大きいことも確認できます。

　以上のようにして、ライフサイクル仮説でも、実際の統計データにおいて観察される長期と短期の消費関数を説明することができます。

■経済政策に関して

　ライフサイクル仮説に従うと、経済政策に関して、次のような指摘を行うことができます。まず、1つ目として、金融政策が人々の消費に影響を及ぼす可能性を指摘することができます。金融政策が実施されると、利子率が下がるなどして、株や債券の価格が上がります[6]。そのことによって、人々の保有する資産の価値が上がります。保有資産の価値が上がると、人々の生涯所得（生涯の所得と保有資産の合計）は大きくなります。ライフサイクル仮説に従うと、生涯所得が大きくなると、人々の消費額は増加すると考えられます。

---

6) 利子率が下がると、株や債券の価格が上がることについては、第4章の説明を参照してください。

　2つ目として、一時的な減税は、人々の消費にあまり影響を及ぼさないと指摘することができます。ライフサイクル仮説に従うと、人々の消費額は、生涯所得によって決まってきます。一時的な減税は、生涯所得には、わずかな影響しか及ぼさないため、消費にあまり影響を与えないと考えられます。

　3つ目として、所得税よりも消費税のほうが、租税の公平性の面で望ましいと指摘することができます。ライフサイクル仮説によると、消費の額は生涯所得の額によって決まってきます。そのため、消費額を基準にして税額を決めることは、生涯所得の額を基準にして税額を決めることと同じになります。したがって、今期の所得を基準にして税額が決まる所得税よりも、生涯所得の額を基準にして税額が決まることになる消費税のほうが、租税の公平性の面で望ましいと、見方によっては、考えることもできます。

【練習問題】

問1　消費関数仮説に関する次の記述のうち、誤っているものはどれか。

(1) クズネッツの絶対所得仮説に従うと、今期の消費額は、今期の所得額によって決まると考えられる。

(2) デューゼンベリーの相対所得仮説に従うと、今期の消費額は、今期の所得額だけではなく、過去の所得額にも影響されると考えられる。

(3) フリードマンの恒常所得仮説に従うと、所得のうち、一時的な要因で変動しない部分を恒常所得というが、今期の消費額は、恒常所得の額によって決まると考えられる。

(4) モディリアーニとアルバート安藤のライフサイクル仮説によると、今期の消費額は、生涯所得の額によって決まると考えられる。

問2　ある国では、GDPが100のとき平均消費性向は0.8であり、GDPが200のとき平均消費性向は0.7であるとする。消費関数が $C = aY + b$ の形で与えられるとき、この国の消費関数を求めよ。ただし、Y はGDPである。

第10章 投資

本章では、生産物市場の需要を構成する一つの項目である投資を取り上げます。投資の額は年によって大きく変動するという特徴を持っています。そのため、投資は、GDP の短期的な変動を生じさせる大きな要因となります。また、投資が行われると、企業の生産設備が増強されることになり、経済全体の生産能力が高まることになります。そのため、投資は長期的な経済成長にとっても重要な意味を持っています。

本書では、ここまで、投資は利子率の減少関数になると考えてきました。こうした投資関数は、ケインズの投資理論に基づくものとなります。本章では、このケインズの投資理論について、より詳しく説明するとともに、このほかの投資理論についても紹介します。

10.1 投資の限界効率

ケインズの投資理論では、新たに行われる投資の予想収益率を**投資の限界効率**と呼びます。そして、この投資の限界効率が利子率よりも高ければ、投資が実行されると考えられます。その理由は次のように説明できます。ここでは、資金を借り入れて投資を行うケースを考えます。このとき、投資の限界効率（すなわち投資の予想収益率）が利子率よりも高ければ、毎年得られる収益のほうが、毎年支払わなければいけない利息よりも大きくなります。そのため、投資の限界効率が利子率よりも高ければ、投資が実行されることになります。

具体的には、投資の限界効率の値は「〈投資費用〉と〈投資から得られる予想収益の割引現在価値[1]〉が等しくなる割引率」と定義されます[2]。そこで、まずは、投資から得られる予想収益の割引現在価値を求めます。ここでは、一度投資

を行うと n 年間にわたり毎年収益が得られるものとします。この場合、投資から得られる予想収益の割引現在価値は、以下の式で表されます。

$$V = \frac{R}{1+r} + \frac{R}{(1+r)^2} + \cdots + \frac{R}{(1+r)^n} \qquad (10.1)$$

ここで、V は投資から得られる予想収益の割引現在価値、R は毎年の予想収益の額、r は利子率を表します。式(10.1)の右辺の第1項は1年後に得られる予想収益の割引現在価値となります。また、第2項は2年後に得られる予想収益の割引現在価値、第 n 項は n 年後に得られる予想収益の割引現在価値となります。よって、これらを合計したものである式(10.1)が、投資から得られる予想収益の割引現在価値となります。

この予想収益の割引現在価値と投資費用が等しくなる割引率が投資の限界効率となります。したがって、以下の式を満たす ρ の値が、投資の限界効率となります。

$$C = \frac{R}{1+\rho} + \frac{R}{(1+\rho)^2} + \cdots + \frac{R}{(1+\rho)^n} \qquad (10.2)$$

ここで、C は投資費用（投資の実施にかかる費用）を表します（本章では、C は投資費用を表していますが、本書の他の章では、C は消費を表します）。式(10.2)の左辺の値は、投資費用であり、右辺の値は、割引率を ρ としたときの投資の予想収益の割引現在価値となります。したがって、この式(10.2)を満たす ρ の値が、投資の限界効率となります。

■投資が実行される条件

ケインズの投資理論では、投資の限界効率が利子率よりも高い場合に、投資は実行されるということでした。そのことは、以下のようにして確認することもできます。

1）割引現在価値については、第4章の説明を参照してください。
2）「〈投資費用〉と〈投資から得られる予想収益の割引現在価値〉が等しくなる割引率」は投資の予想収益率を表すものと解釈することができます。このような定義から求められる予想収益率は、内部収益率とも呼ばれます。

式(10.1)と式(10.2)を比較すると、$\rho \geq r$ のときには、右辺の各項の分母は、式(10.2)のほうが式(10.1)よりも大きくなります。そのため、右辺の各項の値は、式(10.1)のほうが式(10.2)よりも大きくなります。したがって、$\rho \geq r$ のときには、式(10.1)の値（＝ V の値）のほうが式(10.2)の値（＝ C の値）よりも大きくなるので、$V \geq C$ となります。

　以上のように、$\rho \geq r$ ならば $V \geq C$ となります。したがって、$\rho \geq r$ のときには、予想収益の割引現在価値 V のほうが投資費用 C よりも大きいので（すなわち、得られる収益のほうが支払わなければならない費用よりも大きいので）、投資が実行されます。

　反対に、$\rho < r$ ならば $V < C$ となります。したがって、$\rho < r$ のときには、予想収益の割引現在価値 V のほうが投資費用 C よりも小さいので（すなわち、得られる収益のほうが支払わなければならない費用よりも小さいので）、投資は実行されないことになります。

　以上の理由から、投資の限界効率 ρ が利子率 r を上回る場合には、投資が実行されることになります。また、反対に、投資の限界効率 ρ が利子率 r を下回る場合には、投資は実行されないことになります。

■期間を無限とみなした場合

　投資の限界効率は、式(10.2)を満たす ρ の値となります。そのため、投資の限界効率の値は容易に計算できるものではありません。しかし、投資から収益が得られる期間を無限とみなせば（一度投資を行えば永久に毎年収益が得られるものとみなせば）、投資の限界効率の値は容易に計算できるようになります。

　投資から収益が得られる期間を無限とみなした場合には、投資の限界効率は、以下の式を満たす ρ の値となります。

$$C = \frac{R}{1+\rho} + \frac{R}{(1+\rho)^2} + \frac{R}{(1+\rho)^3} + \cdots \tag{10.3}$$

この式の右辺の値は、初項が $\dfrac{R}{1+\rho}$、公比が $\dfrac{1}{1+\rho}$ の無限等比数列の和となっています。そこで、無限等比数列の和の公式[3]を適用すると、

表10‐1　ある企業の投資案件

投資案件	投資の限界効率	投資額（投資費用）
A	8.5%	8 億円
B	7.0%	12 億円
C	5.5%	10 億円
D	3.0%	20 億円
E	1.5%	15 億円

$$C = \frac{\text{初項}}{1-\text{公比}} = \frac{\dfrac{R}{1+\rho}}{1-\dfrac{1}{1+\rho}} = \frac{R}{\rho} \tag{10.4}$$

となります。この式(10.4)を ρ について変形すると、

$$\rho = \frac{R}{C} \tag{10.5}$$

となります。したがって、投資から収益が得られる期間を無限とみなした場合には、投資の限界効率 ρ の値は、この式(10.5)で計算できます。

10.2　利子率と投資額の関係

　以上を踏まえて、利子率と投資額の関係を明らかにします。いま、ある企業では、表10‐1で示されるように、A から E まで5つの投資案件が存在するものとします。この表10‐1は、投資の限界効率が高いものから順に、投資案件を並べたものとなります。したがって、投資が行われる場合には、投資案件 A から E の順に投資が行われます。

　さて、このときの投資額と投資の限界効率の関係を図示すると、図10‐1のようになります。図10‐1において、投資額が0のときには、まずは、（投資の限界効率が最も高い）投資案件 A に投資が行われます。そのため、投資額が0の

3）無限等比数列の和の公式については、『トリアーデ経済学1　経済学ベーシック［第2版］』3.5節を参照してください。

図10 - 1　投資の限界効率表

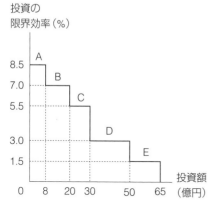

図10 - 2　利子率と投資額の関係

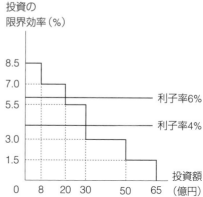

ときの投資の限界効率は8.5％となります。投資案件 A に投資が行われ、投資額が 8 億円となると、次は、投資案件 B に投資が行われます。そのため、投資額が 8 億円のときの投資の限界効率は7.0％となります。投資案件 B に投資が行われると、投資額は12億円増えて20億円になります。そうすると、次は、投資案件 C に投資が行われます。そのため、投資額が20億円のときの投資の限界効率は5.5％となります。

　このように、投資の限界効率を順に示していくと、図10 - 1 のように階段状のグラフになります。このグラフは**投資の限界効率表**と呼ばれます。

　このとき、利子率が変化すると、この企業の投資額はどのように変化するのかを明らかにします。いま、利子率が 6 ％であったとします。このときには、**図10 - 2**で示されるように、最初の20億円分の投資案件において、投資の限界効率が利子率を上回ります。前節の説明では、投資の限界効率 ρ が利子率 r を上回れば、投資は実行されるということでした。したがって、利子率が 6 ％のときには、投資額は合計20億円となります。

　では、利子率が 4 ％に下がったとします。このときには、図10 - 2 で示されるように、最初の30億円分の投資案件において、投資の限界効率が利子率を上回るようになります。したがって、利子率が 4 ％に下がると、投資額は合計30億円に増加します。

　以上のように、利子率が下がると、企業の投資額は増加すると考えられます。

図10 - 3　利子率と経済全体の投資額

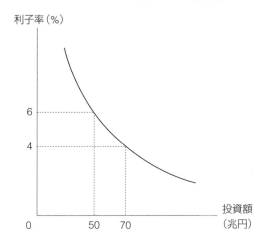

したがって、利子率が下がると、個々の企業の投資額が増えるので、経済全体の投資額も増加すると考えられます（**図10 - 3**）。以上のような理由から、ケインズの投資決定理論では、経済全体の投資額は利子率の減少関数になるとされます。

10.3　その他の投資理論

ここまでは、ケインズの投資理論を取り上げました。本節では、このほかの投資理論を紹介します。

■利潤原理

GDP の水準が高いときには、企業で利潤が発生します。そして、企業で利潤が発生するようなときには投資が行われます。そのため、**利潤原理**と呼ばれる投資理論では、投資額は GDP の水準によっても決まると考えられます。

■加速度原理

加速度原理と呼ばれる投資理論では、投資額は GDP の変化額に比例して決まると考えられます。その理由は、次のように説明することができます。

生産量が大きくなると、生産に必要な資本ストックの量も大きくなります。そ

のため、最適な資本ストックの量は、生産量（すなわち GDP）に比例すると考えられます。したがって、最適な資本ストックの量と GDP の関係は、

$$K^* = vY \tag{10.6}$$

と表すことができます。ここで、K^* は今期の最適な資本ストックの量、Y は今期の GDP を表します。また、v は比例定数であり、**資本係数**（加速度係数）と呼ばれます。

　ここでは、この資本係数の値は固定的で変化しないものとします。そうすると、式(10.6)で示される関係は、前の期においても成立するので、

$$K_{-1}^* = vY_{-1} \tag{10.7}$$

となります。ただし、K_{-1}^* は前期の最適な資本ストックの量、Y_{-1} は前期の GDP を表します。ここで、式(10.6)から式(10.7)を引くと、式(10.8)が得られます。

$$K^* - K_{-1}^* = v(Y - Y_{-1}) \tag{10.8}$$

この式(10.8)において、$K^* - K_{-1}^*$ は資本ストックの最適な増加量となります。

　ここで、今期の投資額を I で表します。このとき、資本ストックの最適な増加量と同じ量だけ、実際の資本ストックが増加するならば、今期の投資量は $I = K^* - K_{-1}^*$ となります。これを、式(10.8)に代入すると、

$$I = v(Y - Y_{-1}) \tag{10.9}$$

となります。したがって、この式(10.9)で示されるように、加速度原理では、投資額は GDP の変化額に比例して決まります。

■資本ストック調整原理

　加速度原理では、毎期、資本ストックの最適な増加量と同じ量だけ、実際の資本ストックが増加すると考えられました。しかし、そのような仮定は必ずしも現実的ではありません。

　そこで、**資本ストック調整原理**（伸縮的加速度原理）と呼ばれる投資理論では、資本ストックの最適な増加量のうち、その一定割合のみが実際の資本ストックの

増加量になるものと考えられます。すなわち、資本ストックの最適な増加量に一定割合を掛けた額が、投資額になるものとされます。

　具体的には、投資額は次の式によって決まるものとされます。

$$I = \lambda(K^* - K_{-1}) \tag{10.10}$$

ここで、I は今期の投資額、K^* は今期の望ましい資本ストックの量、K_{-1} は前期の実際の資本ストックの量を表します。また、λ は定数であり、**調整係数**と呼ばれます。調整係数 λ は 0 から 1 の間の値となります（$0 < \lambda < 1$）。この式(10.10)において、$K^* - K_{-1}$ は最適な資本ストック量と実際の資本ストック量の差となります。したがって、$K^* - K_{-1}$ は資本ストックの最適な増加量となります。そして、これに調整係数 λ を掛けた額が投資額 I となります。このように、資本ストック調整原理では、資本ストックの最適な増加量に一定割合を掛けた額が投資額となります。

■新古典派の投資理論

　加速度原理や資本ストック調整原理では、資本係数は固定的であると考えられました。すなわち、1単位の生産に必要な資本ストックの量は、常に一定であるとの想定がなされています。しかし、ミクロ経済学の一般的な生産関数では、資本の代わりに労働を使用して生産を行うことも可能であり、1単位の生産に必要な資本ストックの量は一定ではないとのとの想定がなされます。

　ジョルゲンソン（Dale W. Jorgenson）による投資理論では、資本と労働を生産要素とするミクロ経済学の一般的な生産関数が想定されます。その下で、企業の利潤が最大となる資本の量が導出され、これが最適な資本ストック量となります。そして、この最適な資本ストック量と実際の資本ストック量の差が投資額となります。

　結論的にいうと、ジョルゲンソンの投資理論では、投資額は、資本のレンタル価格などによって決まってくることになります。そして、資本のレンタル価格は、利子率や資本の減価償却率などによって決まってきます。

　ジョルゲンソンの投資理論をはじめとして、こうしたミクロ経済学の生産理論に基礎づけられた投資理論は**新古典派の投資理論**と呼ばれます。

■トービンの q 理論

　トービン（James Tobin）は、企業の投資の決定に関して、**トービンの q** と呼ばれる指標を考案しました[4]。トービンの q の値は、次のように定義されます。

$$q = \frac{\text{企業の市場価値}}{\text{企業の資本ストックの再取得費用}} \tag{10.11}$$

そして、この q の値が1よりも大きければ投資が行われ、1よりも小さければ投資が控えられると考えられます。したがって、トービンの q 理論に従うと、この q の値が大きければ、投資額は大きくなると考えられます。

　トービンの q の値が1よりも大きければ投資が行われる理由は、以下のように説明することができます。式(10.11)において、分子の「企業の市場価値」は、株式市場での企業の時価総額（＝株価×発行株式数）となります。この値は、企業の将来にわたる予想収益を反映するものとなります。それに対して、分母の「企業の資本ストックの再取得費用」は、企業の保有する資本ストックを実際に購入した場合にかかる費用となります。

　したがって、q の値が1よりも大きいということは、投資の予想収益（企業の将来にわたる予想収益）が、投資の費用（資本ストックの購入にかかる費用）よりも大きいことを意味します。そのため、q の値が1よりも大きい場合には、投資が行われることになります。また、反対に、q の値が1よりも小さい場合には、投資は控えられることになります。

【練習問題】
ある投資プロジェクト案は投資費用が200億円であり、この投資プロジェクトからは毎年15億円の収益が25年間にわたって得られると予想される。

(1)投資から収益が得られる期間を無限とみなして、この投資プロジェクト案の投資の限界効率を求めよ。
(2)投資の限界効率が(1)で求めた値のとき、利子率が8％であったならば、この投資プロジェクト案は実行されるか。

4）トービンは1981年にノーベル経済学賞を受賞しました。

第11章 | 国際収支

11.1 海外部門とマクロ経済

　グローバル時代の現代ではほとんどの国は開放経済です。経済には家計、企業、政府、そして海外という4つの経済主体がありますが（**図11 - 1 参照**）、開放経済（オープン・エコノミー）とは、海外との経済取引を考慮した経済を指します。なお、海外部門が存在しない経済を閉鎖経済（クローズド・エコノミー）と呼びます。

　一国経済の**開放度**は3つの側面から考えることができます。第1に、世界の国々は財・サービスの貿易を通じて相互連関が深くなっており、第2次世界大戦以降、その流れは持続的に増える傾向にあります。最近、政治的な合意に基づいた自由貿易協定による特定地域間の自由な取引も行われています[1]。各国の企業は国内市場に向けて生産するとともに外国市場も視野に入れています。一方、外国からの購入を見ると消費財だけではなく、機械や生産設備なども大量に購入していることがわかります。

　第2に、カネ・資金の側面です。世界的に資本市場が急速に統合されています。最近まで、開発途上国だけではなく先進国においても、外国人が所有できる国内資産と自国人が所有できる海外資産については資本統制と呼ばれる規制が存在しました。その資本統制が急速に廃止される傾向にあるので、金融投資家は国内資産と海外資産を選択する機会が拡大しています。このような国際資本市場の統合は、財・サービスの国際的な取引を増やすだけでなく、世界的に生産性を増加させます。各国の貯蓄は、国境に拘束されずに国際市場に移動することで、国際的

1）EPA（経済連携協定：Economic Partnership Agreement）や TPP（環太平洋パートナーシップ：Trans-Pacific Partnership）など。

図11-1　経済循環

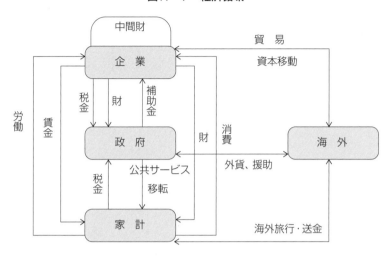

に収益性が一番高い投資機会に使われるので、世界の生産性が向上すると言われています。しかし、国際資本市場の統合は、一国の経済政策だけではなく、他の国へもより一層影響を与えることを意味します。

　第3に、生産要素の国際的な移動も増える傾向があります。経済学では労働と資本ストックを生産要素と呼びますが、より安い人件費や労働費用を求めて、生産設備を世界へ分散させる多国籍企業の数が増えているとともに、原材料などの中間財の国際貿易も増加します。労働者もより高い賃金と労働・生活環境を求めて国内だけではなく国際的に移動します。もちろん、労働の移動は、財・サービスおよび金融資産の移動より難しいのが現実です。各国の移民法、低賃金国から高い賃金国への移民、高い能力のある人材を受け入れようとする国とそれに対する国内の反発などは政治的な論争になっているので、国際間の労働移動の難しさは商品の移動とは本質的に異なっているといえるでしょう。

　このように現代マクロ経済は、財・サービス、生産要素の国際取引を考慮せずに考えるのは困難です。しかし、生産要素の移動の比重は、財・サービスや金融資本より低いので、マクロ開放経済モデルは財・サービスの貿易と金融資本の移動を中心に構成しています[2]。

2）本章は『トリアーデ経済学1　経済学ベーシック［第2版］』の「第7章　国際貿易と為替」が関連します。

　マクロ経済における経済主体としての「海外部門」の活動としては、次の4つの取引が考えられます。①海外が日本の財・サービス市場から財・サービスを購入、②海外の財・サービスを日本の財市場へ販売、③日本の金融市場に外国資金を提供、④日本の金融市場から資金を調達。

　①と②の経済取引を集計したのが自国にとっての「輸出」と「輸入」であり、その差①－②である「純輸出」を「貿易・サービス収支」と呼びます。財だけの輸出入差額が「貿易収支」です。日本が世界へ大量の財・サービスを販売しているとともに、日本もさまざまな外国製品を購入しているので、貿易・サービス収支はプラスにもマイナスにもなります。日本が世界とどの程度活発に財・サービスの取引をしているのかを測るために、「輸出と輸入がGDPに占める割合」と貿易の規模として「輸出と輸入の総和の対GDP比」の2つの指標が使われます。後者を「開放度」または「対外依存度」と呼びます。これらの基準によると、アメリカと日本は、開放度は相対的に低い国ですが、韓国、ドイツなどは相対的に高い国になります。例えば、OECD（2019年）の統計では、ドイツ70.2％、韓国62.9％、中国30.7％、日本27.3％、米国19.4％です。

　次に、③と④の経済取引を考えましょう。外国または海外部門が、ある経済、例えば日本の金融市場に資金を提供することは、その資金が向かう先として、機械・設備など生産要素としての「資本」だけではなく、株式・国債や不動産など「外国資産」を購入・保有することになります。これを海外直接投資や海外証券投資といいます。例えば、日本が米国債を購入する場合を想定しましょう。日本が米国へ資金提供、言い換えれば日本が米国資産を購入すると、海外部門に資金が提供された結果、日本の家計が米国資産を保有しているので、その海外資産から「利子所得」という形で所得を得ることができます。その金額は、資産の保有残高と米国の利子率をかけた値に相当します。また逆に、外国の経済主体が日本国債を保有すると、外国が日本へ資金提供する取引なので、外国に対して利子などの資産収益が支払われ、またそれが相手の資産保有者の所得になります。

　国際金融取引は基本的に自由に行われる傾向ですが、完全に自由にするのか、あるいは、規制を課すのかは、その国の政府部門の政策判断や決定となるので、国により異なります。これを政府の「資本規制の度合い」と呼びます。政府が金融取引に関する規制を緩和して資本移動を自由化すると、国内外の金融市場が世界的に一体化され、その国での金融取引における選択肢が増え活性化するので、

経済主体の利便性が高まるメリットがあります。しかし、資本の規制緩和または自由化による不利益も考えないといけません。民間部門においても新しい利便性や恩恵を享受できない家計や企業など主体があるからです。また資本移動が活発になるにつれ各国の金利が等しくなるような力が働くので、各国の政府も独自の金利水準を達成・維持するための金融政策を実施することが難しくなるなどの不利益も発生します。国際金融取引を自由にして活性化する際に、政府や政策担当者は、先に説明した資本自由化の利益と不利益を考慮して、その程度や時期を決める必要があります。日本では、1980年12月に新外国為替管理法（現在は外国為替及び外国貿易法）が施行されて外国為替の取引が原則自由となり、1984年4月には先物為替の実需原則[3]が撤廃され、1998年から2000年代はじめにかけて「フリー、フェア、グローバル」のスローガンの下「**日本版金融ビッグバン**」と呼ばれる金融市場の規制撤廃・自由化と開放が進められました。

　高度成長期以降、日本の経常収支は、1970年代の2度のオイル・ショック期を除くとほぼ一貫して黒字になっていました。経常収支の内訳を見ると、第二次所得収支やサービス収支は赤字傾向にありますが、それを上回る貿易収支の黒字が大きかったので、経常収支が持続的な黒字の状態にありました。しかし近年、日本の国際収支の動きに変化が現れています。2011年に日本の貿易・サービス収支が赤字に転落しましたが、その赤字を埋めて余りある第一次所得収支の黒字により、経常収支は黒字を維持しています。この事実から日本は貿易で外貨を稼ぐ国から、対外投資による配当や金利収入によって外貨を獲得して経常収支の黒字を計上する国へと変化しつつあることがわかります（**表11‒1**参照）[4]。

11.2　国際収支表

■国際収支表とは

　世界経済のグローバル化や金融取引の高度化などとともに変化した経済活動をより正確に把握するために、IMF（国際通貨基金）は従来の国際収支マニュアル

3）先物為替の取引をする場合は、それを裏付ける実際の需要が必要という規制。先物を利用した投機を禁じていました。

4）最近の我が国の経常収支、貿易収支、第一次所得収支の推移は序章の図0‒5を参照してください。

表11-1　日本の国際収支

項　目			2016 年	2017 年	2018 年	2019 年	2020 年
経常収支			213,910	227,779	195,047	192,732	175,347
	貿易・サービス収支		43,888	42,206	1,052	-9,732	-7,250
		貿易収支	55,176	49,113	11,265	1,503	30,106
		輸　出	690,927	772,535	812,263	757,753	673,701
		輸　入	635,751	723,422	800,998	756,250	643,595
		サービス収支	-11,288	-6,907	-10,213	-10,821	-37,357
	第一次所得収支		191,478	206,843	214,026	215,749	208,090
	第二次所得収支		-21,456	-21,271	-20,031	-13,700	-25,492
資本移転等収支			-7,433	-2,800	-2,105	-4,131	-1,842
金融収支			286,059	188,113	201,361	248,843	153,955
	直接投資		148,587	174,118	149,093	238,810	112,593
	証券投資		296,496	-56,513	100,528	93,666	42,339
	金融派生性商品		-16,582	34,523	1,239	3,700	8,662
	その他投資		-136,662	9,467	-76,127	-115,372	-21,618
	外貨準備		-5,780	26,518	26,628	28,039	11,980
誤差脱漏			79,583	-36,866	8,419	60,242	-19,551

出所：財務省、単位：億円、暦年

を改訂した第6版（BPM6）を公表しました。新しい国際基準の特徴として、対外資産負債残高、金融・資本関連統計の重視、項目の共通化や部門分類の拡充によるSNA（国民経済計算統計）との整合性の強化、グローバル化した企業構造や生産体制、金融取引の高度化等を的確に把握するためのデータの整備などがあげられます。日本の国際収支関連統計も、2014年1月の取引計上分から国際基準BPM6に移行しました[5]。

　国際収支表（**表11-2**）とは、一定期間における、ある経済圏の居住者とそれ以外の経済圏の者との間で行われた複雑な国際間の経済取引（フロー）を体系的に1つの統計として整理し、国際経済の動きをわかりやすく記録したものです。

　各国が一定期間外国（非居住者）と行った経済取引を集計した輸出入や資金の

5）日本銀行国際局「国際収支関連統計の見直しについて」*BOJ Reports & Research Papers*,（2013年）。

表11 - 2　国際収支表の構成

収支の名称	備考
1 経常収支	
貿易・サービスの収支	
貿易収支	財の輸出－輸入
サービス収支	サービスの輸出－輸入
	輸送、旅行、知的財産権使用料等
第一次所得収支	海外からの利子・配当の受取－海外への支払
	雇用者報酬、投資収益（直接投資、証券投資）等
第二次所得収支	海外からの移転・援助－海外への移転・援助
	消費財の無償援助、国際機関への拠出金等
2 資本移転等収支	債務の免除、無償資金援助
	途上国の施設整備を支援するための資金援助等
3 金融収支	直接投資、証券投資、金融派性商品、その他投資、外貨準備
	対外資産、対外負債の増加は＋、減少は－で記録
4 誤差脱漏	調整項目

出所：日本銀行国際局（2020）「国際収支統計（IMF 国際収支マニュアル第 6 版ベース）」の解説及び「国際収支統計項目別の計上方法の概要」を基に整理

貸借などの国際取引をカバーします。なお、一国の居住者とは 1 年以上国内に居住するものを指し、非居住者とは居住期間が 1 年未満のものを指し、国籍とは関係ありません。一国の居住者の間で資金貸借の金融取引を行う市場を「（国内）金融市場」、居住者とともに非居住者も金融取引を行う市場を「国際金融市場」と呼びます。このような「国内と海外」の間、「海外と海外」の間の金融取引を「国際金融取引」と呼びます。

　居住者と非居住者との間で行われた取引の内容に応じ、（1）財貨・サービス・所得の取引や経常移転を記録する**経常収支**、（2）対外金融資産・負債の増減に関する取引を記録する**金融収支**、（3）生産資産（財貨、サービス）・金融資産以外の資産の取引や資本移転を記録する**資本移転等収支**、に計上されます。実際の統計では、統計上の誤差を修正する調整項目として（4）**誤差脱漏**が付け加えられます。

（1）経常収支

　経常収支は国際的な財・サービスの取引や移転を含む受け取りと支払いのバラ

ンスを表にしたもので、それぞれの経済取引に応じて①貿易収支・サービス収支、②第一次所得収支、③第二次所得収支など３つの収支で構成されています（各収支は表11－1参照）。

　まず、経常収支の第一の項目は「貿易・サービス収支」です。その項目は自動車や農産物などの財の輸出入と輸送や旅行などサービスの取引に伴う資金移動の受け取りと支払いの差額を計上したものです。貿易収支には、一般商品、仲介貿易商品、そして非貨幣用金[6]が含まれます。貿易収支で、輸出が輸入を上回るときは「貿易黒字」、輸出が輸入を下回るときは「貿易赤字」と呼びます。サービス収支は、運輸、旅行、その他サービスからなります。「その他サービス」には、知的財産権等使用料、委託サービス、維持修理サービス、建設、保険・年金サービス、金融サービス、個人・文化・娯楽サービス、公的サービスなどの項目が含まれます。

　第二項目の「第一次所得収支」は、雇用者報酬、配当や利子などの投資収益、その他第一次所得の３つを合計した収支です。直接投資や証券投資から得られる配当金・利子等が入ります。例えば、ある国の居住者が、他の国の株や債券を購入した場合、その株式・債券が生む配当・利息のような投資収益です。第三の項目として当事者の一方が経済的価値のあるものを無償で相手方に提供する取引（移転といいます）を計上したのが「第二次所得収支」です。以上の説明した三つの経常取引の収支を合計したものが**経常収支**になります。

（２）資本移転等収支

　移転とは対価を伴わない取引ですが、資本移転等収支は、「資本移転」と「非金融非生産資産の取得処分」の２つに大別されます。資産（現金、在庫を除く）の所有権移転を伴う移転や投資贈与、対外貸付の返済を免除する債務免除等があります。「無償資金協力」には、開発途上国の施設整備を支援するための資金援助等を計上します。非金融非生産資産には鉱業権や商標権、排出権などが含まれます。

6）通貨当局が準備資産として保有する金や投資用の金以外の金で、主に工業製品に使われる金が含まれます。

（3）金融収支

　経常収支が財とサービスの取引の収支を示すのに対して、金融収支は対外金融資産負債に係る取引を計上します。金融取引は、ある国、例えば日本から海外へ投資が行われるとき、資金が国内から海外に移動（日本から見れば流出）します。一方、海外、例えばアメリカから日本国内へ投資が行われた場合は、資金が海外から国内へ移動（流入）します。これらの対外投資と対内投資に伴い発生する資金の流出入の収支に外貨準備増減も加えて計上したものが金融収支です。

　金融収支の項目は「直接投資」、「証券投資」、「金融派生商品」、「その他投資」、そして「外貨準備」の5つの中項目からなります。

　「直接投資」は、経営支配を目的とする国際間の金融取引を表します。例えば、海外に工場建設や会社の設置、海外で事業用の不動産の購入、海外の子会社への出資や貸出などを通じて海外の既存の会社への資本参加、株の保有比率の高い株式投資などがあげられます。「証券投資」（間接投資ともいう）は、配当・利子、その他の投資収益を得るための国際間の金融商品の売買を表します。例えば、国内の投資家が海外の株や債券を購入したら赤字になり、外国の投資家が日本の株や債券を購入すると黒字になります。「金融派生商品」は、株式、債券、為替など既存の金融商品から派生してできた取引に付けられたものであり、フィナンシャル・デリバティブ・プロダクツまたはデリバティブズとも呼びます。2008年9月のリーマンショックなど金融危機の経験から「金融派生商品」が金融収支の変動に大きく影響を与えていることが指摘されました。

　「外貨準備」は通貨当局の管理下にあり、対外支払や為替介入のために用いられる対外資産であり、外貨準備の増加は対外資産の増加、外貨準備の減少は対外資産の減少として計上されます。

（4）誤差脱漏

　統計にはどうしても誤差や取り残しがつきものです。国際収支統計は複式計上方式で作成されているので、必ず貸方合計＝借方合計になっていなければなりません。そこで設けてあるのが「誤差脱漏」です。したがって、誤差脱漏の値は小さければ小さいほど好ましいのです。この値が大きすぎると統計の信頼性に関わってきます。

表11-3　貸方と借方の記入ルール

貸　　方	借　　方
非居住者からの資金の受け取りが生じる取引	非居住者への資金の支払いが生じる取引
・輸出	・輸入
・投資収益の受け取り	・投資収益の支払い
・対外負債の増加	・対外資産の増加
・対外資産の減少	・対外負債の減少

11.3　国際収支のバランスの意味

　一般的に、財・サービスの取引が行われば、その支払いとして資金が手渡されます。国際収支表は、**複式計上方式**により、簿記と同じように１つの取引を貸方（かしかた）と借方（かりかた）に同金額記録します[7]。貸方（表の左側）には非居住者からの資金の受け取りが生じる取引を記録し、借方（右側）には非居住者への資金の支払いが生じる取引を記録します。また、対外負債の増加と対外資産の減少は貸方に、対外資産の増加と対外負債の減少は借方に記録します。

　例えば、日本の企業が100億円相当の自動車を米国に輸出し、その代金100億円（１億ドル）が米銀行の預金口座に支払われた場合は、貿易収支の輸出の貸方に100億円が記録され、金融収支のその他投資の借方に100億円が記録されます。輸出は非居住者から資金の受け取りなので貸方に、銀行預金（米ドル）の増加は対外資産の増加なので借方になります。移転取引のように対価を伴わない取引についても必ず貸方と借方へ同額記録します。日本政府が、外国に１億円分の食糧品などを無償援助した場合は、無償援助は輸出とみなし貿易収支の貸方に１億円記録し、第二次所得収支の借方に１億円を記録します。貸方と借方の記録のルールは**表11-3**を参照してください[8]。

　したがってすべての取引を集計すると、貸方の合計と借方の合計は必ず等しく

7）簿記では表の左側が借方、右側が貸方となり、国際収支表とはその点が異なります。

8）国際収支表での貸方・借方への記録例については、谷内満『国際金融と経済』（成文堂、2015年）第３章や棚瀬順哉編著『国際収支の基礎・理論・諸問題』（財経詳報社、2019年）第１章等を参照のこと。

図11-2　貸方合計 ＝ 借方合計

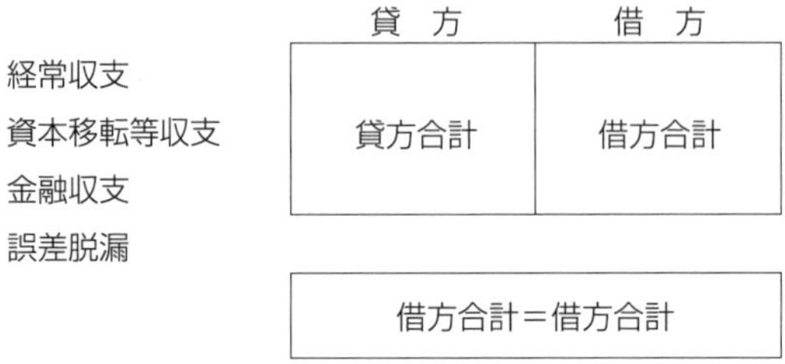

貸　方	借　方

経常収支
資本移転等収支
金融収支
誤差脱漏

貸方合計	借方合計

借方合計＝借方合計

複式計上方式：１つの取引について必ず２カ所（貸方、借方）に記録。

なり、その差額である国際収支のバランスはゼロになります（**図11-2参照**）。ときどき、「国際収支が黒字になったとか、赤字になった」という表現を目にすることがありますが、これは明らかに誤りです。全体としての国際収支の収支尻は常にバランスしているのです。バランスが意味をもつのは国際収支の中の項目である経常収支や貿易収支、金融収支などです。

　調整項目としての誤差脱漏を含めると、国際収支表については以下の関係が成立します。

　　経常収支　＋　資本移転等収支　－　金融収支　＋　誤差脱漏　＝　0

　既述のように、国際収支はすべての項目を集計すると、バランスは必ずゼロになるので、上の式のどこで線を引いてバランスの議論をするかが重要になります。その代表例が経常収支のバランスです。上の式で金融収支だけにマイナス符号がついていますが、それは次のような理由です。BPM６の国際収支統計において、「金融収支」では資産・負債の増減に着目し、資産・負債の増加はプラス（＋）、減少はマイナス（－）と統一しました。資産側から考えると、例えば、外国の株式を購入するときに資金が流出しますが、保有資産が増加します。逆に、保有資産を海外に売る場合には資金が流入しますが、資産は減ります。その結果、資産側の符号が、資金流出 ＝ 資産増加の場合は、金融収支は正、資金流入 ＝ 資産減少のとき、金融収支は負になるわけです。ところが旧方式の第５版では、資金の流出入に着目し、流入をプラス（＋）、流出をマイナス（－）としてきました。負債側では符号は変わりませんが、資産側では、符号が逆になってしまいます。

図11－3　国際収支統計旧方式と新方式の金融収支の符号の関係

		旧方式第5版	新方式第6版
資産側	資金流出（＝資産増加）	－	＋
	資金流入（＝資産減少）	＋	－
負債側	資金流入（＝資産増加）	＋	＋
	資金流出（＝資産減少）	－	－

図11－4　日本の経常収支と金融収支の推移

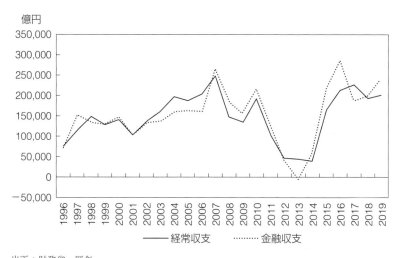

出所：財務省、暦年

旧方式の統計と新方式の統計の間で整合性を保つには、金融収支にマイナスをつけることが必要になったのです（**図11－3参照**）。

　一般的に、資本移転等収支を除いて、統計上の誤差脱漏がないときは、新しいBPM6では以下の関係が成り立ちます。

経常収支の黒字（赤字）　＝　金融収支の黒字（赤字）

　日本では資本移転等収支は比較的小さな数値であるので、実際の統計でも経常収支と金融収支はほぼ同一歩調をとっていることが確認できます（**図11－4参照**）。経常収支の黒字は、結果的に海外への投資として流出しており、一国の居住者が保有する金融資産が増加したことにほぼ対応しています。経常収支の黒字

は対外純資産の増加と等しいとみなすことができます。あるいは、対外純資産の残高は経常収支の累積額と等しくなります。

11.4　経常収支をマクロ経済の観点からとらえる

　短期的な見方として、為替レートの変化や国内外の景気変動が貿易・サービス収支や経常収支を変動させると考えられますが、経常収支をマクロ経済全体の観点から国内の貯蓄と投資の差額によって説明することもできます。経常収支は「貯蓄と投資の差額」として決定されると考えられるので、中長期的には各国の貯蓄・投資バランスに等しい経常収支の不均衡が発生すると考えられます。

　マクロ経済の観点から、総需要と総供給の側面を観察すると、以下のように、消費、投資、そして政府の財・サービスに分けて考えることができます。

　まず GDP を需要の側面からとらえると、次のように表すことができます。

$$Y = C + I + G + EX - IM \tag{11.1}$$

ここで、Y：GDP（国内総生産）、C：消費、I：投資、G：政府支出、EX：輸出、IM：輸入です。

　一方、国内総生産（所得）の処分面からとらえると、

$$Y = C + T + S \tag{11.2}$$

ここで、T：税金、S：貯蓄です。すなわち、所得は消費するか、税金として政府部門に流れます。手元に残ったのが結果として貯蓄になります。

　上の2つの式から国内総生産を消去して整理すると次の式が出導されます。

$$S - I = (G - T) + (EX - IM)$$

民間部門の貯蓄超過 ＝ 政府部門の財政赤字 ＋ 経常収支黒字[9]

　これが有名なマクロ経済における**貯蓄投資バランス**です。*IS* バランスともいいます。民間部門の貯蓄超過は、結果として、政府部門の財政赤字を埋めるか、海外部門の資金不足（自国の経常収支の黒字）を埋めるのに使われることを意味しています。これを次のように書き換えると、

9）輸出入に海外からの（純）要素所得を加えるので、EX-IM はほぼ経常収支になります。貯蓄投資バランスを論じるときは、GNI（国民総所得）の概念になります。

図11 - 5　日本の貯蓄投資バランス

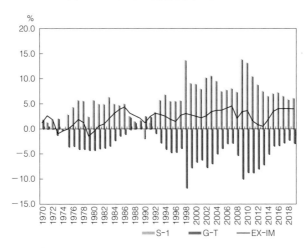

出所：内閣府、国民経済計算、年度
注：GDP 比

$$(EX-IM) = (S-I)+(T-G)$$
経常収支の黒字 ＝ 民間部門の超過貯蓄＋政府部門の財政黒字 　　(11.3)

　この式は、事後的に成り立つ恒等式であり、3つの項目のどちらが先に決まり、どちらが後に決まるような因果関係ではないことに注意する必要があります。貯蓄投資バランスの3つの項目がそれぞれ、プラスかマイナスなのかは、その国の経済状態によって決まります。日本の場合だと、

$$(EX-IM) = (S-I)+(T-G)$$
$$(+) \qquad (+) \qquad (-)$$

経常収支は黒字、民間部門は貯蓄超過、財政部門は赤字となっています（**図11 - 5**）。日本と対照的なのがアメリカです（**図11 - 6**）。アメリカの場合は、

$$(EX-IM) = (S-I)+(T-G)$$
$$(-) \qquad (-) \qquad (-)$$

経常収支は赤字、民間部門は貯蓄不足、財政部門は赤字となっています。アメ

図11-6　米国の貯蓄投資バランス

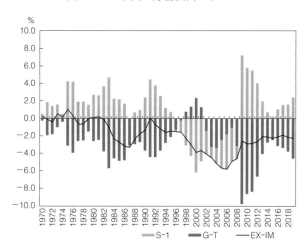

出所：米商務省、FRED
注：GDP 比

リカは財政も経常収支も赤字です。民間部門も貯蓄不足なので、結局は、海外からの資金で国内の貯蓄不足を埋めています。アメリカは海外からの資金に頼っているのですが、その中でも日本と中国がアメリカの資金不足を埋めている２大国です。

　この IS バランス式からマクロ経済全体の動きを理解する大切な解釈ができ、２つの読み方が考えられます。

　まず、経常収支の黒字（$EX-IM$）は、民間部門の超過貯蓄（$S-I$）と政府部門の貯蓄超過（$T-G$）を合わせた国内の貯蓄超過と結果的に対応しているとの読み方です。一国経済全体の貯蓄超過が、海外への資本流出を通じて、海外部門の資金不足をおぎなっており、海外部門の資金不足は、国内の経常収支の黒字に対応しているということです。この考え方を IS バランス・アプローチと呼んでいます。

　次は、一国の経常収支の黒字は、その国の政府、民間の資金余剰をもたらし、逆にその国からみた外国は資金不足に陥っているとする読み方です。例えば、**双子の赤字**と呼ばれた、アメリカの財政赤字と経常収支赤字が並存した1980年代の状況が参考になります。その当時、日本の経常収支黒字が国際摩擦の一つとして

議論されました。日本の経常収支黒字を解消するために、日本政府は内需拡大政策により財政赤字（$G-T$）を拡大して超過貯蓄（$S-I$）を吸収すべきというのがアメリカの要求の一つでした。

　長年黒字を続けてきた日本の経常収支ですが、最近赤字へ転じる可能性が論じられています。今後日本の高齢化が一層進む中、働く世代が減少するため、民間の貯蓄が減少し、他方、政府の財政赤字は巨額に膨れ上がっています。その結果、国内の貯蓄超過が減少しマイナスに転じるようなことになれば、経常収支は赤字化するとみられます。

■ギリシャの債務危機

　2009年から2010年にかけて発生したギリシャの債務危機問題も貯蓄投資バランスの観点から理解することができます。ことの発端は2009年10月にパパンドレウ新政権が発足し、前政権が財政赤字の額を偽っていたことが発覚したことです。財政赤字額はGDP比3.7％から12.7％へ大幅に拡大していたのです。これをきっかけに米の有力格付け会社がギリシャ国債の格付けを引き下げ、海外投資家は資金を引き上げ、ギリシャは重大な資金不足に陥ることになったのです。ギリシャでは民間部門は貯蓄不足、財政と経常収支は大幅赤字という状態でした（図11-7参照）。結局、EU（欧州連合）とECB（欧州中央銀行）およびIMF（国際通貨基金）はギリシャに約4兆円規模の資金援助することになりました。ギリシャと同様な貯蓄投資バランスの構造を持っていたイタリア、アイルランド、ポルトガル、スペインの5カ国はGIIPS（ジープス）と呼ばれ、欧州債務危機を表す象徴的なことばとなりました。

■国際収支発展段階説

　経済発展につれて、一国の貯蓄投資バランスと対外的な資金の流出入の関係も変化し、それに伴い国際収支の構造も一定のパターンで変化してくるという見解がクローサー（1907-1972）による国際収支発展段階説です。1未熟債務国から始まり、2成熟債務国、3債務返済国、4未熟債権国、5成熟債権国、6債権取崩国へ移行していくと想定しています（表11-4参照）。経済発展の初期段階ではさまざまな財・サービスを海外から輸入し、必要な資金も不足しているので、海外に依存します（未熟債務国）。経済の発展に伴い次第に輸出競争力をつけて

図11-7　EUの貯蓄投資バランス

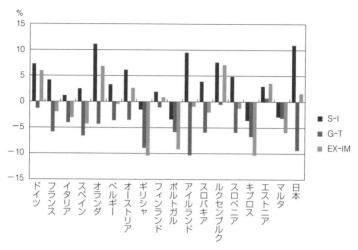

出所：Eurostat、内閣府
注：2011年、GDP比

表11-4　国際収支発展段階説

段階	内　容
1 未熟債務国	経済発展の初期段階、貿易収支は赤字 必要な資本は海外に依存―資本の流入超過
2 成熟債務国	経済の発展に伴い貿易収支は黒字に転じるが、 依然海外の資本依存度が高い
3 債務返済国	輸出の拡大による貿易収支黒字が大幅に拡大 対外債務の返済が進む段階
4 未熟債権国	対外債務の返済が進み海外への資本投資が始まる 国際競争力の低下が始まり貿易収支の黒字幅が減少
5 成熟債権国	産業の国際競争力が低下し貿易収支は赤字に 対外純資産の規模が大きいため第一次所得収支の黒字幅が拡大
6 債権取崩国	貿易収支の赤字が拡大、対外純資産の取り崩しが始まる 対外純資産が減少し、海外からの資本に依存するようになる

出所：経済企画庁（現内閣府）『経済白書』1984年度版第2章、及び経済産業省『通商白書』
　　　2002年度版第2章を参照、修正整理。

くるにつれ、貿易収支は黒字に転じます（成熟債務国）。貿易黒字が拡大すると対外債務を返済できるようになります（債務返済国）。貯蓄超過が増大すると海外へ投資する余裕がでてきます（未熟債権国）。対外投資の蓄積が進むと海外での投資収益が増加するようになり、他方国際競争力は低下し貿易収支は黒字に転じます（成熟債権国）。その後は、貿易赤字の拡大を対外資産の取り崩しで埋め合わせ、国内の貯蓄不足は海外からの資本に依存するようになります（債権取崩国）。

　この図式に照らし合わせると、最近の日本は成熟債権国に当てはめることができそうです。第一次所得収支の大幅黒字で経常収支黒字を支えている状態です。日本は超高齢社会ですから、民間の貯蓄は将来低下します。財政赤字は今でもGDP の 2 倍超です。このような状況では次第に経常収支の黒字は低下し、赤字に転落する可能性が出てきます。日本は債権取崩国に転じるでしょうか。注意しなくてはならないのは、この発展段階説は 6 の段階でその後も安定的に推移するのか、あるいは逆戻りするのか明らかではありません。また、すべての国がこの図式の通り変化しているわけではありません。経済発展に伴い、債務国から債務返済国、債権国、債権取崩国に変化し、貯蓄投資バランスも変化してくるという大枠で理解しておけばよいでしょう

【練習問題】

ある国の国際収支が、金融収支20,1361、資本移転等収支－2,105、誤差脱漏 8,419となっていた場合、経常収支はいくらになっているでしょうか。－は赤字を表します。単位は億円。

第12章 | 為替レート決定論

この章の前半では、為替レートはどのような要因によって決まるのかについて標準的な見方を紹介します。後半では、開放経済（オープン・エコノミー）の下での財政・金融政策がGDP、利子率、物価、為替レートに与える効果について説明します。閉鎖経済（クローズド・エコノミー）での *IS-LM* 分析を開放経済に拡張したマンデル＝フレミング・モデルが議論の中心になります。

12.1 購買力平価

ニュースの最後には、必ずその日の**名目為替レート**（以下単に為替レートという）の値が表示されるように、為替レートは私たちの生活に身近なものになりました。外国為替市場で為替レートは決まりますが、本章では為替レートがどのような要因によって決まっているのかについて学びます。まず、為替レートを決める長期的な要因は物価であるという**購買力平価**（Purchasing Power Parity：PPP）の考え方を説明します。スウェーデンの経済学者カッセル（Gustav Cassel）が最初に唱えた説です。

その国の通貨価値（為替レート）は、1円でどのくらいのものが買えるか、1ドルでどれだけのものが買えるかという通貨の購買力によって決まります。物価が上がれば1円で買えるものが少なくなるので、結局その購買力は物価水準に反比例することがわかります。日本の物価上昇は、円の通貨価値を下げ（円安）、物価の下落は通貨価値を上げ（円高）ます。

為替レートは、長期的には両国の同じ財の価格を均等化するように動くと考えるのが購買力平価です。したがって、為替レートは長期的には両国の物価上昇率の差を反映します。

世界中で販売されているビッグマック（同質な財）を取り上げて購買力平価を考えてみましょう。日本のビッグマック1個の価格が370円、アメリカでは4.8ドルとします。為替レートは1ドルあたりの円の価格を計算することになるので、日本のビッグマックの価格をアメリカのビッグマックの価格で割ります。

$$\text{ビッグマックで測った購買力平価} = \frac{\yen 370}{\$4.8} = 77.08\text{円} \tag{12.1}$$

1ドルあたり77.08円、すなわち米1ドルの価値は日本円で77.08円と同等であることになります。このようにアメリカのビッグマックの価格を基準にして世界中のビッグマックの価格を割ると、その国との間の購買力平価を求めることができます。これを**ビッグマック指数**と呼んでいます（詳細はコラムを参照）。購買力平価の数値が大きくなれば、日本の円の購買力は低下して円安となり、小さくなれば逆に購買力は上昇して円高となります。

　ビッグマックの価格で計算したように、両国の価格同士で割って求めた購買力平価を「絶対的購買力平価」と呼びます。通常は両国の物価指数（詳細は第6章を参照）を使って購買力平価を計算します。その際、基準時点を設定して、購買力平価を計算する方式を「相対的購買力平価」といいます。日米間だと次のようになります。

$$\text{購買力平価} = \text{基準時の為替レート} \times \frac{\text{日本の物価指数（基準時 = 100）}}{\text{アメリカの物価指数（基準時 = 100）}} \tag{12.2}$$

　一般的に論じるために、(12.1)式を記号で書きます。

$$e = \frac{P}{P^*} \tag{12.3}$$

ここで、e は為替レート、P は日本の物価、P^* はアメリカの物価です。(12.3)の変化率（%表示）をとると、商の微分の公式から[1]、変化率の引き算になるので、次が得られます。

$$\hat{e} = \hat{P} - \hat{P^*} \tag{12.4}$$

　為替レートの変化率 ＝ 日本の物価の上昇率 － 外国の物価の上昇率

1）『トリアーデ経済学2　ミクロ経済学入門［第2版］』の第13章を参照してください。

図12-1　実際の円レートと購買力平価

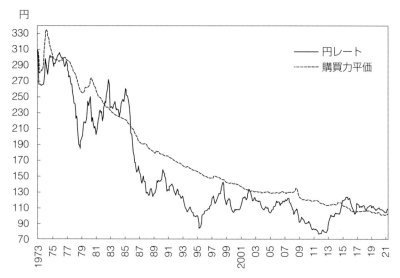

円

出所：日本銀行、米労働統計局
注：1973.01-2021.03

　アメリカの物価が変化しないときは、(12.4)式から円レートの変化率は日本の物価上昇率と同じになります。ハット記号（＾）は変化率を表します。

　外国為替市場で時々刻々決まる為替レートが上記の購買力平価と一致するとは限りません。**図12-1**にあるように、実際のレートは短期的には購買力平価から大幅に乖離することがあります。例えば、1985年9月のプラザ合意以降の時期は円高に振れています。2013年以降のアベノミクスでは逆に円安方向に過小評価されています。なぜなら、外為市場で決まる為替レートは後で見るように物価要因だけでなく金利や経常収支、さまざまな期待、思惑などによっても影響を受けるからです。ただし、物価の調整が十分進んだ長期均衡では通貨価値は購買力を反映した両国の物価比率に収束していくとみなせます。また、購買力平価は、現在の為替レートがはたして適正な水準であるのかどうかを判断するベンチマークとしてとらえることができます。

■バラッサ＝サムエルソン効果

実際の為替レートが購買力平価に一致していれば、**実質為替レート**は一定水準になるという関係があります。実質為替レートは次のように書けます。

$$\text{実質為替レート} \quad \tau = \frac{eP^*}{P}$$

実質為替レート（τ はタウと読みます）は輸出入を考慮するとき重要な相対価格になります。自国と外国の財の価格が自国通貨（円）表示で比較してどちらが割安かわかるからです。

為替レートを購買力平価から乖離させ、実質為替レートを変動させる要因としては、貿易財と非貿易財の生産性格差にあるという有名な主張があります。これを**バラッサ＝サムエルソン効果**（Balassa-Samuelson effect）といいます。非貿易財とは散髪サービスなどそもそも貿易の対象にならないサービスのことです。

ここで、P は先進国、P^* は途上国の物価とします。先進国の物価は途上国より高くなる傾向があるので、$P > P^*$ となります。実質為替レートは次のように書き換えられます。

$$\text{実質為替レート} \quad \tau = \frac{eP^*}{P} = \frac{e}{\left(\dfrac{P}{P^*}\right)}$$

したがって、実質為替レート τ は、先進国では増価傾向（過大評価、数値は小さくなる）、途上国側では過小評価の傾向を示します。

$P > P^*$ となるのは次のような理由です。先進国と途上国の間で、自由な貿易が行われれば貿易財では一物一価（購買力平価）が成立しますが、非貿易財部門では一物一価は成立しません。貿易財部門の生産性は先進国の方が高いが、非貿易財部門では、両国の生産性にあまり格差はありません。国内の両部門で労働者が自由に移動できれば、各国では単一の賃金が成立します。以上の状況では、貿易財部門の生産性の高い先進国の賃金が高く、物価水準も高くなり、生産性の低い途上国の賃金は低く、物価水準も低くなると考えられます[2]。

2）各国の１人あたりの所得の高低が物価水準の高低を説明する見方もあります。コラムを参照。

12.2　金利裁定式

国際間の資本移動が完全なら、自国の利子率（r）と外国の利子率（r^*）の間には、次のカバーなし**金利裁定式**（あるいは金利平価）が成立することが知られています。カバーなしとはリスクを軽減するために先物取引などは行わないことです。

$$r = r^* + \frac{e^e - e}{e} \tag{12.5}$$

自国の利子率 ＝ 外国の利子率＋為替レートの予想変化率

金利裁定式が成立する理由を説明しましょう。1円を日本と米国で投資し、1年後の満期の元利合計を比較します。資本が完全移動なら、両者は等しくなっているはずです。

$$\text{日本で運用した場合}\quad 1+r\ （円） \tag{12.6}$$

$$\text{米国で運用した場合}\quad \frac{1}{e}(1+r^*)e^e\ （円） \tag{12.7}$$

ここで、eは現在の為替レート、e^eは1年後の予想為替レートです。

国際間の資本移動が自由なら(12.6)と(12.7)は等しくなるはずです。

$$1+r = \frac{1}{e}(1+r^*)\,e^e$$

$$\frac{1+r}{1+r^*} = \frac{e^e}{e} \tag{12.8}$$

両辺から1をひくと

$$\frac{r-r^*}{1+r^*} = \frac{e^e-e}{e}$$

$$r-r^* = \frac{e^e-e}{e} + \frac{e^e-e}{e}r^*$$

右辺第2項は微小な値なので、省くと次式が成立します。

$$r = r^* + \frac{e^e-e}{e} \tag{12.9}$$

あるいは、(12.8)式から自然対数をとると[3]

$$r-r^* = \log\left(e^e\right) - \log\left(e\right) \qquad (12.10)$$

となります。(12.9)式と(12.10)式は同等です。

　金利裁定式が成立することは、言い換えれば、両国の債券を保有することが全く同等である、両者は**完全代替**であることを意味します。

12.3　為替レートの理論

　変動相場制（フロートともいう）の下で為替レートはどのような市場で、いったいどのような要因によって決定されているのでしょうか。為替レートの決定を説明する代表的な理論を紹介します[4]。

　フロートの下での為替レートは、時には有力な政治家や官僚あるいは学者の言動や政治・軍事的な要因によっても短期的な影響を受けますが、為替レートの基本的動向を左右するのは経済的要因です。為替レートの動きを完全に把握することは困難ですが、1970年代以降為替レートの動きを説明する為替レート決定理論が発展してきました。伝統的な為替レート理論はフロー（flow）としての貿易収支を均衡させるように為替レートが決まるとみなしていましたが（フローアプローチ）、変動相場経験以降は金融資産というストック（stock）を重視する立場（ストックアプローチ）に重点が置かれるようになりました[5]。

■フローアプローチ

　貿易収支は最低でも1カ月が経過しないと把握できない経済データですが、生産活動などのように時間の経過があってはじめて成立する経済概念がフローです。それに対して、貨幣や金融資産などはある一時点で切ってもその存在を把握することができる概念であり、これをストックといいます。フローに注目していたのが伝統的な弾力性アプローチやアブソープションアプローチです。

3）自然対数に関する計算については、序章のコラムを参照してください。
4）笹山茂「為替相場制度とその決定要因」深海博明編著『国際経済論』（八千代出版、1999年）第12章に主に基づいています。
5）フローとストックについては「第1章　GDPの基礎」を参照してください。

【弾力性アプローチ】

弾力性アプローチは、特に貿易収支に注目します。輸出や輸入を決める要因は、一般的にその財の相手国と自国の相対価格と相手国や自国の所得の2つです。ここで相対価格に注目すると、輸出と輸入は外国と自国の財の相対価格である実質為替レート τ（あるいは交易条件ともいう）に依存します。

自国通貨表示の貿易収支 T' は次のように表せます。

$$T' = PX(\tau) - eP^*M(\tau) \tag{12.11}$$

ここで、X：自国の輸出量、P：自国の輸出財の価格、M：自国の輸入量、e：邦貨建為替レート（1ドルあたりの円表示）、P^*：外国で生産された輸入財の価格、τ：実質為替レートです。

伝統的には、為替レートは貿易収支を均衡（輸出 ＝ 輸入）させるように決まると考えられていました。

次に、為替レートから貿易収支へ与える関係を考察してみます。(12.11)式の辺々を P で割り自国財で測った貿易収支 T に書き換え、さらに自国の輸出は相手国の輸入 M^* になる関係を使うと次が得られます。

$$T = M^*(\tau) - \tau M(\tau) \tag{12.12}$$

上式で、実質為替レート τ の上昇（外国財の価格の相対的上昇、あるいは実質的な円安）は、自国の輸出量を増加させ、自国の輸入量を減少させることが期待されます。

はたして τ の上昇（円安）は貿易収支を無条件に改善させるといえるでしょうか。答えは否です。τ の上昇（円安）は輸出量（M^*）を増加させ輸入量（M）を減少させることで貿易収支黒字要因となりますが、他方 τ の上昇は輸入額（τM）を増加させるので、貿易収支赤字要因となるからです。為替レートの切り下げは必ずしも貿易収支を改善するとは限らないのです。切り下げによる輸出量の増加と輸入量の減少の幅と、切り下げによる輸入額の増加の大小を比較しなければ、最終的に貿易収支が黒字になるか赤字になるかはいえません。為替レートを切り下げたとき貿易収支が改善するための条件が、「両国の輸入需要の価格弾力性の和が1を超える」という**マーシャル＝ラーナーの条件**です[6]。両国の輸入需要の価格弾力性（輸入価格が1％上昇したとき輸入量が何％減少するかを示す）が非

常に小さい場合は、上の条件は満たされず、為替を切り下げても貿易収支は改善しません。また、マーシャル＝ラーナー条件は外国為替市場が安定となるための十分条件であることも知られています。

為替レートの切り下げが貿易収支を改善させないケースとしては、マーシャル＝ラーナー条件が満たされない場合のほかに、**Jカーブ効果**（J-curve effect）の存在があります。Jカーブ効果とは、為替レートの切り下げが生じたとき、貿易収支あるいは経常収支が、当初は通常とは逆に悪化し始め、しばらくしてから改善に向かう現象です。縦軸に貿易収支をとり、横軸に時間をとったグラフを描くと、その形状がJの形に似ているというのでこの名前がついています。為替レートが切り上がった場合は、逆Jカーブになります。

為替レートの貿易収支調整効果が理論どおり進まないその他の理由として、**ヒステリシス（履歴）効果**があります。円高期に海外に進出して工場や販売網を築いた企業は、為替レートが円安になったからといって、進出先の市場から撤退して日本にすぐ戻ることはありません。よって、為替レートが円安になっても日本からの輸出は増えません。逆に、日本は原材料や農産物等を輸入しているので、円安により輸入額は増加してしまいます。

【アブソープションアプローチ】

貿易（あるいは経常）収支を所得と支出の関係からとらえていくのが**アブソープションアプローチ**です。マクロ経済には、輸出（EX）－輸入（IM）は所得（Y）－総支出（A）に等しいという関係があります。

$$EX - IM = Y - A \tag{12.13}$$

ここで、Aは自国民の自国財および外国財に対する総支出（消費＋投資＋政府支出）を表し、これがアブソープションです。支出が所得の範囲内で行われていれば、貿易収支は黒字になり、所得の範囲を超えて支出が行われれば、貿易収支は赤字になります。

マクロ経済の**貯蓄投資バランス**に注目すると、次のような恒等関係があります。

6）輸出需要の価格弾力性と輸入需要の価格弾力性の和とも表現されます。需要の価格弾力性は『トリアーデ経済学2　ミクロ経済学入門［第2版］』第2章を参照してください。

$$EX - IM = (S - I) - (G - T) \tag{12.14}$$

経常収支は、民間の貯蓄マイナス投資 $(S-I)$ から政府部門の財政赤字 $(G-T)$ を差し引いた値に事後的に等しくなります。民間と政府部門をまとめれば(12.14)式の右辺は結局、国内貯蓄—国内投資となります。国内の貯蓄が投資を上回って（下回って）いれば結果として経常収支は黒字（赤字）となっていることを意味します。経常収支と民間部門の貯蓄超過と政府部門の財政赤字のそれぞれの符号がどのようになるかはその国の経済状況や経済運営によって決まってきます。1980年代のレーガン政権の米国では巨額の財政赤字と経常収支の赤字を抱えていたことで「**双子の赤字**」と呼ばれていました。

　弾力性アプローチが相対価格を重視したのに対し、アブソープションアプローチは所得の調整ないし貯蓄投資のバランスを重視します。アブソープションアプローチの立場からは、価格弾力性だけでは為替レート切り下げの効果をすべてとらえることはできず、支出効果も重要であるというインプリケーションが得られます。

■ストックアプローチ

　1970年代以降発展した為替理論はストックの需給に注目します。これまでに蓄積されてきたストックとしての貨幣の需給バランスあるいは債券を含む資産の需給バランスが為替レートを決定するという見方です。今日において、短期の為替理論としてはストックアプローチが主流になっています。

【マネタリーアプローチ】

　弾力性アプローチやアブソープションアプローチが財市場に分析の焦点を絞っていたのに対し、**マネタリーアプローチ**は貨幣市場の役割を重視します。マネタリーアプローチの特徴は、ストックアプローチであることの他に、（1）為替レートは両国の貨幣ストックの相対価格であるととらえる、（2）購買力平価を前提とする分析が多い、（3）2国間の債券の完全代替性を仮定、（4）伸縮的な価格による調整が速やかに行われる、（5）安定的な貨幣需要関数の存在を前提とする、（6）両国の居住者は互いに相手国の通貨を保有しない、などがあります。自国と外国の債券が完全代替であれば、すでに説明したカバーなしの金利裁定式

が成立しています。

　為替レートの予想変化率を一定とし、外国の利子率が与えられれば、自国の利子率は自動的に決まってしまいます（小国の仮定）。典型的なマネタリーアプローチモデルは以下のように示されます。

自国の貨幣市場の均衡式 $\qquad \dfrac{M}{P} = L(r, Y)$ $\hspace{2cm}$ (12.15)

外国の貨幣市場の均衡式 $\qquad \dfrac{M^*}{P^*} = L^*(r^*, Y^*)$ $\hspace{1.5cm}$ (12.16)

購買力平価 $\qquad\qquad\qquad e = \dfrac{P}{P^*}$ $\hspace{2.5cm}$ (12.17)

ここで、M：自国の名目貨幣ストック、P：自国の物価水準、r：自国の利子率、L：自国の実質貨幣需要、Y：自国の実質所得、e：邦貨建為替レート、＊印は外国の変数を表します。

　(12.15)と(12.16)は貨幣需要関数と貨幣市場の需給均衡式です。物価は貨幣市場の需給関係から決まるとする立場をとります。相対的に貨幣供給が需要を上回れば物価は上昇し、逆の場合物価は低下します。(12.17)式の購買力平価はすでに前節で説明済みです。

　上のモデルをフロートの下での為替レート決定モデルとみなせば、(12.15)式と(12.16)式を(12.17)式に代入し、以下の式が得られます。

$$e = \frac{M L^*(r^*, Y^*)}{M^* L(r, Y)} \hspace{3cm} (12.18)$$

上式が均衡為替レートです。均衡為替レートは、自国と外国の貨幣市場のストックとしての需給均衡式から導かれています。したがって、相対的に自国の貨幣供給量の増加をもたらす要因は自国の為替レートを切り下げ、逆に自国の貨幣需要を増加させる要因は自国の為替レートを切り上げます。外国の変数については自国の場合と逆になります。

　(12.18)式から次のような結論が得られます。1）自国のマネーストックの増加は自国の為替レートを切り下げます。2）自国の利子率の上昇は自国の為替レートを切り下げます。3）自国の所得の増加は自国の為替レートを切り上げます。自国の貨幣供給量の増加は自国の貨幣市場に超過供給をもたらし、これにより自

国の物価が上昇して、購買力平価から自国の為替レートは切り下がります。2つ目の自国の利子率の上昇は自国の為替レートを切り下げることには注意が必要です。利子率の上昇は債券への需要を増加させ、貨幣需要を低下させます。その結果貨幣市場では超過供給となり、物価は上昇します。購買力平価から物価上昇は自国の為替レートを切り下げます。後で見るアセットアプローチとは逆の結論をもたらすことに注意しましょう。なお、自国の所得の増加は、貨幣市場で超過需要をもたらすので、自国の物価の下落を引き起こし、購買力平価から為替レートは切り上がります。

　マネタリーアプローチについては、①短期的な購買力平価の成立についての疑問、②利子率と物価について長期的な安定的関係を前提としていること、③内外の債券の完全代替の仮定、④財市場との関連が十分分析されていない、等を指摘できます。マネタリーアプローチは長期的な経済関係を前提としたモデルであるといえましょう。

【アセットアプローチ】

　為替レート決定理論の分野において、1970年代半ばから急速に発展してきて、最近では主流になっているのが**アセットアプローチ**です。アセットアプローチでは、自国と外国の貨幣だけでなく債券も含めた資産市場全体のストック均衡から、為替レートが決定されるとみなします。ちょうど、株価が毎日、株式市場で時々刻々と決定されているのと同じように、為替レートも外国為替市場で円資産とドル資産との間での売買を通して瞬時に決定されています。したがって、短期的には、国際収支といったフローの経済変数は為替レート決定には第一義的な重要性は持ちません。資産需要に影響を与えるのは、基本的には円資産あるいはドル資産を保有することによって得られることが予想される期待収益率の大きさです。期待収益率は、円債券については債券の利子率、ドル債券については米国の利子率のほかに為替レートの将来の予想変化率からなります。内外の債券が不完全代替であると仮定した場合は、外国の債券を保有することによって生じるリスクプレミアムが付け加えられます。市場参加者は各資産の期待収益率の大きさを判断して円資産を保有するか、ドル資産を保有するかを決めます。したがって、将来の為替レートについての予想が重要な要因となります。

　一般的なアセットアプローチのモデルを示しましょう[7]。日本と米国からなる

2国モデルを考えます。考慮する資産は、日本の貨幣、米国の貨幣、円建て債券、ドル建て債券の4種類です。円建て債券とドル建て債券は不完全代替であるとします。国際間の不完全資本移動を仮定したことと同じです。日本側は円通貨、円建て債券、ドル建て債券のなかから資産選択を行い、米国側はドル通貨、ドル建て債券、円建て債券の中から資産選択を行います。なお、互いの国の通貨は保有しないものとします。また、債券は固定価格・変動利息債券を考えるものとし、キャピタルゲイン・キャピタルロスは考慮しません。

日本の貨幣市場　　　$M^s = M^d(r, r^* + \mu, Y, A)$　　　　　　　(12.19)

米国の貨幣市場　　　$M^{*s} = M^{*d}(r - \mu, r^*, Y^*, A^*)$　　　　(12.20)

円建て債券市場　　　$B^s = B^d(r, r^* + \mu, Y, A)$
$$+ e B^{*d}(r - \mu, r^*, Y^*, A^*) \tag{12.21}$$

ドル建て債券市場　$eF^s = F^d(r, r^* + \mu, Y, A)$
$$+ eF^{*d}(r - \mu, r^*, Y^*, A^*) \tag{12.22}$$

新しく登場した記号だけを記しておきます。B：円建て債券、F：ドル建て債券、μ：為替レートの予想変化率、A：金融資産の合計。なお、右肩の s は供給を d は需要を意味します。

円建て債券の収益率の上昇は円建て債券の需要を増加させますが、ドル建て債券の需要を減少させます。ドル建て債券の収益率の上昇は上と逆の効果を与えます。なお、円建て債券とドル建て債券の予想収益率が共に変数として入っているのは両債券間の不完全代替を仮定しているためです。3本の均衡式が成立すれば、残りの1本は自動的に均衡します（資産市場のワルラス法則）。両国の貨幣市場と円建て債券市場の3本を独立した均衡式とみなせば、モデルの構造としては、為替レートの予想やその他の変数を外生変数として、これらのストック均衡式から、円建てとドル建て債券の2つの利子率と為替レートを決定する体系になります。上のモデルを解くことにより、均衡為替レートは、円資産とドル資産のそれぞれについての日本と米国の保有残高、為替レートの予想、それに両国の所得の関数として表されます。

アセットアプローチに基づいて円建て債券を対象とした買いオペ（金融緩和政策）の効果を分析してみましょう。円建て債券の買いオペは、円建て債券市場か

7）植田和男『国際マクロ経済学と日本経済』（東洋経済新報社、1983年）が代表的文献です。

ら債券を吸収し代わりに自国貨幣を供給するので、円建て債券市場では超過需要、貨幣市場では超過供給が発生します。日本の利子率は低下するので円建て債券の収益率はドル債券の収益率に比べて低下し、円債券からドル債券へ需要がシフトするので、ドル高円安をもたらします。この分析でわかるように、アセットアプローチでは、国内利子率の上昇（低下）と円高ドル安（円安ドル高）が対応します。この点は、マネタリーアプローチの結論と逆になっています。現実の外為市場で短期的に生じる利子率と為替レートの関係はアセットアプローチの結論を支持しているようです。

　為替レートの理論に関して、現在のところ完全なモデルが存在しているわけではありませんが、内外の債券の不完全代替を仮定したアセットアプローチに累積経常収支を加え、長期的要因には購買力平価を導入したモデルが多く利用されています。対外資産の増加は経常収支黒字の増加に対応しているので、累積経常収支で、対外資産を保有する際に発生するリスクプレミアムをとらえることができます。ドル資産保有のリスクプレミアムが増大すれば、ドル保有の不安が高まるので、ドル安円高を引き起こします。

12.4　為替レートの時系列的特徴

　1980年代半ば以降「データの特徴はそのデータ自身に語らせる」という時系列分析（time series analysis）の手法が、為替レート変動の解明に適用されだし、金融資産データの一つとしての為替レートの統計的特性が明らかになってきました。その中で登場したのが、為替レートは**ランダムウォーク**（random walk）に従って変動しているという議論です。

　ランダムウォークとは、時系列データ（時間の経過の順に記録されたデータ）$\{e_t\}$について、次の関係が成立することです。

$$e_t = e_{t-1} + u_t \tag{12.23}$$

ここで、u_tは平均0、分散一定、自己共分散0の**ホワイトノイズ**（白色雑音、白色光と同じ特徴を持つのでこう呼ばれる）で、ある一定のプラス・マイナスの幅で規則性なしに変動しますが、平均をとればゼロになる確率変数です。ランダムウォークに従えば、今日の為替レートは昨日の為替レートに今日発生する攪乱

図12-2　実際の為替レートとランダムウォーク

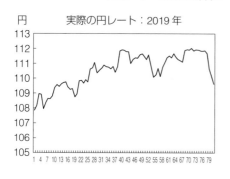

実際の円レート：2019年

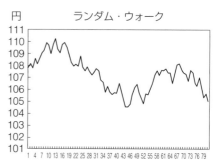

ランダム・ウォーク

項を加えた値になります。昨日の為替レートの値はわかっていますが、今日発生する事象は誰も正しく予測できないので、今日の為替レートは誰も正しく予測できません。市場が完全で情報がすべての市場参加者に等しく行き渡っていれば、誰しも市場平均の収益率を超えて儲けることはできないという**効率的市場仮説**に通じる考え方です。為替レートがランダムウォークに従っているのであれば、誰も将来の為替レートを正しく予想することはできません。実際の為替レートとランダムウォークのグラフを見比べてみると、違いを区別できないほど似ています（図12-2参照）。為替レート（あるいは株価もそうです）はおおまかにとらえればランダムウォークに従っているとみなしてよいのですが、厳密な統計的な分析を行うと、為替レートの変化率の分布については、振幅の大きさが一様ではなくばらつきが大きい（分散の不均一性）ということ、および両裾の厚い分布となっており正規分布ではないこともわかっています。

12.5　開放経済マクロモデル

　開放経済の下で政策論議を行うとき基準として利用されるのが、1960年代にマンデル（Robert Mundell）とフレミング（John M. Fleming）によって開発された**マンデル＝フレミングモデル**です[8]。完全な資本移動を仮定した小国経済モデルを考えます。小国モデルとは、小国である自国は外国の経済変数に影響を与え

8）マンデル（1932-2021）はこの業績等により1999年にノーベル経済学賞を受賞しています。

ることができないことを意味します。完全な資本移動は自国債券と外国債券が完全代替であることと同等です。物価水準は一定と仮定しています。マンデル＝フレミングモデルは次の体系によって表されます。

貨幣市場の均衡式　　$\dfrac{M}{P} = L(r, Y)$　　　　　　　　　　　　　　　(12.24)

債券の完全代替　　　$r = r^* + \mu$　　　　　　　　　　　　　　　　　(12.25)

財市場の均衡式　　　$S(Y-T) - I(r) = (G-T) + BT(Y, Y^*, eP^*/P)$　(12.26)

国際収支　　　　　　$BP = BT(Y, Y^*, eP^*/P) + eBK(r-r^*) = 0$　　(12.27)

　　ここで、M は名目貨幣供給量、L は実質貨幣需要、P は物価水準、Y は実質所得、r は自国の利子率、S は貯蓄、I は投資、G は政府支出、T は税収、BP は国際収支、BT は経常収支、BK は資本収支を示します。＊付きは外国の変数を表します。μ は為替レートの予想変化率であり、国際間での資本移動が完全である場合、金利裁定式が成立しますが、マンデル＝フレミングモデルでは、為替レートの予想について静的期待を仮定しているので、為替レートの予想変化率の項は事実上無視されます。静的期待とは、明日の為替レートは今日の為替レートと同じになると予想するもので、為替レートの予想変化率はゼロとなります。e は名目為替レート、eP^*/P は実質為替レートであり、マーシャル＝ラーナー条件が満たされれば、実質為替レートの切り下げは貿易収支を改善させます。自国と外国の金利格差がプラスになれば資本収支は黒字になります。外国の利子率と所得、および自国の政府支出、税収さらに貨幣供給は外生変数です。為替レートの期待が静的であり外国利子率が所与であるとき、小国である自国の利子率は外生的に決まってしまいます。フロート下では貨幣市場の需給均衡式のみから均衡所得が決定され、その所得を財市場の均衡式に代入することにより均衡為替レートが決まります。

　　このモデルを用いて、財政金融政策が所得と為替レートに与える効果を分析しましょう。LM 曲線は貨幣市場の均衡式、IS 曲線は財市場の均衡式です。$BP = 0$ 線は国際収支均衡を表しており、資本移動が完全な場合は水平となります。資本移動が不完全な場合は、右上がりに描かれます。なぜなら、所得の増加は経常収支の赤字を、利子率の上昇は資本収支の黒字をもたらすからです。このように、マンデル＝フレミングモデルは、閉鎖経済の IS-LM モデル（第 5 章を

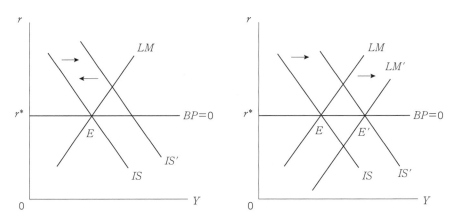

図12-3 a　フロートの下での財政政策　　図12-3 b　フロートの下での金融政策

参照）を国際経済に拡張したバージョンであるとみなすことができます。

■変動相場の下での財政金融政策の効果

　まず財政支出拡大の効果を見てみましょう（図12-3 a）。初期均衡点 E は $BP=0$ 線上にあり、国内均衡と国際均衡が共に成立しています。政府支出の増加は IS を右方へシフトさせます。財市場での超過需要は利子率に上昇圧力をかけ、資本の流入をもたらします。資本の流入は為替レートを切り上げ、経常収支の悪化を引き起こします。経常収支の悪化は需要の低下を意味し、これは先に右方へシフトした IS を左方に押し戻すことになります。この過程は自国（小国）の利子率が外国の利子率の水準まで低下して資本の流入が停止するまで続き、結局は IS 曲線を元の位置まで押し戻し、利子率と所得は元の水準のままです。政府支出の増大は為替レートの切り上げによる経常収支の悪化により完全に相殺されてしまいます。フロートの下で資本移動が完全な小国モデルでは、財政政策は所得に対して全く無力であり、為替レートを切り上げるだけです。

　次に、金融政策の効果を分析します（図12-3 b）。買いオペにより貨幣供給量を増加させたとします。貨幣供給の増加により LM 曲線は右方へシフトします。貨幣市場の超過供給は利子率へ低下圧力をもたらします。その結果、自国債券から外国債券への需要のシフトが生じ海外へ資本が流出します。これにより自国の為替レートは切り下がり、経常収支は黒字化します。これは財市場での需要

増加を意味し、図では *IS* 曲線の右方シフトとなります。結局自国の利子率が外国の利子率の水準まで上昇して資本の流出が消滅し、*IS′* が *E′* で *LM′* と交わるとき新均衡が達成されます。フロートの下で資本移動が完全な小国モデルの場合、金融緩和政策は為替レートを切り下げることで所得を増加させます。

■固定相場の下での財政金融政策の効果

　次に、固定為替相場の下での財政金融政策の効果を分析しましょう。固定相場の場合は、為替レートは固定され、代わりに資本移動の流入増減に対応して国内の貨幣供給量が増減します。固定為替レートを維持するために、政府は外国為替市場で外貨の売却あるいは買い入れの市場介入を実施します。不胎化政策[9]をとらない限り、外国為替市場への介入に対応して国内通貨供給量が増減します。固定為替相場の下では、均衡所得は財市場のみから決まり、貨幣市場は貨幣供給量を決定することになります。

　まず、財政政策の効果を分析します。政府支出が増加した場合、*IS* 曲線が右方へシフトし所得の増加と利子率の上昇圧力が生じます。利子率の上昇は海外からの資本流入を引き起こし、資本収支の黒字は国内のマネーサプライの増加となって現れます。*LM* 曲線は外国の利子率水準で *IS′* と交わるまで右方にシフトし、均衡所得は増加します（**図12－4 a**）。

　次に金融政策の効果を分析します。貨幣供給を増加させると *LM* 曲線は右方にシフトし利子率の低下圧力をもたらします。国内から資本が流出し、資本収支の赤字は先の貨幣供給増加を相殺し、*LM* を元の位置に押し戻すことになります。結局金融政策は所得に対して全く影響を与えません（**図12－4 b**）。財政金融政策の効果は、フロートの場合と全く逆になります。以上の政策効果を踏まえて、マンデルは固定相場の場合、対外均衡（国際収支均衡）と対内均衡（完全雇用）の２つの目標を達成するために、対内均衡達成には財政政策を、対外均衡達成には金融政策を割り当てるべきだという**政策割り当て論**を展開しました。

9）不胎化政策とは、海外から資本が流入して国内の貨幣供給量が増えるとき、貨幣供給量が増えないようにするために、債券の売りオペをして貨幣を市場から吸い上げる政策。

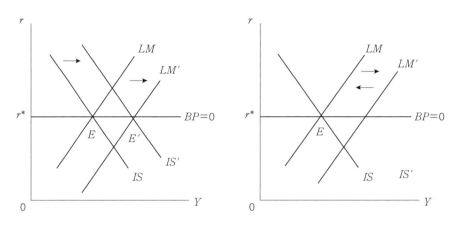

図12-4a　固定レートの下での財政政策　　図12-4b　固定レートの下での金融政策

コラム　ビッグマック指数

　英国の経済誌 *The Economist* は1986年から、世界各地の主なビッグマックの価格を調べて、購買力平価の理論に基づいた為替レートであるビッグマック指数（Big Mac Index）を原則年１回発表しています[10]。ビッグマックが選ばれたのは、マクドナルド社を代表する商品であり、世界共通のマニュアルで、生産・販売されているので、ほぼ同質の財で世界中の価格を比較できるからです。

　日本円の場合、ビッグマック指数と実際のレートの間に当初はかなりの乖離がありましたが、2011年前後ではその差はほとんどなくなっています（図12-5参照）。購買力平価であるビッグマック指数から実際の為替レートが過大評価となっているのか、過小評価になっているのかを判断できます。過大（＋）・過小（－）評価は次のように計算します。

$$過大・過小評価(\%) = \frac{（ビッグマック指数－実際の為替レート）}{実際の為替レート} \times 100$$

10）近年では年２回発表されます。*The Economist* のビッグマック指数のデータはエクセル形式で提供されています。https://www.economist.com/content/big-mac-index

図12-5　ビッグマック指数と実際の円レート

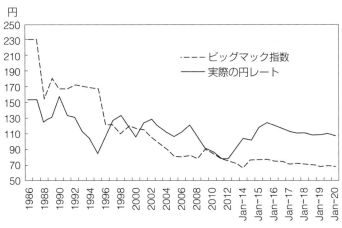

出所：*The Economist*、日本銀行

表12-1で、日本円は36.3％の過小評価（2020年７月）となっていますが、これはビッグマック指数から判断すれば、現実の為替レートはこの率だけ円高になってしかるべきだとなります。一般に北欧の通貨が過大評価に、アジア諸国の通貨が過小評価になっています。

　物価指数を使う代わりにビッグマックという１つの商品の価格を比較することで購買力平価の概念を非常にわかりやすく示すことに貢献したビッグマック指数ですが、所得水準の異なる国同士のビッグマック指数は注意が必要です。日本ではビッグマックは普通財ですが、所得の低い国にとっては贅沢財であるかもしれません。所得水準が低い国にとってはビッグマックの価格は相対的に安い傾向にあります。

　The Economist は48カ国について１人あたり GDP とビッグマックのドル価格の散布図を描いていますが、右上がりの関係が認められます（**図12-6**参照）。両者の回帰式から得られた１人あたり所得に対応するビッグマック価格を修正ビッグマック指数と同誌は名付けています（表では修正指数）。例えば、中国の人民元はオリジナルビッグマック指数では45.7％の過小評価ですが、修正指数では6.5％の過小評価まで戻しています。所得の低い国にとって、オリジナルのビッグマック指数は過小評価になりやすい傾向があり

ますが、1人あたり所得に対応した修正指数はその傾向を修正しています。

表12-1　*The Economist* のビッグマック指数

国・地域名	現地価格	実際のレート	ppp	過大・過小評価	ビッグマック$	1人当たり所得	修正指数%
アメリカ	5.71					62.87	
スイス	6.5	0.94	1.14	20.94	6.91	83.16	4.3
スウェーデン	52.6	9.14	9.21	0.80	5.76	54.36	8
ユーロ圏	4.21	0.88	0.74	-16.18	4.79	40.25	8
イギリス	3.39	0.79	0.59	-25.09	4.28	42.58	-10.8
ノルウェー	52	9.37	9.11	-2.82	5.55	81.55	-15.3
デンマーク	30	6.55	5.25	-19.78	4.58	60.90	-18.5
ロシア	135	70.59	23.64	-66.50	1.91	11.29	-43.6
韓　国	4500	1200.95	788.09	-34.38	3.75	33.32	-14.5
シンガポール	5.9	1.39	1.03	-25.54	4.25	64.58	-26.5
日　本	390	107.28	68.30	-36.33	3.64	39.30	-21.8
中　国	21.7	7.00	3.80	-45.74	3.10	9.58	-6.5
香　港	20.5	7.75	3.59	-53.68	2.64	48.45	-47.7
インド	190	75.20	33.27	-55.75	2.53	2.04	-15.1

出所：*The Economist*, July 2020、所得の単位：1000US$、抜粋

図12-6　1人あたり GDP とビッグマック価格

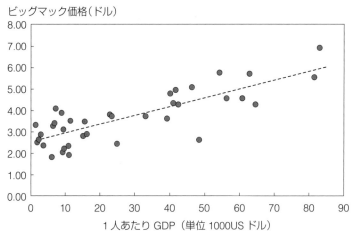

出所：*The Economist*, July 2020

【練習問題】

The Economist のサイトには2000年からの Big Mac Index のデータが提供されています。実際の円レートを Big Mac Index と比較して、実際のレートは購買力平価からどの程度過大あるいは過小評価されているのかを分析しなさい。

第13章 | 財政政策

13.1 はじめに

財政政策とは、租税の仕組みや政府支出を操作することで、政府が経済にさまざまな影響を与えることをいいます。

■財政政策の目的
財政政策の目的は大きく分けて3つあります。
1. 経済の安定
2. 所得の再分配
3. 公共インフラの整備

■経済の安定的かつ持続的な成長
政府は政府支出を増減することで、総需要に影響を与え、GDP を制御することができます。そのメカニズムについては第3、5、8章ですでに学んだとおりです。利子率や物価の上昇によって効果が損なわれる場合もありますが、一般に政府支出は乗数効果を伴い、当初の政府支出の増加分以上に GDP を押し上げる効果を持ちます。このことを利用して政府は GDP が激しく変動しすぎることで厚生が損なわれないように経済をコントロールしています。

政府支出だけでなく、税制も経済の安定に重要な役割を果たします。**累進税**である所得税では、所得が高い人には高い税率が、所得が低い人には低い税率が課されています。経済が好景気で過熱しそうになったときは、所得が高い人が増えるので、平均的に高い税率が課されることになります。また不景気のときは逆に、所得が低い人が増えて、平均的に低い税率が課されます。そのため、好景気のと

きには自動的に税負担が重くなって、経済の過熱を防ぐことができ、不景気のときには自動的に税負担が軽くなって、経済が反転上昇する力を生み出します。このように累進税は自動的に経済を安定化させる装置として機能します。この機能をビルト・イン・スタビライザー（自動安定化装置）と呼びます。

■所得の再分配

　ミクロ経済学で学んだように、市場は効率的ですが、公平性など効率性以外の価値については、必ずしも達成することができません。課税と政府支出を組み合わせることで、市場で各経済主体が得た所得を分配しなおすことができ、財政政策によってある程度の公平性を確保することができます。

　累進税は、高所得の人に高い税率を課し、低所得の人には低い税率を課すことで、所得の格差を軽減しています。また人口が多い都市部から税を集め、地方へと分配することで、財政政策は地域間格差の是正にも役立ちます。年金制度は、勤労世代である若年世代から退職をした老年世代への所得の移転と考えることができます。

　厚生経済学の第一基本定理より、競争市場は効率的です。効率的であるというのは社会厚生が最大化されるということで、社会厚生は社会に存在するすべての経済主体の厚生の総和です。競争市場は厚生の総和を最大にしますが、それを公平に分配する機能はありません。まずは競争市場の効率性を利用して、厚生の総和を最大にしておいて、そのあと財政政策を用いた**再分配**によって、公平性にも配慮していくことが必要です。

■公共インフラの整備

　金融政策と比較して、財政政策には必要とされる分野に集中的に資源を投入できるという利点があります。政府支出を用いて、道路や港湾・空港などのインフラ整備を進めることは、インフラの建設に関わる企業の利益や労働者の所得を増やすだけに留まらず、波及効果を通じて、将来の経済の活性化にもつながります。また教育や医療・福祉の分野に、政府支出を投入することは、安心して暮らせる国づくりに役立ちます。

　「穴を掘って埋める」といった意味のない公共事業であったとしても、GDPに影響を与えることは可能ですが、将来や現代の経済の拡大に貢献し、国を豊かに

する分野に資源を投入することが求められます。

13.2　財源調達の方法と財政政策の効果

　これまでの章では多くの場合に政府支出を**外生変数**として扱い、政府支出が増えたとしてその効果についての議論を進めてきましたが、もちろん政府支出は空から降ってくるのではありません。政府支出をまかなうための財源が必要です。

　政府の財源の調達方法は大きく分けて２つあります。一つは**税**です。政府は法令の定めに基づき商業活動や財産に対して住民から税金を徴収します。もう一つは**国債**です。国債とは国が発行する債券のことで、これを市場で売ることによってお金を借り入れます。ある定められた期間が経過すると、国が国債を持っている人に借りたお金を返します。これを**国債の償還**といいます。政府支出の財源を税によってまかなうか、国債によってまかなうかによって、経済に与える影響が異なります。

■税でまかなう

　政府支出の財源を税でまかなう場合を考えます。第３章の均衡予算乗数の議論を思い出しましょう。政府支出の増大は乗数効果より GDP を増大させますが、増税は GDP を低下させます。政府支出の全額を税でまかなう場合の乗数（均衡予算乗数）は１になります。政府支出の財源を税で調達する場合、GDP は政府支出を増やした分だけしか増えません。

　財政政策により、政府支出が１単位増えたとき、所得が１単位増えますが、均衡財政より税金も１単位増えますから、可処分所得は変化しません。したがって消費も増えません。第３章ですでに議論したように、乗数効果が働く理由は、政府支出の増加が GDP を押し上げ、所得の増加が消費を押し上げ、消費の増加がまた GDP を押し上げる、という繰り返しのプロセスにあります。均衡財政の下では消費が変化しないので、乗数効果が効かなくなるのです。

■国債でまかなう（市中消化）

　政府支出の財源を国債の発行によってまかなう場合には、その時点においては、政府支出は空から降ってくるようなものです。政府は借金をすることで、増税す

ることなしに政府支出を増やすことができます。増税をすると乗数効果が効かなくなりますから、財源を国債でまかなうほうがよいように思えます。しかし、その政府支出はいったい誰が支払うのでしょう。政府支出を支払うのは、国債を償還するときの政府、つまり将来の政府です。さらに言えば、将来の世代に課される税です。

現時点のみを考えるならば、まるで政府支出が空から降ってくるように思えますが、将来を考えるならば、いずれその政府支出は将来の増税によってまかなわれるはずだと考えなければいけません。家計にとっては現時点で増税されるか、将来時点で増税されるかの違いでしかありません。将来の増税を予想するならば、家計は政府支出の増大によって現時点の所得が増加したとしても、消費を増加させることはありません。将来の増税に備えて貯蓄するのが合理的な行動です。ケインズ型消費関数でいえば、増加した所得のうち何パーセントを消費の増加に回すかということを表す限界消費性向が低下します。将来の増税を見越して消費せずに貯蓄するのです。限界消費性向 c の低下は政府支出乗数 $\frac{1}{1-c}$ の低下をもたらし、財政政策の効果は小さくなります。政府支出を税でまかなうとき、乗数効果は小さくなりましたが、国債でまかなう場合も同じく乗数効果が小さくなります。

これを**リカード・バローの等価定理**といいます。等価定理の等価とは、税でまかなっても、国債でまかなっても、国民の負担も財政政策の効果も同じということです。同じになる理由は、国債はいずれ将来の増税によって償還されることを家計が予想して行動するからです。

リカード・バローの等価定理が想定している家計は、将来の増税を見越してそれに備える極めて合理的な家計です。しかし現実には、すべての人が合理的とは限りません。今月は給料が増えたからとお寿司を食べに行く家計が現実に存在するでしょう。しかし経済学は、そのような行動は合理的でないというのです。来月の給料は下がるかもしれないのでそれに備えるべきです。また、将来の増税が世代を超えて行われるとき、将来世代の負担となる増税を軽視する人もいるでしょう。自分が支払うわけではないからです。経済学が想定する合理的家計は将来世代の負担を見越して子孫に**遺産**を残すべき（**王朝モデル**）なのですが、自分の死後の増税は自分には関係がないと考える人もいるでしょう。リカード・バロー

の等価定理は、すべての人が経済学の想定する合理的な行動をとるのであれば成立します。しかし、現実にすべての人が経済学の想定する合理的な行動をとるとは限りません。リカード・バローの等価定理が実際に成立しているかどうかは、現実経済のデータを見て判断することになります。

コラム　世代間の公平

　政府支出を国債によってまかなうことは、負担を将来の世代に先送りすることです。これは酷い話のように思えます。実際に財政法第4条には「国の歳出は、公債又は借入金以外の歳入を以て、その財源としなければならない。」とあり、国の歳出をまかなう手段としての国債の発行は禁止されています。しかし、たとえば政府支出によって建設された道路や港湾から得られる利益は将来の世代にも及びますから、将来の世代もその建設費用を負担する必要があります。そこで、財政法第4条にはただし書きがあって「公共事業費、出資金及び貸付金の財源については、国会の議決を経た金額の範囲内で、公債を発行し又は借入金をなすことができる。」とされています。この財政法第4条ただし書きに基づいて発行される国債を**建設国債**といいます。

　一方で、建設国債以外に、財政の赤字を補填するために発行される国債を**赤字国債**といいます。すでに述べたように赤字国債の発行は原則として禁止されているのですが、バブル期などの一部の例外を除いてほぼ毎年、特例法を制定して赤字国債を発行し続けているのが現状です。

　上の世代から負担がどんどん先送りされてくれば、若い世代はたまったものではありません。しかも少子高齢化によって若い世代の人数が相対的に縮小する中、多数決に基づく民主主義の下では、若い世代の意見が政策に反映されにくくなります。若い皆さんはより一層政治に関心を持ち、財政が効率的に運営されているかを注意深く見ていく必要があります。

■国債でまかなう（日銀引受）

　国債を民間に売るのではなくて日本銀行に売ることを考えましょう。日銀は貨幣を発行して国債と交換すればよいです。政府は日銀が発行した貨幣で政府支出を行います。政府支出の増大と貨幣の発行が同時に行われますから、財政政策と金融政策を同時に行うことになります。

　IS-LM 分析より、財政政策によって *IS* 曲線が右シフト、金融政策によって *LM* 曲線が右シフトしますので、GDP は大きく上昇します。一方で利子率は変化しません（**不胎化政策**）。これは政府支出の財源が利子率の変化を伴う民間からの借り入れではなく、貨幣発行によってまかなわれるためです。利子率が上昇しないのでクラウディングアウトは生じません。

　AD-AS 分析より、総需要曲線は財政政策と金融政策の二つの効果で大きく右シフトします。GDP は大きく上昇しますが、物価も大きく上昇してインフレが生じる危険があります。この財源調達方法は二つの点で危険です。一つはインフレを生じさせることです。もう一つは放漫財政の危険です。この政策によってGDP は大きく上昇しますので政権の人気は高まるでしょう。国債をどんどん発行しても日銀がすべて引き受けてくれます。政府にはこの安易な政策を続ける強いインセンティブがあるのです。しかし同時に物価が上昇を続け、インフレが制御不能になります。

　よってこの財源調達方法（赤字国債の日銀引受）は、GDP を大きく押し上げるものではありますが、法律によってその使用は禁止されています。

13.3　財政赤字と持続性条件

■財政赤字の現状

　日本の財政は歳入が歳出を上回る赤字財政の状態が続いています。差額を借金によって埋め合わせた結果、政府債務残高は増大を続け、国と地方を合わせるとその総額は2020年度末で1100兆円に達します。これは GDP の約 2 倍であり、先進国中でダントツです。2020年度末の国債発行残高は900兆円ですが、この値は一般会計税収の15年分にあたります。政府が税収の全額を借金の返済に充てたとしても、元本の返済だけで15年かかる計算です。

　図13 - 1 は日本の財政の現状を表しています[1]。2020年度の一般会計予算は約

図13‑1　日本の財政の現状

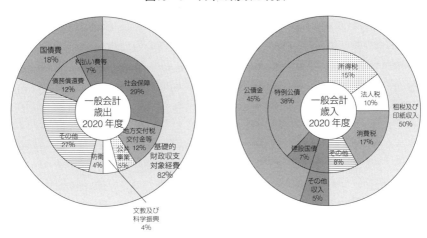

出所：財務省「令和二年度予算」
https://www.mof.go.jp/budget/budger_workflow/budget/fy2020/seifuan2019/01.pdf

128兆円でした。このうち歳出について見ると、まず、補正予算で新型コロナウイルス感染症対策予備費を計上したために「その他」が大きく膨らんでいます。また、国債の元利支払いに充てられる費用（国債費）と社会保障関係費、地方交付税交付金等で約6割を占めています。そのためその時々で必要とされる重点政策課題に対応する余地が少なく、予算の配分が硬直化しています。歳入のうち、税収は半分程度（約64兆円）で、歳入の45％が将来世代の負担となる公債の発行によってまかなわれています。この年はコロナ禍という特殊な状況でしたが、最近では例年、歳出の3割から4割の部分が国債発行によってまかなわれています。

　図13‑2は赤字国債の発行から脱却できた年度である1990年度と2020年度の予算内訳を比較したものです。歳入では1990年度にゼロであった赤字国債の発行額が2020年度には大きく増えていることがわかります。歳出では1990年度と比べて社会保障関連費と公共事業等が大きく増えていることがわかります。公共事業等の増大は新型コロナウイルス感染症対策予備費の計上によるものです。一方、社会保障関連費の増大については、高齢化の進行が主な原因です。

　日本の社会保障制度は国民皆保険・皆年金制度に代表されるように、所得の高

1）日本の税制や財政の仕組みについては『トリアーデ経済学1　経済学ベーシック［第2版］』第5章を参照してください。

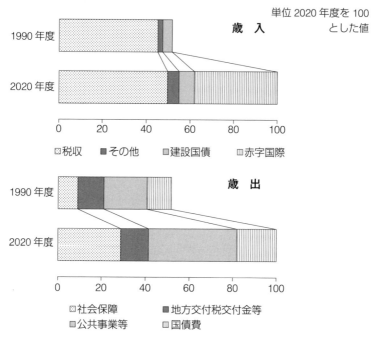

図13-2　社会保障関係費の増加と税収の減少

単位 2020 年度を 100 とした値

歳　入

1990 年度
2020 年度

0　　20　　40　　60　　80　　100

▨税収　■その他　▨建設国債　▥赤字国際

歳　出

1990 年度
2020 年度

0　　20　　40　　60　　80　　100

▨社会保障　■地方交付税交付金等
▨公共事業等　▥国債費

出所：財務省「平成 2（1990）年度当初予算」「令和 2（2020）年度予算」より作成

低にかかわらず良質な医療福祉サービスを受けることができる、先進諸国と比較しても遜色のない優れた仕組みです。しかし、歳出の多くの部分を社会保障関連費が占め、その歳出の半分程度しか税金でまかなうことができていない財政状態は決して健全とは言えません。少子高齢化といった人口構成の大きな変化に直面した現在、新たな課題への対応が迫られています。社会保障の持続可能性を担保するためにも、安定した財源を確保していくことが求められています。

　2020年10月時点の政府債務残高は GDP 比で266％に達しました（IMF 報告書）。これは全国民が 2 年半の間飲まず食わず働いてようやく返済できる額の借金を政府が抱えているということです。GDP が500兆円の日本国の経済を年収500万円の家計に対応させると約1300万円の借金を抱えていることになります。大丈夫でしょうか。

　政府を家計あるいは消費者個人に対応させることはさまざまな誤解を生みます

が、ここで政府と消費者個人の違いとして重要な点は、政府は個人よりも長生きするということです。借金をできるだけ早く返済したいという個人の感覚には、将来が不確実であって、いつ死ぬかもわからないので借金を早く返済してしまいたいという思いが反映されています。しかし、政府は死にません。死なないから利子だけ支払い続けることができれば元本は返さなくてもよいのです。よって政府が抱える借金の残高については、個人の感覚ほどには恐れる必要はありません。

　問題は利子を支払い続けることができるかどうかです。公債の元利支払いを除く歳出と借入金を除く歳入（主に税収）の大小関係をプライマリーバランスといいます。プライマリーバランスの赤字すなわち税収が政府支出を下回る状態が続けば、政府支出は新たな借金でまかなわれることになりますから、借金の元本が増えていきます。借金の元本が発散すれば、利子すら払えなくなりますから財政は破綻します。プライマリーバランスの均衡をまずは目指さなければなりません。

　プライマリーバランスが均衡していれば、政府の借金は利子の分だけ増えていきます。一方、税収は名目 GDP の成長率で増えていきますから、名目 GDP の成長率が名目利子率を越えているならば、利子は返済できます。この条件をドーマー条件といいます。ドーマー条件は財政破綻を回避するための十分条件です。プライマリーバランスが均衡していて、名目 GDP の成長率が名目利子率を超えているならば、財政は破綻しません。

■財政健全化に向けての取り組み

　財政赤字の拡大はさまざまな問題を生み出します。図13－1で見たように、歳出の大部分が借金の返済に充てられるために、政策の自由度が低下し、予算配分が硬直化します。また政府の債務は将来世代への負担の先送りになりますから、世代間の不公平が拡大します。財政への信認が揺らげば、国債を市中消化することが難しくなり国債金利が高騰（国債価格が暴落）することもあります。日本国債を多く保有しているのは国内の民間金融機関です。国債価格の暴落は日本の金融システムに大きなダメージを与えると考えられています。実際に2009年に生じたギリシャ財政危機では、国債価格の急落によって、ギリシャ国債を保有する欧州金融機関の経営が悪化しました。2010年以降、危機は他の欧州諸国へと波及し、ギリシャ・ポルトガル・スペイン・イタリア等の国々で国債金利の上昇が生じ、各国の国債を保有するドイツやフランス等の金融機関の経営が悪化する欧州債務

危機へと発展しました。

　ドーマー条件より、財政破綻を回避するためには、まずはプライマリーバランスの均衡を目指さなくてはなりません。日本国政府は2013年に策定された「中期財政計画」により、2015年度には国と地方を合わせたプライマリーバランスの対GDP比半減（2010年度の6.6％から3.3％へと半減）と、2020年度の黒字化を目指すとしました。2015年度の目標は達成されましたが、2020年度の黒字化については2018年にその達成を断念し、達成年度を5年間延期しました。しかしその後コロナ禍によってさらに歳出が膨らんだため、財政健全化目標の達成は極めて困難になっています。

　目標を達成するには、歳出の削減と歳入の拡大が必要ですが、政府支出の削減や増税は景気を悪化させてしまう効果を持つため、景気対策とのバランスも考慮した債務削減努力が必要です。

コラム　予算編成プロセス

　予算の編成は政府の重要な役割です。足下の経済状況だけではなく、将来にわたっていかなる国づくりを目指すのかにも影響します。政府予算案の編成プロセスを具体的に見ていきましょう。予算編成のプロセスは国の重要事項ですから新聞記事やニュース等でもよく報道されています。新聞記事やニュースを見たときに、そのとき予算編成はどの段階まで進んでいるのかがわかると理解が深まります。

　まず、6月から7月にかけて、内閣府の**経済財政諮問会議**は内閣総理大臣の諮問を受け、財政支出の方針など予算の全体像を策定します。経済財政諮問会議の議長は内閣総理大臣で、そのほか10人以内の議員によって構成されています。会議には財界や学会からの議員も参加しています。経済財政諮問会議の答申を受けて、各省庁は8月の概算要求に向けての準備を開始します。ここでは各省庁がこれまで行ってきた政策や事業を継続するか否かが審議され、来年度から行われる政策や事業に必要となる額の見積もりが計算されます。

　8月には各省庁から財務省に概算要求書が提出されます。財務省は各省庁

からの要求を取りまとめ、各省庁に対するヒアリングを行うなどして審査と省庁間の調整を行い、12月には予算の財務省原案をまとめます。年末には閣議において財務大臣から財務省原案が提案され、閣議決定が行われて政府予算案がまとめられます。

　翌年、政府予算案は衆議院予算委員会に提出され審議されます。冒頭で述べたように、予算は国のあり方を決めるものですから、予算委員会での議事内容は予算案そのものの審議に限らず、あらゆる国政の重要事項についての審議が行われます。そのため予算委員会に対する国民の関心は高く、テレビ中継もよく行われています。予算委員会での審議を経て、衆議院本会議でも予算案が審議され承認されれば、憲法の規定（衆議院の優越）により、時間的な制約から参議院での議決が行われなかったとしても年度内に予算は**自然成立**します。政府予算案に対し、参議院が衆議院と異なる議決を行った場合には、両院協議会が開催されますが、協議が成立しない場合には、衆議院の議決が国会の議決となります。年度内に予算が成立しない場合には、次年度の行政業務にただちに支障が生じますから、暫定予算を組んで対応します。予算審議中に内閣不信任案が提出され衆議院が解散した場合など、実際に予算案の国会審議が年度内に終わらなかったことがあります。

　予算案の作成と予算の執行は行政府の役割ですが、予算は国のあり方を決める重要事項ですから、立法府で十分に審議され、国民がそれを注視する仕組みになっています。

【練習問題】

問1　リカード・バローの等価定理では、景気対策のための政府支出は、その財源調達を赤字国債の発行でまかなった場合には、ほとんど効果がないと考えられている。それはなぜか。説明しなさい。

問2　経済成長率が低い経済では政府債務の問題が深刻であるといわれる。それはなぜか。説明しなさい。

第14章 ║ 金融政策

　この章では、まず現在の日本の金融政策の決定の仕組みと1990年代後半からの新しい日本銀行の体制の下での金融政策を整理します。後半では、金融政策を支える経済理論の枠組みを説明します。ゼロ金利政策や量的緩和政策がこれまで学んだ経済理論でどのように解釈されるのかを見ていきます[1]。

14.1　日本の金融政策の決まり方

　現在の日本の金融政策は1997年6月11日に成立した「改正日銀法」がその出発点になっています。この法律に基づいて1998年4月から新しい体制による「日銀政策委員会」が発足しました。日本の金融政策は9名の政策委員による「**金融政策決定会合**」で多数決により決定されます。「日銀政策委員会」を構成する9名は、日銀総裁1名、副総裁2名、審議委員6名からなっています。総裁、副総裁、審議委員は、衆参両議院の同意を得て内閣が任命することになっており、任期は5年です。審議委員の出身は実業界、金融界、経済学界であり、1名は女性が含まれています。金融政策を審議する「金融政策決定会合」は年8回開催されることになっています。金融政策決定会合には政府側から経済政策担当大臣や副大臣（国会議員）なども参加しますが、議決決定権はありません。日銀側と政府側の意見が対立した場合、政府側は「議決延期請求権」を行使して採決を引き延ばすことはできますが、金融政策を決定する権限はありません。日本銀行は政府から独立して金融政策を決定する権限を与えられています。しかし、政府あるいは国会議員は日本銀行の金融政策に介入しようとすることもあります。日本銀行は、

1）『トリアーデ経済学1　経済学ベーシック［第2版］』第4、8章と本書第5章が関連します。

図14-1　日本銀行のバランスシート

資産	負債
日銀信用 国内債券保有残高 外国債保有残高	現金 日銀当座預金

政治家からの圧力に影響を受けることなく、経済状況を適格に判断して金融政策を決定・実行することが求められています[2]。

14.2　日銀のバランスシートとマネタリーベース

　日本銀行（一般に中央銀行）による金融政策を正しく理解するには、日本銀行のバランスシートの仕組みをおさえておくことが必要不可欠です。バランスシートとは、一般的に企業のある時点での資産と負債項目を整理した表です。資産の合計と負債の合計（純資産含む）は等しくなっています。日本銀行のバランスシートの変化を通してマネタリーベースや資金供給の仕組みを理解することができます。

　日銀のバランスシートを簡潔に整理すると図14-1のようになります。

　マネタリーベース（monetary base）あるいはハイパワード・マネーとは、中央銀行部門の負債勘定の合計のことです。言い換えると、中央銀行が供給する通貨のことです。

$$マネタリーベース = 現金＋日銀当座預金$$

　現金は流通している日銀券と硬貨からなり[3]、金融機関と企業・家計が保有する部分を含みます。市中銀行等は、日銀に原則無利子[4]の口座を開設しています。これが日銀当座預金です。銀行は、家計などから集めた預金のうち一定割合を準

2）2000年8月11日のゼロ金利政策解除に際しては、政府委員がゼロ金利解除に反対して、ゼロ金利解除の議決の延期を請求したことがありました。この延期請求は1対8の大差で否決されました。

3）現金は私たち家計にとっては資産ですが、発行側の日銀にとっては負債です。

4）2016年のマイナス金利導入時に日銀当座預金は、無利子分、−0.1％付利分、＋0.1％付利分の3層構造になりました。

備預金としてこの口座に預けておくことが法律で義務づけられています。日本銀行が通貨を供給するとは、図14-1のバランスシートで負債項目を増やすことです。バランスシートの上で負債だけを増やすことはできません。資産項目と連動して同額だけ負債項目が増えるのです。日銀当座預金を増やすためには、日銀は、市場から国債を購入（買いオペ）し、それに対応して、市中銀行が日銀に開設している当座預金口座に同額振り込みます。日銀当座預金の残高が増加すれば、市中銀行は余分に積み増した準備金を企業への貸し出し等に以前にも増して振り向けることができるようになり、資金が民間企業や家計に流れやすくなるのです。市中銀行が日銀当座預金から預金を下ろすと、当座預金がその分減り、現金が増え、それが市中に流通していくことになります。

■コール市場

　銀行同士が短期の資金を融通しあう市場が**コール市場**（call market）であり、そこで決まる利子率（金利）が**コールレート**（call rate）です。呼べばすぐ資金が調達できるのでコール市場といわれています。みなさんは、銀行にはいつも資金がたくさんあると思うかもしれませんが、融資が多い都市銀行は短期的に準備預金が不足することがあるのです。銀行は、集めた預金をすべて貸し出しに向けることはできません。預金者からの引き出しに備えて、預金の一部を準備預金として日本銀行に預けておく法律的義務があります（準備預金制度）。銀行の貸し出しが増加すれば準備預金も増やさなければなりません。一時的でも準備預金が不足したら大変ですから、そのような場合は、銀行はコール市場から一日だけ担保なしで資金を借りて準備預金を積み増します。それが無担保コール翌日物です。それに適用される利子率が、**無担保コール翌日物金利（コールレートと略称）**です。コール市場への資金の出し手は余裕資金の多い地方銀行や信託、生・損保などです。日本銀行は、短期金利の方向性を示す**政策金利**として、無担保コール翌日物金利を目標にしています。コールレートが上昇する局面では、日銀は買いオペを実施して市中銀行から国債を買い入れ、資金を供給します。コール市場では資金に余裕がでるため、コールレートは目標水準に低下します。なお、日本銀行が変更する金利として以前は「公定歩合」がありましたが、公定歩合は2006年に廃止され、今では補完貸付制度の名の下で、日本銀行が経営難に陥った金融機関に直接資金を貸し出す際の金利である基準割引率および基準貸付利率となってい

ます[5]。公開市場操作が日本銀行の主な政策手段ですが、その他に今ではほとんど行いませんが、準備率操作もあります[6]。

14.3　最近の日本の金融政策

　1980年代半ば以降90年代初めまで日本はバブル経済を経験し、地価や株価が大幅に上昇しました。1991年のバブル経済崩壊後は企業倒産とそれによる金融機関の多額の不良債権が発生しました。1989年4月に創設された消費税は、1997年4月には5％に引き上げられ、7月にはタイを震源とするアジア通貨危機が発生しました。このような状況の中で北海道拓殖銀行、日本長期信用銀行、日本債券信用銀行、山一證券、三洋証券などの大手金融機関が破綻しました[7]。政府は金融システムを守るため、1998年に苦境に陥った銀行に公的資金注入を決断しました。日本経済は1998年にはマイナス成長に陥りました。以上のような背景で登場したのが、1999年2月の日本銀行による「ゼロ金利政策」であり、2001年3月からの「量的緩和政策」です。これらの**非伝統的な金融緩和政策**によっても日本はデフレ経済から脱却することができず、1998年から2013年まで15年の長きにわたってデフレ状態に低迷していました[8]。2013年1月には、日本銀行は政府との間で「**インフレ・ターゲット政策**」を実施することを取り決め、4月には新総裁・副総裁のもとで「**量的・質的金融緩和**」を実施しました。景気停滞から脱出するには財政政策と金融政策を駆使すると経済学では教えますが、主として金融緩和政策に頼ってきたのは、巨額の財政赤字を抱えた日本政府が、財政再建を国際公約として掲げていたということがあります。

5）日本銀行の仕組みや金融政策については、日本銀行金融研究所編『日本銀行の機能と業務』（有斐閣、2011年）、白川方明『現代の金融政策　理論と実際』（日本経済新聞出版、2008年）を参照してください。

6）我が国では準備率は1991年10月を最後に変更されていません。準備率操作は新興国では今でも金融緩和・引き締めに使われています。金融引き締めのときは準備率を引き上げ、緩和するときは、準備率を引き下げます。

7）山一證券破綻時での当時の社長による涙の謝罪会見「社員は悪くありませんから」は象徴的でした。

8）序章のグラフ、名目GDPと実質GDPの成長率（図0-1）、物価指数（図0-2）を参照してください。

■ゼロ金利政策

　日本銀行は1999年2月12日から2000年8月11日までの18カ月間、政策金利である無担保コール翌日物金利の誘導目標を、手数料を除くとほぼゼロにする金融政策を実施しました。これを「**ゼロ金利政策**（zero interest rate policy）」と呼んでいます。不況にあえいでいた日本経済を金融面から支えるために採用した思い切った政策でした。無担保コール翌日物金利は、短期金利の基準となる金利なので、これが下がれば他の金利も同じように低下します。金利を下げて民間投資を増加させ、日本経済を支えようとしたわけです。同金利はこの間0.02％まで低下し、手数料を除けばほぼゼロ金利が実現しました[9]。

　日銀は「デフレ懸念の払しょくが展望できる情勢になったら」ゼロ金利政策はやめると喧伝していました[10]。日銀は2000年7月の金融政策決定会合でゼロ金利政策を解除すると思われていたのですが、直前に「そごう倒産」が発生したため7月での解除は見送られていました。一方、政府、特に大蔵省（現、財務省）や経済企画庁（現、内閣府）は、消費活動がいまだ上向いたとはいえず、この段階でのゼロ金利解除は時期尚早であるとして解除反対の立場をとり続けてきました。ゼロ金利政策解除に関して注目されたのは、政府委員がゼロ金利解除に反対して、ゼロ金利解除の議決の延期を請求したことでした。この延期請求が認められればゼロ金利は解除されないところだったのですが、1対8の大差で否決されました。政府委員は議決権がないので、重要決定事項に投票できません。ゼロ金利の解除は、政府側の反対を押し切った形で2000年8月11日の日銀政策委員会で7対2の多数決で可決されました。ゼロ金利を解除した後、日銀の見立てどおり日本経済が回復していればよかったのですが、2000年後半から米国経済の落ち込みが明らかになるにつれ、日本経済の減速も顕著になってきました。

■量的緩和政策

　2001年に入り、米FRB（連邦準備理事会、日本の日銀に相当）は立て続けに政策金利を引き下げ米経済の悪化をなんとかくいとめようとしてきました。日銀

9）序章の利子率のグラフ（図0-3）を参照してください。
10）中央銀行が市場や国民に対し、将来の金融政策の方向性を説明する指針をフォワード・ガイダンスといいますが、このときの声明が世界におけるフォワード・ガイダンスの先駆けとされています。

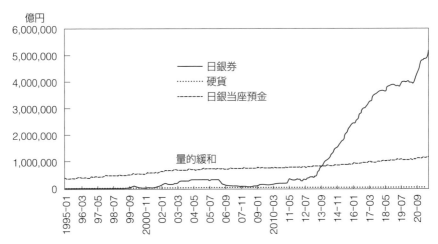

図14-2　マネタリーベースの推移

億円

- 日銀券
- 硬貨
- 日銀当座預金

量的緩和

出所：日本銀行、1995年1月から2021年4月

も景気の減速を認め、景気の判断を下方修正しました。2月28日には無担保コール翌日物金利の誘導目標を0.1％下げ年0.15％としました。他方、政府は3月16日に**初のデフレ宣言**を行って、日銀にゼロ金利へ復帰するよう暗に圧力をかけた形になりました。以上のような状況で、2001年3月、日銀はゼロ金利政策に復帰するのではないかと見られていたのですが、政策委員会が下した決定は「量的緩和」でした。量的緩和の導入は8対1の多数決で決まりました。

　日本銀行は2001年3月19日、政策目標を無担保コール翌日物金利から**日銀当座預金残高**に変更し、政策目標を金利から量へ大きく変更させました。この政策は2006年3月9日まで約5年間（小泉政権の5年間とほぼ一致）続きました。この間日銀当座預金残高は5兆円から35兆円まで拡大しました（図14-2参照）。この金融緩和策を「**量的緩和政策**（Quantitative Easing, QE）」と呼んでいます。日銀当座預金残高（負債）の拡張はすでに説明したように市中からの国債（資産）の買いオペで実現します。この間、同金利は、0.001％まで低下し（100万円預金しても1年間の利子収入は10円）、ゼロ金利政策時よりも一層低下しました[11]。量的緩和政策は、消費者物価指数の前年比上昇率が安定的にゼロ％以上に

11）2003年1月24日コール市場で初のマイナス金利（0.01％）が外銀同士の取引で成立しました。

なるまで継続すると日銀は宣言しました。これはいわば緩い意味での「インフレ・ターゲット政策」と理解することができます。

　量的緩和政策は、2006年3月9日に解除されゼロ金利政策に戻りました。2007年から2008年にかけては無担保コール翌日物金利の誘導目標を0.5％まで徐々に引き上げていきましたが、景気回復は思わしくなく、2009年12月には「広い意味での量的金融緩和政策」に戻りました。2010年10月には「ゼロ金利政策」を復活させ、無担保コール翌日物金利の誘導レートを0～0.1％の範囲へ引き下げました。白川方明総裁（当時）は「包括緩和」と命名しました。

■インフレ・ターゲット政策

　2013年1月22日に政府と日本銀行は、デフレ脱却に向け2％の物価上昇率目標の導入を柱とする共同文書を発表しました。これは日銀がインフレ・ターゲットを採用したことを意味します。**インフレ・ターゲット**（inflation targeting）は、そもそもはインフレを抑えるために提案された政策ですが、デフレから脱却するために採用されたのは世界初です。1990年のニュージーランドの採用以降、インフレ・ターゲットを採用する国は増え続けています。カナダ、イギリス、スウェーデン、フィンランド、オーストラリア、スペインなどに加え、EUの中央銀行である **ECB**（European Central Bank, 欧州中央銀行）やアメリカの **FRB**（Federal Reserve Board, 連邦準備理事会）も事実上インフレ・ターゲットを採用しています[12]。

　日銀と政府のインフレ・ターゲットに関する取り決めのポイントは次の通りです。1）日銀は物価上昇率2％の「できるだけ早期の実現」を目指し、金融緩和を続ける。2）デフレ脱却に向け政府・日銀が連携を強化する。3）政府は財政への信認を確保し、日本経済の成長・競争力強化に向けて取り組む。4）日銀総裁もメンバーとなっている経済財政諮問会議で金融政策と物価情勢を定期的に検証する。

　白川総裁のときに日銀が政府と交わした上記の約束（アコード）は、2014年4月の「量的・質的金融緩和」の中で黒田総裁の下で実行されることになります。

12）インフレ・ターゲットについては、『トリアーデ経済学1　経済学ベーシック［第2版］』第8章のコラムを参照してください。

■量的・質的金融緩和政策

　1998年以来15年間続いているデフレから脱却するという使命を帯びて2013年3月25日登場したのが黒田東彦総裁です。4月4日、最初の金融政策決定会合にて2年間で前年比2％の物価上昇率を目指す「**量的・質的金融緩和**」を導入しました[13]。**アベノミクス**3本の矢の第1の矢です。政策目標を無担保コール翌日物金利から**マネタリーベース**に変更し、当時138兆円であったマネタリーベースを2年後に2倍の270兆円に膨らませるという目標を設定しました。これが「量的」拡大の核心です。「質的」の部分は、マネタリーベースを拡大するとき日銀が市場から買い取る資産として最も安全である国債に加えて、リスクの伴う不動産投資信託（REIT：リート）と上場投資信託（ETF：Exchange Traded Fund）を買い増したことです。ETFの買い増しは日経平均株価を買い支えることに通じます。この方式で金融緩和を実施すると、日銀による毎月の国債の買い入れ額は7兆円強となり、政府が月に発行する額の7割に達します。この決定以降マネタリーベースが急激に増大しています（図14-2参照）。量的・質的金融緩和が別名「**異次元金融緩和**」と呼ばれる所以です。増大しているのは日銀当座預金残高であることもわかります。

　量的・質的金融緩和政策の第1のねらいは、マネタリーベースを大幅に拡張することで、**インフレ期待**を増大させることです。私たちは、第4章でマネタリーベースの拡大がマネーストック（マネーサプライ）を増大させることで貨幣価値の低下、すなわちインフレーションを引き起こす可能性があることを学んでいます。市場参加者は、日銀がマネタリーベースを極端に増大させれば将来インフレが発生するだろうと予想するようになります。これが期待インフレ率の増大です。インフレ期待の増大が生じることで、これから次のような景気を刺激する経済効果をもたらすルートが開拓されます（**図14-3**）。①実質利子率が低下して、企業の設備投資が増加します。②円の価値（購買力）が低下する可能性が強まるので円安が発生するととらえる人々が増えます。③実質利子率の低下は日本にとって内外実質金利差の拡大となるので、これも円安要因になります。④円安は自動車を代表とする輸出産業にとって大きな収益増になるので、これらの企業がけん引する日経平均株価を上昇させます。⑤またこれらの企業にとっては投資増大要

---

13) 量的・質的緩和策についての包括的な研究としては、岩田一政・日本経済研究センター編『量的・質的金融緩和』（日本経済新聞出版、2014年）があります。

図14-3　量的・質的金融緩和がめざす経済効果

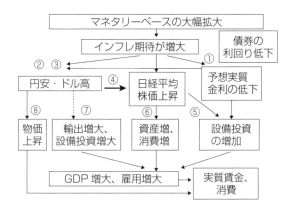

因にもなります。⑥株価上昇は資産家による消費増をもたらします。⑦円安は輸出、設備投資増大が見込まれます。⑧円安は他方で輸入原材料・食品の国内価格を引き上げることになり内需型産業や家計にとっては負担増となり、物価上昇要因になります。以上のように、期待インフレ率の増加が結果的にプラス面に働けば日本のGDPは増大し雇用も拡大します。逆に、円安に伴うマイナス効果が勝れば、物価上昇と実質賃金の低下が生じ、GDPも増加は期待できなくなります（図14-3参照）。なお、国債を大量に購入することで、国債の利回りの低下（価格は上昇）が促されます。

　期待インフレ率上昇が引き起こす効果の中で、すぐに現れたのは円安と株高の並存でした。2013年の1年間を通して日々の円レートと日経平均株価は並行的に推移し、両者の相関係数[14]は0.94と非常に高い値を示しました（図14-4参照）。その一方、2012年末から2013年末にかけて、円は大幅に円安に修正されたにもかかわらず、輸出増大効果はほとんど現れませんでした（序章の貿易収支の図0-5参照）。多くの日本企業が円高時にすでに海外に工場進出していたことが大きな理由としてあげられます。

---

14) 相関係数とは、2つのデータの間に正か負の関係があるかをとらえる統計量です。正の場合は最大で1です。両者の正の相関関係は2016年以降次第に低下し、2020年には負の相関に転じています。

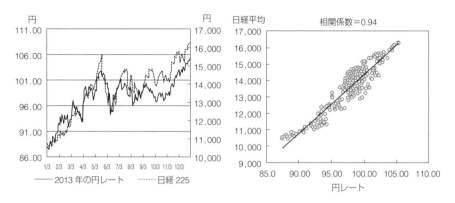

図14-4　2013年の円レートと日経平均株価の強い相関関係

—— 2013年の円レート　　……… 日経225

■量的・質的金融緩和の追加緩和政策

　2014年10月31日、日本銀行は金融政策決定会合でほとんどの人々が予想していなかった「追加金融緩和策」を発表しました。主な内容は次のようなものでした。1）マネタリーベースをこれまでの60〜70兆増から年10兆〜20兆円積み増し年80兆円増に拡大する。2）長期国債の買い入れ量も30兆円増やして年80兆円とする。3）上場投資信託（ETF）の購入量を年1兆円から3兆円に、不動産投資信託（REIT）の購入量を年300億円から900億円に増加する（**表14-1**）。

　1970年代以降、「**合理的期待理論**」の登場により[15]、予想される範囲内の政策は経済に影響を与えず、予想されない政策（これを**サプライズ**という）だけが経済に影響を与えるということが明らかになってきました。この追加緩和策の発表は、まさしく「サプライズ」に相当しました。円相場と株価に与えた影響は絶大であり、その後の約1カ月の間に円相場は約12円も円安となり（10月30日の終値109.17円から12月8日の終値121.34円）、日経平均株価は2200円以上も上げました（10月30日の終値15658.20円から12月8日の終値17935.64円）。

　私たちは日銀のバランスシートの議論から、マネタリーベースを天井なしに拡大することはできないことを知っています。資産側として国債などを同額だけ日銀は購入することが必要になります。日銀は市場を通じて国債等を購入しているので、政府の赤字国債を直接引き受けてはいませんが、このまま国債の購入増加

15）シカゴ大学のロバート・ルーカスが提案した理論。1995年ノーベル経済学賞を受賞しています。

表14-1　これまでの非伝統的金融政策

政策名	期間等	当時の日銀総裁
ゼロ金利政策	1999年2月12日〜 2000年8月11日	速水優
ゼロ金利政策解除	2000年8月11日	速水優
量的緩和政策	2001年3月19日〜 2006年3月9日	速水優、福井俊彦
ゼロ金利政策解除	2006年7月14日	福井俊彦
広い意味での量的金融緩和政策導入	2009年12月1日	白川方明
包括緩和政策導入（ゼロ金利復活）	2010年10月5日	白川方明
インフレ・ターゲット政策導入	2013年1月22日	白川方明
量的・質的金融緩和政策導入	2013年4月4日	黒田東彦
量的・質的金融緩和の追加緩和策導入	2014年10月31日	黒田東彦
マイナス金利導入	2016年1月29日	黒田東彦
長短金利操作付き量的・質的緩和	2016年9月21日	黒田東彦
長短金利操作付き量的・質的緩和修正	2018年7月31日	黒田東彦
貸出促進付利制度を導入	2021年3月19日	黒田東彦

を続けていけば、結果的に日銀が政府の財政赤字を穴埋めする（**財政の赤字ファイナンス**）という財政法が禁じている手法[16]に踏み込むことになってしまう危険があります。

■マイナス金利政策

　名目金利がマイナスになるとは以前ならば想像もつかないことでした。しかし、日銀は量的緩和によって期待インフレ率が上昇しない現実を目の当たりにして、実質金利を引き下げるには名目金利をゼロ以下に引き下げる政策を選択する道を選びました。2016年1月29日の金融政策決定会合では5対4とわずか1票差でマイナス金利政策が決まりました。市中銀行が日銀内に開設している日銀当座預金の一部（約1割）にマイナス0.1％を適用するものです。市中銀行は日銀に手数料を支払うことになるので、日銀当座預金に預けてある余裕資金を企業や家計への貸し出しに振り向けさせようと日銀は意図したのです。マイナス金利は市中銀行の収益を圧迫することにもなります。同年2月16日からマイナス金利政策が実施されましたが、それ以降、政策金利である無担保コール翌日物金利はマイナス

16）財政法第5条は、赤字公債の日銀引き受けを禁止しています。『トリアーデ経済学1　経済学ベーシック［第2版］』第5章、p.62を参照してください。

状態を継続しています。

■長短金利操作付き量的・質的金融緩和政策

　短期金利である政策金利がマイナスになると、それに連動して長期金利の代表である10年物国債の利回りもマイナスに沈んでしまいました。長期金利で運用する金融機関にとっては痛手です。日銀としては短期の無担保コール翌日物金利は－0.1％近傍で推移しながら、長期金利は０％程度を維持するという目標を設定しました。債券の残存期間が長くなるにつれて利回りも上昇する関係である利回り曲線（イールドカーブ）をコントロールします。さらに、物価上昇率２％を安定的に超えるまで金融緩和を継続するオーバーシュート型コミットメントを含みます。これが長短金利操作付き量的・質的金融緩和政策です。

　2021年３月19日には、マイナス金利で減収を被る金融機関に対して上乗せ金利の付与や、長期金利の変動幅を±0.25％程度まで容認する貸出促進付利制度の導入をしています。

14.4　ゼロ金利政策、量的緩和政策、マイナス金利政策を *IS-LM* 分析で解釈する

　第５章で *IS-LM* 分析の基礎を学びました。そこでは、物価固定という前提のため名目金利と実質金利は事実上同一となり、違いは分析しませんでした。ゼロ金利や量的緩和を分析するためには、名目と実質金利の区別が必要になります。すでにわたしたちは**フィッシャー方程式**も学んでいます[17]。重要なので、再掲しておきましょう。

$$名目金利 (i) = 実質金利 (r) + 期待インフレ率 (\pi^e) \tag{13.1}$$

名目と実質金利を区別して、*IS-LM* モデルを整理すると次のようになります。

$$IS \qquad Y = C(r) + I(r) + G + NX(r) \tag{13.2}$$

$$LM \qquad \frac{M}{P} = L(r + \pi^e, Y) \tag{13.3}$$

　家計は今期だけを見て消費を決めているわけではありません。実質金利が上が

17）フィッシャー方程式については第６章を参照してください。

れば、今期の消費を減らしてその分貯蓄を増やし、来期の消費を増やした方が全体として効用が増すと考えます。実質金利の上昇は消費を減らします。また、実質金利の上昇は投資コストの負担増となるので、企業は投資を減らします。さらに、上で NX は純輸出（輸出マイナス輸入）で、実質金利にも影響をうけます。日本の実質金利が上昇すると、海外から円に対する需要が増えるため、円高となり[18]、純輸出は減少します。したがって、実質金利が上昇すると所得は低下するので、IS 曲線は従来通り右下がりになります。

　貨幣需要は名目金利に反応します。フィッシャー方程式を使い、貨幣需要は実質金利と期待インフレ率の関数に書き換えています。実質金利の上昇は名目金利を上昇させるので、貨幣から利子を生む債券等に需要がシフトするので貨幣需要は低下します。実質所得（Y）の増加は貨幣需要を増加させるので、貨幣市場がバランスするためには実質金利が上昇する必要があります。したがって、LM 曲線もこれまで通り右上がりです。

■名目金利のゼロ制約

　一般的に名目金利はゼロより下がることはありません。銀行の預金金利がマイナスなら銀行に預けても利息はもらえずに、逆に預金者は銀行に手数料を払うことになります。誰も銀行に預金しなくなるでしょう[19]。名目金利がゼロより下がらないことをゼロ金利の制約、**ZLB**（Zero Lower Bound）ともいいます。第5章で学んだ LM がゼロ金利近くで水平になる**「流動性のわな」**の状態と同じです。LM はゼロ金利よりは下に下がりません。ところが、期待インフレ率を考慮し、名目と実質金利の区別ができると、実質金利がマイナスになることはそれほど異常なことではなくなるのです。

■ゼロ金利政策

　図14-5はゼロ金利政策と量的緩和政策を、実質金利を縦軸にとった IS-LM 曲線で解き明かした図です。ゼロ金利政策は日本銀行が政策金利である無担保コール翌日物金利の目標を限りなくゼロに設定する政策です。LM 曲線を名目金利

18）為替レート理論の詳細は第12章を参照してください。
19）日本では2014年10月23日短期国債の平均落札利回りが初めてマイナスとなりました。政府は金利の分だけお金を受け取って借金できることになります。

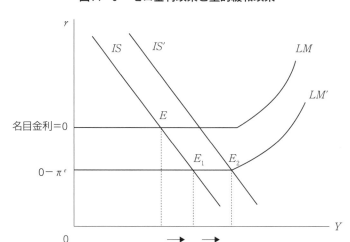

図14-5　ゼロ金利政策と量的緩和政策

がゼロとなる水準まで押し下げていく政策と理解することができます。日本銀行はそのために国債の買いオペにより日銀当座預金残高を増やし資金供給を増加します。このときの均衡点は図14-5では E 点です。ゼロ金利政策では、名目金利をゼロ以下に下げることはできないので、LM はこれより下にシフトすることはできません。「流動性のわな」に陥った状態にとどまります。

■量的緩和政策

　量的緩和政策の真のねらいは、期待インフレ率を引き上げることにあります。期待インフレ率が増加すれば、名目金利がゼロより低下しなくとも、実質金利を引き下げることができるので、LM 曲線はゼロ金利政策のときよりもさらに下にシフトすることが可能になるのです[20]。図14-5では LM から LM' へ下方シフトします。この状態では実質金利はマイナスの期待インフレ率と等しくなります。実質金利がマイナスとなるので、家計は貯蓄を減らし今期の消費を増やします。

---

20) 日本が流動性のわなに陥っていることを早くから指摘していたのは、クルーグマンです。
　Kathryn M. Dominguez, Kenneth S. Rogoff, and Paul R. Krugman, "It's Baaack: Japan's Slump and the Return of the Liquidity Trap," *Brookings Papers on Economic Activity*, No.2, 1998. ポール・クルーグマン、ラルス・E・O・スヴェンソン『クルーグマン教授の〈ニッポン〉経済入門』（春秋社、2003年）に邦訳があります。

投資家は金利負担が低下するので、投資を増やします。為替の世界では円保有の魅力が下がるので、円安が生じて、純輸出が増えます[21]。これらの実質金利低下はすべての需要を増加させるように働きます。これにより IS 曲線が右方にシフトし始めます。量的緩和政策での均衡は図では E_1 から E_2 点に移っていきます。日本銀行はこの過程で日銀当座預金を含むマネタリーベースを大幅に増加しているのです。IS と LM から導かれる総需要（AD）曲線は、通常のように右下がりとなり、需要増加に伴い AD が右方にシフトし物価と所得の増加が生じます。これまでの説明で明らかになったように、ゼロ金利政策よりも量的緩和政策の方が金融緩和政策としてより強力であることが示されました。伝統的な IS-LM 分析では「流動性のわな」に陥った場合、金融緩和政策は所得に対して無効であると習ったので、真面目な学生諸君はなぜ日本銀行は無効な金融緩和を一生懸命実施しているのか、疑問に思ったかもしれません。日本銀行は期待インフレ率を引き上げることに心血を注いでいると気がつけば合点がいくでしょう。

　マイナス金利政策は LM 曲線を量的緩和政策よりさらに一層下方へシフトさせる政策であると理解することができます。

■量的緩和と円相場、日経平均株価

　量的緩和政策は期待インフレ率を引き上げて実質金利を低下させ需要を引き上げることをねらっていますが、フローの変数よりも為替や株などのストック変数の方が先に敏感に反応します。日本の実質金利の低下は日米間の実質金利差を拡大させ、円安ドル高要因となります。日本の期待インフレ率の上昇は物価の上昇を引き起こすので、こちらも円の価値を下げる方向に働きます。いずれにしても量的緩和は円安を誘発させる力を持っています。円安は自動車産業を中心とする日本の輸出産業の企業収益を増加させ、日本の株価を押し上げることになります。円安と株高の関係が顕著に現れたのが、日銀による「量的・質的金融緩和」が実施された2013年だったのです（図14-4参照）。

21）円安が必ずしも自動的に純輸出を改善するとは限りません。また、変動相場では金融緩和政策は所得増に効果を持つというマンデル＝フレミング理論もあります。詳しくは第12章を参照してください。

■期待インフレ率の測り方

　金融政策を論じるとき期待インフレ率が重要な概念であることは理解できたと思いますが、それでは期待インフレ率はどうやって測るのでしょうか。日本銀行の審議委員やエコノミストたちは定期的に物価見通しを公表していますが、それらはある意味主観的なものです。客観的なデータは、経済学では次の式に基づいて期待インフレ率を求めています。

　　　期待インフレ率（BEI）＝ 普通国債の利回り－ 物価連動国債の利回り

　このようにして求めた期待インフレ率を**ブレーク・イーブン・インフレ率**（BEI：Break Even Inflation rate）といいます。国債を含めて通常金融資産はインフレになると価値が下がってしまいます。インフレになっても額面価格（元本）を引き上げてくれはしません。ところが、インフレになったら自動的にその分元本を引き上げてくれる債券があります。それが**物価連動国債**です[22]。使われるインフレの指標は生鮮食品を除いた消費者物価指数です。

　普通国債とインフレ分を保証してくれる物価連動国債の2つがあったとき、インフレになると物価連動債への需要が増し、普通国債への需要は低下します。普通国債の価格は低下し、物価連動債の価格は上昇します。債券の価格と金利（利回り）は逆に動くので、普通国債の金利は上昇し、物価連動債の金利は低下します。両者の金利差はインフレ分を反映しているとみることができるのです。デフレのときは逆になり、BEIはマイナスになります[23]。

コラム　テイラー・ルール

　今日、主な国の中央銀行は政策金利の誘導目標を設定し、それを実現するために公開市場操作を行うことが一般的になっています。その政策金利の目

22）日本では2004年3月に発行を始めましたが、2007〜08年の世界的な金融不安の影響やデフレが進行したため2008年10月から新規発行停止となりました。デフレだと物価連動国債は価格も下がってしまいます。デフレ脱却が見込まれる可能性がでてきたので、財務省は2013年10月8日から発行を再開し、2015年1月からは個人投資家も保有が認められました。ただ債券市場に占める割合はまだ1％ほどと低い状況です。

23）BEIは日本相互証券株式会社がそのサイトで作成公表しています。

標はどのような方式で決まっているのであろうかと考える研究者がでてきて
も不思議はありません。その最も有名な例が**テイラー・ルール**です。

　日本の金融政策を決定しているのは9名で構成する日本銀行の政策委員会
ですが、重要な決定を議論する金融政策決定会合の議事録にはテイラー・ル
ールが2000年になってからよく登場しています。ゼロ金利を解除した2000年
8月11日の議事録にも登場しています。日銀内部でもテイラー・ルールが議
論されていた証拠です。植田和男審議委員（当時）は、ゼロ金利解除に反対
した2人のうちの1人ですが、彼が反対の根拠にあげた理由の1つがテイラ
ー・ルールから導かれる金利水準がマイナスの可能性があるということだっ
たのです[24]。

テイラー・ルールとは

　米国の政策金利はFF金利（フェデラル・ファンド・レート）ですが、米
国の中央銀行であるFRB（連邦準備理事会）は、景気が過熱気味であると
きはFF金利を引き上げ、景気が後退気味であると判断すればFF金利を引
き下げて、経済が不況に陥らないように調整を行っています。

　米スタンフォード大学のテイラー教授（John B. Taylor）は、FF金利の
動向を分析した結果、ある一定のルールに基づいてFF金利は調整されてい
ることを見いだしました[25]。彼は、テイラー・ルールに基づいて計算した金
利と実際のFF金利のグラフ（1987年第1四半期から1992年第4四半期まで
のデータ）を示し、両者が驚くほど一致していることを示しました。それが
次の式です。

テイラー・ルール：
$$i = \pi + 0.5(\pi - \pi^*) + 0.5(y - y^*) + r^* \tag{A1}$$
記号の説明
i：名目金利、π：インフレ率、π^*：目標インフレ率、y：成長率、

---

24) 同議事録67ページに「適正金利はまだ若干のマイナスかぎりぎりプラスになった状態」と
　　あります。議事録は日銀のサイトで公開されています。

25) John B. Taylor,"Discretion Versus Policy Rules in Practice,"*Carnegie-Rochester Conference
　　Series on Public Policy*, Vol.39, December, 195-214, 1993.

y^*：潜在成長率、r^*：自然実質金利（完全雇用に対応した実質金利）

　インフレ率が目標値に一致しており、需給ギャップがゼロ（実際の成長率＝潜在成長率）のときには、自然実質利子率とインフレ率の和で与えられる名目金利水準を誘導目標とするのが最適な政策対応になるという見解です。FF 金利は、実際のインフレ率と目標インフレ率の差と実際の成長率と潜在成長率の差である GDP ギャップ[26]に反応するように決められているというのが、テイラー・ルールです。目標インフレ率と潜在成長率、それに自然実質金利が与えられればテイラー・ルールに基づく FF 金利を求めることができます。

　(A1)式のテイラー・ルールは次のように読みます。

・実際のインフレ率が目標インフレ率よりも 1 ％上昇して景気が過熱気味になれば、FF 金利を0.5％上昇させる。

・GDP ギャップが（実際の GDP が潜在成長率よりも）1 ％上昇して景気が過熱すれば、FF 金利を0.5％上昇させる。

・実際のインフレ率＝目標インフレ率（$\pi = \pi^*$）、および実際の成長率＝潜在成長率（$y = y^*$）が成り立つときは、自然実質金利にインフレ率を加えた値で、FF 名目金利を推移させる。

　このように、テイラー・ルールに従えば、実際の所得が上昇すれば実質利子率も上昇するという関係が認められます。

　テイラーは、実質金利と目標インフレ率をともに 2 ％（$r^* = 2\%, \pi^* = 2\%$）と設定しているので、$\pi = \pi^* = 2$、かつ $y = y^*$ のとき、FF 金利は 4 ％となります。潜在成長率が達成され、インフレ率も 2 ％の低水準で安定しているときの FF 金利水準が 4 ％です。

　自然実質金利と目標インフレ率をともに 2 ％（$r^* = \pi^* = 2\%$）と設定すると、(A1)式は次のようになります。

$$i = 1.5\pi + 0.5(y - y^*) + 1 \qquad (A2)$$

上式から、インフレ率 π と GDP ギャップ（$y - y^*$）を与えれば、テイラー・

26）潜在成長率は、完全雇用が達成されているときの成長率とみなすこともできるので、(A1)式で GDP ギャップの代わりに、実際の失業率と自然失業率（＝完全雇用が達成されていてもなお存在している失業率のこと）の差をとる場合もあります。

ルールに基づく名目金利を計算することができます。

　テイラー・ルールは、米国の金融政策について提案された考え方ですが、米国だけでなくその他の国についても妥当することがわかっています。なお、テイラー・ルールと同様なものとしてはマッカラム・ルールもあります[27]。

　テイラー・ルールは、中央銀行の政策金利の将来値を予想するためにあるのでもなく、中央銀行はテイラー・ルールに従って政策金利を決めるべきだともいっていません。テイラー・ルールは、中央銀行による金融政策を考える際に１つのベンチマークを提供しているととらえるべきでしょう。あるいは中央銀行の金融政策をチェックする１つの手段を与えてくれる物差しと考えるのがよいでしょう。

【練習問題】

「流動性のわな」の状況では、金融政策は所得に無効であり、そのような場合は財政政策を積極的に活用すべきであると、標準的なマクロ経済学の教科書には書いてあります。それにもかかわらず、ゼロ金利の状態で、日本銀行は量的緩和政策や量的・質的金融緩和政策をなぜ実施しているのでしょうか。

---

27) Bennett T. McCallum, "Recent Developments in the Analysis of the Monetary Policy Rules," *Federal Reserve Bank of St. Louis, Homer Jones Memorial Lecture Series*, 1999.
　　1961年から98年まで米国の FF 金利にテイラー・ルールを適用したグラフと、1972年から1998年まで、同ルールを日本に適用して得られたグラフがあります。日本についてもテイラー・ルールがかなりの程度で当てはまることが示されています。

第15章 ‖ 経済成長の理論

　第1章でも述べたように、経済学の主題は「人々が豊かで幸せな暮らしができるためにはどうすれば良いのか」を考えることです。マクロ経済学では一国経済の豊かさをGDPで測ります。そこで、国が豊かになるためにはGDP、なかでも人口1人あたりで計測したGDPが成長する必要があります。近年、中国やインドのように、巨大な人口を抱える国々が高い経済成長を続けており、これに伴い1人あたりでみたGDPも大きくなっています。その結果、世界全体の貧富の格差は著しく縮小してきています。それでも、世界には依然として多くの経済が貧困に苦しんでおり、また、先進国の中でも日本のように長期にわたり経済が低迷している国もあります。これらの問題の解決のためには、まず経済成長の仕組みを説明する理論を構築する必要があります。

　そこで本章では、まず世界の経済成長のデータからどのような事実が観察されるのかを確認し、それらの観察結果と整合的な経済成長のモデル、つまり経済成長理論を提示することにします。

15.1　各国の経済成長

　本節では、世界の主な国々の経済成長についてのデータから、どのような事実が指摘できるのかを考えてみます。図15-1は7か国の1人あたり実質GDPの推移を示したものです。このグラフから、1人あたりGDPの大きさは、国によって大きく異なっていることがわかります。また、世界には豊かな国と貧しい国のグループがあるようです。また、その格差は近年でこそ顕著ですが、1950年ごろはほとんど差がないようにも思えます。しかし、それは正しくありません。1950年代の数値が全体として小さいため、差がわかりづらいのです。この問題を

図15-1　各国の GDP（1 人あたり実質）の推移

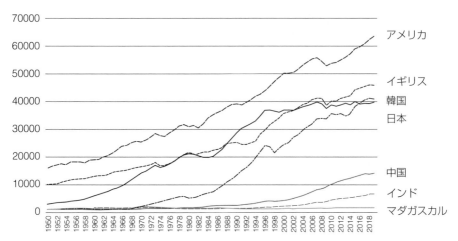

出所：Penn World Table 10.0 より作成、注：縦軸の単位はアメリカドル。

図15-2　各国の GDP（1 人あたり実質、対数表示）

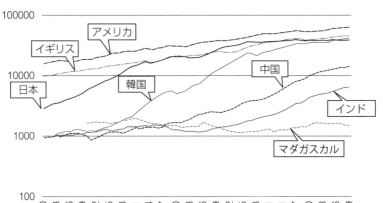

回避するためには、1 人あたり GDP の数値の小さい部分を拡大する必要があります。それが、**図15-2** です。

　図15-2 では、縦軸の数値を対数で表示しています。対数で表示することで、小さい値の領域を拡大してみることができます[1]。この図より、1950 年代でも、豊かな国と貧しい国の格差が存在していたことがわかります。

さらに、この図では、1950年代の時点では貧しい国のグループに属していたのに、その後、急速な経済成長を遂げ、現在では豊かな国のグループに属するようになった国がいくつもあることがわかります。日本や韓国などです。これらを「移行経済群」と呼びます。現在は中国やインドが移行経済群の代表格です。

さらに、移行経済群が豊かな国のグループに追いついてからは、そのグループに留まり続けるようになります。つまり、しばらくの期間高成長を続けるのですが、豊かな国のグループに追いついてからは、成長率が低下するようです。

15.2　ソローモデル

今日の経済成長理論の出発点はソローモデルです。これはソロー（Robert M. Solow）によって1956年に発表されました[2]。ソローモデルでは政府部門と海外部門のない経済を考えます。したがって、$G = T = NX = 0$ です。第1章の三面等価の議論より、GDPは消費と貯蓄の和に一致しますので、

$$Y = C + S$$

が成り立ちます。この式を貯蓄 S について変形すると

$$S = Y - C$$

となります。つまり、貯蓄はGDPから消費を差し引いた差となります。

次に、生産物市場の均衡条件は、

1）これ以外にも、対数表示のグラフでは、その傾きが変数の成長率を表すという性質があります。序章のコラムでも述べたように、1人あたりGDPの初期値を y_0、毎年の成長率を g とする場合、t 時点のGDPは次のように書けます。

$$y_t = y_0 e^{gt}$$

この式の両辺の対数（自然対数）をとり、対数の性質を用いて変形すると、

$$\log y_t = \log y_0 + gt \log e = \log y_0 + gt$$

となることがわかります。右辺の第1項はグラフの切片、第2項の t の係数 g がグラフの傾きを表します。よって、このグラフの傾きが成長率であることがわかります。

2）ソローが開発した経済成長モデルは新古典派成長モデルとも呼ばれています。このモデルは、その後の経済成長理論のスタンダードとなりました。経済成長理論に対する大きな貢献が評価され、ソローは1987年にノーベル経済学賞を受賞しました。

$$I = S$$

です。ここで、一国の貯蓄は国民所得の一定割合 s（$0 < s < 1$）でなされると仮定します。つまり、

$$S = sY$$

です[3]。また、固定資本減耗率もゼロと仮定すれば、純投資と粗投資が一致し、

$$\Delta K = I \tag{15.1}$$

が成り立ちます。そこで、式(15.1)の I に sY を代入すると、

$$\Delta K = sY \tag{15.2}$$

が得られます。

　次に Y を生産サイドから表現してみましょう。ミクロ経済学では企業の生産は、その企業が使用する資本と労働の大きさで決まることを、生産関数で表します。マクロ経済学が想定する一国の経済は、個々の企業の生産活動の集計ですので、GDP は経済全体の資本 K と労働 L の大きさで決まると仮定します。

$$Y = F(K, L)$$

これをマクロ生産関数と呼ぶことにします。マクロ生産関数の具体例は、次のコブ＝ダグラス型生産関数です。

$$Y = AK^{\alpha}L^{1-\alpha} \tag{15.3}$$

この式の中の A はその国の生産技術水準を表しています。A の値が大きければ、投入する資本と労働の大きさが同じであっても Y の値は大きくなります。当面、A は定数として扱います。また、α（ギリシャ文字のアルファ）は定数で $0 < \alpha < 1$ を仮定します。

　ここで、このマクロ生産関数を1人あたりの変数を用いて書きなおしてみまし

3）Y は GDP であると同時に、この経済では国民所得にも一致します。その理由は本章の経済が閉鎖経済であり、しかも固定資本減耗と純間接税がゼロであるためです。詳しくは第1章を復習してください。

ょう。式(15.3)の両辺を L で割ると、

$$\frac{Y}{L} = A\left(\frac{K}{L}\right)^{\alpha}\left(\frac{L}{L}\right)^{1-\alpha} = A\left(\frac{K}{L}\right)^{\alpha}$$

そこで、1人あたりの GDP を $y = \dfrac{Y}{L}$、1人あたりの資本ストックを $k = \dfrac{K}{L}$ とおくと

$$y = Ak^{\alpha} \tag{15.4}$$

を得ます。これを「1人あたりの生産関数」と呼ぶことにしましょう。1人あたりの生産関数は k の大きさによって y が決まることを示しています。一般的に、1人あたりの生産関数を k の関数として

$$y = f(k)$$

と表します。この1人あたり生産関数を k で割った $f(k)/k$ を1人あたり資本の平均生産力と呼びます。式(15.4)で表される1人あたり生産関数と、1人あたり資本の平均生産力のグラフは**図15-3**のようになります。特に A 点での資本の平均生産力は、原点から A 点まで伸ばした直線の傾きに対応します。これにより、k が大きくなると資本の平均生産力は小さくなることが理解できます。

なお、$\dfrac{Y}{K} = \dfrac{\dfrac{Y}{L}}{\dfrac{K}{L}} = \dfrac{y}{k} = \dfrac{f(k)}{k}$ が成り立ちますので、式(15.2)は

$$\frac{\Delta K}{K} = s\frac{f(k)}{k} \tag{15.5}$$

と変形できます。

さらに、$k = \dfrac{K}{L}$ より、k の成長率は

$$\frac{\Delta k}{k} = \frac{\Delta K}{K} - \frac{\Delta L}{L} \tag{15.6}$$

図15-3　1人あたり生産関数と資本の平均生産力のグラフ

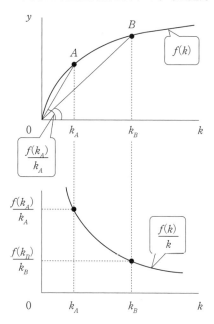

となります（導出はコラムを参照）。

コラム $k = \dfrac{K}{L}$ から1人あたり資本ストックの成長率 $\dfrac{\varDelta k}{k}$ を求める方法

$k = \dfrac{K}{L}$ の両辺の自然対数をとると（自然対数については序章のコラムを参照）、

$$\log k = \log \frac{K}{L} \tag{a}$$

となります。この右辺を対数の性質を用いて変形すると、式(a)は

$$\log k = \log K - \log L \tag{b}$$

となります。

　一期後の変数にダッシュ（′）をつけると

$$\log k' = \log K' - \log L' \tag{b'}$$

そこで、式(b′)から(b)を辺々で引くと

$$\log k' - \log k = (\log K' - \log K) - (\log L' - \log L) \tag{c}$$

を得ます。ここで、序章コラムの式(A6)より、

$$\log k' - \log k \approx \frac{\varDelta k}{k}$$

であること、つまり、変数 k の成長率にほぼ等しいことがわかります。この関係を(c)の右辺でも繰り返し適用することで、

$$\frac{\varDelta k}{k} = \frac{\varDelta K}{K} - \frac{\varDelta L}{L} \tag{15.6}$$

を得ます。

　また、この方法をコブ゠ダグラス型の生産関数 $Y = AK^{\alpha}L^{1-\alpha}$ に適用すると

$$\log Y = \log A + \alpha \log K + (1-\alpha)\log L$$

から、Y の成長率は

$$\frac{\varDelta Y}{Y} = \frac{\varDelta A}{A} + \alpha\frac{\varDelta K}{K} + (1-\alpha)\frac{\varDelta L}{L} \tag{d}$$

となります。

式(15.5)と(15.6)を一つにまとめ、労働人口成長率 $\frac{\varDelta L}{L} = n$ （一定）とすると、

図15-4　ソローモデルでの k（上図）と y（下図）の動き

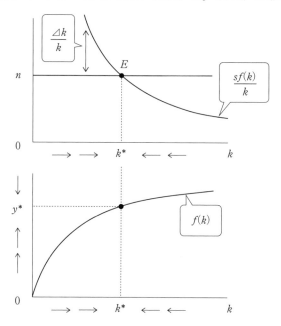

$$\frac{\Delta k}{k} = s\frac{f(k)}{k} - n \qquad (15.7)$$

を得ます。この式は、**ソローの基本方程式**と呼ばれるとても重要な式で、1 人あたり資本ストックの「成長率」$\frac{\Delta k}{k}$と 1 人あたり資本ストックの「大きさ」kとの関係を表しています。特に、コブ＝ダグラス型生産関数の場合、式(15.7)は

$$\frac{\Delta k}{k} = sAk^{\alpha-1} - n \qquad (15.7')$$

と表せます。

　式(15.7)を用いて、kの動きを図で示すことができます。**図15-4** の上の図では、(15.7)の右辺に登場する$\frac{sf(k)}{k}$と、nの 2 つのグラフが描いてあります。これら 2 本のグラフの縦方向の差がkの成長率を表します。この図より以下のこと

がわかります。

①2つのグラフの交点 E に対応する k の値（k^*）において、その成長率はゼロである。

②k の値が k^* よりも小さければ、k の成長率はプラスであり、k^* よりも大きければ k の成長率はマイナスである。

③k の値が k^* から離れていれば k の成長率は大きいが、k^* に近づくにつれその成長率はゼロに近づく。

また、**図15-4の下の図**は1人あたり生産関数のグラフを描いています。1人あたり生産関数は $y = f(k) = Ak^\alpha$ で表せますので、y が k と同じように動くことがわかります[4]。したがって、次の帰結を導くことができます。

④1人あたり GDP の水準が y^* であれば、その成長率はゼロである。

⑤y は y^* に向かって収束する。

⑥y の収束スピードは、y が y^* から遠いほど早く（つまり成長率が高く）、y^* に近づくにつれゼロに近づく。

特に、⑤と⑥は、②と③から導けます。

以上のことから、1人あたり資本ストックは k^* に向かって収束することがわかります。そして、いったん k^* に経済が到達すると、それ以降は k^* に留まり続けます。そこで、k^* は**定常状態**（steady state）と呼ばれます。

では次に、定常状態での Y、K、L の成長率を求めてみましょう。定常状態では式(15.7)の値がゼロとなりますので、次式が成立します。

$$s\frac{f(k)}{k} = n \tag{15.8}$$

さらに、式(15.6)より、定常状態では

$$\frac{\Delta K}{K} = \frac{\Delta L}{L} = n \tag{15.9}$$

となることがわかります。すると、コラムの式(d)で $\Delta A / A = 0$ とおけば

4）コラムの公式を用いると、$y = Ak^\alpha$ から $\frac{\Delta y}{y} = \alpha \times \frac{\Delta k}{k}$ が得られます。このため、y の成長率は k と比例関係にあることがわかります。

図15-5　ソローモデルから得られる成長のパターン

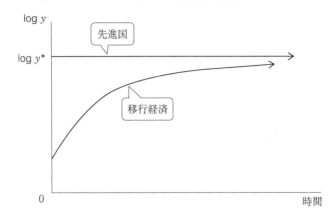

$$\frac{\Delta Y}{Y} = \alpha \frac{\Delta K}{K} + (1-\alpha) \frac{\Delta L}{L} = n \qquad (15.10)$$

となり、一国の成長率も人口成長率 n に一致することがわかります。

　本節の最後に、経済の動学的な動きを図にすると**図15-5**のようになります。このグラフは、現実の経済成長率の動きを示した図15-2とほぼ類似したグラフになっています。

■貯蓄率の変化と定常状態

　定常状態の k や y には貯蓄率が影響を与えます。いま、貯蓄率が s_0 から s_1 に低下した場合の定常状態への効果をグラフで見てみましょう。

　図15-6では貯蓄率の低下により $sf(k)/k$ のグラフが下方にシフトし、それにより定常状態が k_0^* から k_1^* に変化する様子を示しています。これに伴い、1人あたり GDP も $y_0^* = f(k_0^*)$ から $y_1^* = f(k_1^*)$ に減少することになります。

■我が国の貯蓄率

　ここで、日本の貯蓄率のデータを高齢化率との関係で見てみましょう。図15-7の横軸に高齢化率を取り、縦軸に家計貯蓄率を取っています。高齢化率とは総人口に占める65歳以上の割合のことです。これに対して家計貯蓄率は家計の可処

図15-6　貯蓄率の低下と定常状態

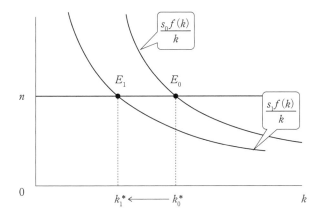

図15-7　我が国の貯蓄率と高齢化率の推移

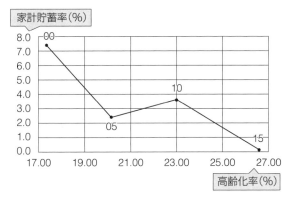

出所：家計貯蓄率：内閣府「国民経済計算（GDP 統計）」、
　　　高齢化率：総務省統計局「推計人口」より作成。

分所得に占める貯蓄の割合のことです。

　図15-7より、年々高齢化が進んでいると同時に、貯蓄率が大きく低下していることがわかります。特に、グラフには出ていませんが、2013年度の我が国の家計貯蓄率は初めて−1.3％となり、可処分所得以上に消費が大きくなり、貯蓄の取り崩しが進んでいることが明らかになりました。

　実は、高齢化の進行と貯蓄率の低下の間には密接な関係があると言われています。これは第9章で学習したライフサイクル仮説を用いて次のように説明するこ

図15-8　人口成長率の低下と定常状態（%）

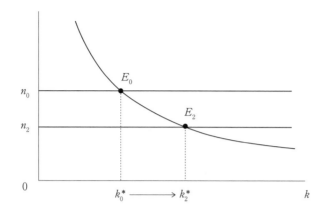

とができます。世の中には働いている世代と引退した世代がいます。このうち、所得を得てその一部を貯蓄するのが働いている世代で、過去の貯蓄を取り崩しているのが引退した高齢者の世代です。働いている世代が多い社会では経済全体の貯蓄も大きくなりますが、高齢化が進むと貯蓄を取り崩す人々が増えてきますので、経済全体の貯蓄率は低下すると考えられるのです。

　我が国では高齢化が今後も一層進むとみられていますので、貯蓄率の低下はさらに進むでしょう。すると、図15-6より、1人あたりの資本ストックと所得にマイナスの影響を与えることになります。したがって、高齢化の進展は経済成長率にもマイナスの影響を与えることがわかります。

■人口成長率の変化と定常状態

　次に、人口成長率の変化が定常状態にどのような影響を与えるのかを見てみましょう。いま、人口成長率が n_0 から n_2 に低下すると、**図15-8**のように、n のグラフが下方にシフトすることがわかります。すると、定常状態に対応する1人あたり資本ストックは k_0^* から k_2^* に増加することがわかります。この変化に伴い、1人あたりで見た GDP は増加します。

　では、どうして人口成長率の低下が1人あたり GDP の増加をもたらすのでしょうか。極端なケースで説明します。仮に、合計特殊出生率が2から1に低下すると、2人の親のもとで子供は1人ということになります。すると、親の持って

図15-9　外生変数と内生変数

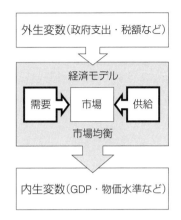

いた資産を1人の子供が受け継ぎますので、次の世代になると、単純に考えて1人あたりの資本ストックが親世代の2倍になるのです。つまり、少子化が進む場合、子供は親世代よりも豊かになることがわかります。

　ここまでの議論から、日本の経済成長に関しては2つの相異なる力が作用していることがわかります。少子化と高齢化です。少子化により人口成長率が減少すると1人あたり所得にプラスの効果を与えますが、高齢化が貯蓄率の低下をもたらすとすれば1人あたり所得にマイナスの影響を与えます。

15.3　内生的経済成長モデル

■外生変数と内生変数

　経済モデルにはGDPや物価水準など、さまざまな変数が登場します。経済モデルが想定する市場の均衡条件などを用いて、それらの変数の値（解）が得られる場合、それらの変数は**内生変数**と呼ばれます。モデルの中から変数の値が決まる場合です。

　これに対して、経済モデルを解く以前に数値をあらかじめ与えておくような変数もあります。これを**外生変数**と呼びます（図15-9）。これは変化しないので変数と呼ぶには語弊があるかもしれませんので、パラメータ（与件）と呼ぶこともあります。ケインズモデルでは政府支出や税額が、ソローモデルでは貯蓄率や

人口成長率などが外生変数になります。

　また、外生変数としてあらかじめ与えておいた値を変化させると、一般的には内生変数の値も変化します。このときの内生変数の変化を分析する手法を**比較静学分析**と呼びます。特に外生変数が政府支出や税額のように、政府の政策パラメータの場合、その政策効果を分析する際に比較静学分析は有益です。

■ソローモデルの課題

　ソローモデルでは、経済成長の状況を図15-5のように説明できることがわかりました。これは現実の経済成長のいくつかの特徴を説明できており、そのような意味でとても重要な経済モデルです。しかし、ソローモデルでは説明できない重要な事実もあります。特に、ソローモデルでは先進国の1人あたり成長率はゼロに収束するはずですが、実際には1人あたりで見た世界のGDPは長期にわたりプラスで成長し続けています。ここで、長期にわたり一定の率で成長することを**持続的成長**といいます[5]。

　もちろん、ソローモデルで持続的成長を全く説明できないわけではありません。ここまでの議論で一定と仮定していた生産技術 A が時間とともに成長すると考えればよいのです。マクロの生産関数がコブ＝ダグラス型の場合、1人あたり生産関数は

$$y = Ak^\alpha$$

で表されることをすでに学びました。この式にコラムの公式をあてはめると

$$\frac{\Delta y}{y} = \frac{\Delta A}{A} + \alpha \frac{\Delta k}{k}$$

が得られ、A の成長率が y の成長率を押し上げていることがわかります。

　しかし、なぜ持続的に経済が成長するのかを説明しようとする際に、あらかじめ正の技術進歩率を外生変数として仮定し、それを説明することは、あまり説得

5）持続的成長は「一定の率」で経済が成長し続ける状態として定義されます。この場合、成長率がゼロという一定値をとり続ける場合も、持続的成長の状態にあることになりますが、本節では成長率が「プラス」で一定値をとり続ける場合に限定して持続的成長の議論を進めます。

的ではありません。つまり、技術進歩率をモデルの中で決定できるような成長理論の構築、つまり内生的な技術進歩率の決定が、我々に与えられた次の課題になりました。

■技術進歩の重要性—実証的観点から—

技術進歩率の重要性は、ソローモデルが提示されて以降、以下で述べるように実証面からも指摘されています。コブ＝ダグラス型のマクロ生産関数を前提に、一国の経済成長率を生産面からとらえようとすると、コラムの(d)より

$$\frac{\Delta Y}{Y} = \frac{\Delta A}{A} + \alpha\frac{\Delta K}{K} + (1-\alpha)\frac{\Delta L}{L} \tag{15.11}$$

となることがわかります。式(15.11)は経済成長の要因を技術進歩率（$\Delta A/A$）、資本の成長率（$\Delta K/K$）、人口成長率（$\Delta L/L$）に分解して説明しようとするもので、ソローにより**成長会計**と呼ばれた式です。

これに対して、もしも技術進歩が存在しなければ、$\Delta A/A = 0$ から式(15.11)は

$$\frac{\Delta Y}{Y} = \alpha\frac{\Delta K}{K} + (1-\alpha)\frac{\Delta L}{L}$$

と表されます。つまり、資本と労働の成長率の加重平均が経済成長率になるはずです。しかし、実際には一国の経済成長率は資本と労働の成長率だけからは説明できないことがわかっています（**図15-10**）。これは生産関数における A の値も変化していると考えなければ説明できません。A は技術の大きさを表しますが、マクロ経済学では**全要素生産性**（TFP, Total Factor Productivity）とも呼びます。つまり、全要素生産性の成長ぬきに現実の経済成長を実証的に論じることはできないのです。

しかし、全要素生産性を直接観測することはできないので、式(15.11)を変形し

$$\frac{\Delta A}{A} = \frac{\Delta Y}{Y} - \alpha\frac{\Delta K}{K} - (1-\alpha)\frac{\Delta L}{L} \tag{15.12}$$

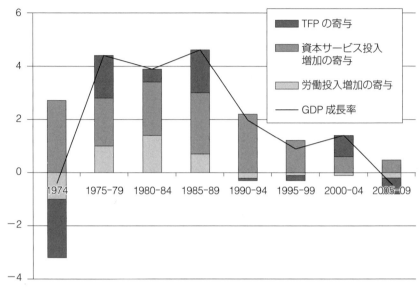

図15 - 10　日本の経済成長の要因分解（年率、%）

出所：経済産業省『通商白書2013』をもとに作成。

の右辺を求めることで、全要素生産性の成長率は結果的に得られます。ここで注意しなければならない点は、このようにして求めたAの成長率には、技術進歩率が含まれていると考えられますが、それがすべてではないということです。厳密に述べると式(15.12)は「経済成長率のうち、資本と労働の成長率で説明できない部分」です。これを**ソロー残差**と呼びます。

　式(15.11)は日本経済の今後を論じるうえでの重要な手がかりを与えてくれます。少子高齢化により、今後も生産年齢人口Lは長期にわたり低下することが予測されており、これは$\dfrac{\Delta L}{L}$が長期間マイナスになることを意味します。実際に、図15 -10を見ると、GDP 成長率における労働投入増加の寄与度（GDP 成長率に対する労働力成長率の貢献度）が年々低下してきており、近年ではマイナスになっていることがわかります。

　さらに、高齢化と貯蓄率の低下が密接に関係していることを述べました。貯蓄率の低下は生産物市場の均衡条件$I = S$から、民間投資の抑制圧力となるでしょう。投資にはさまざまな要因が影響しますが、図15 - 10を見ても、資本サービス

投入増加の寄与度は次第に低下していることがわかります。

　このような状況の中、日本経済が今後、持続的に成長を続けていくためには、全要素生産性が成長するしか他に選択肢はありません。資源の乏しい日本は、かねてより技術立国を標榜してきました。しかし、バブル崩壊後の長期停滞の間、アメリカとの技術開発力の格差は拡大する一方です。また、中国・韓国経済の急速な台頭により、日本の技術の陳腐化も早まっています。

　このように、技術革新の面でも日本は厳しい環境におかれつつあるのですが、国際的な技術革新競争の中で日本経済が生き残っていくためには、企業の技術革新の推進や、人的な生産能力（**人的資本**）を高めることに尽きるでしょう。これらの技術進歩が生じるメカニズムを内生的に論じた成長理論が、次に紹介する**内生的経済成長理論**（endogenous growth theory）です。

■内生的経済成長理論

　技術進歩率の内生化に関する研究は、1980年代の後半にポール・ローマー（Paul M. Romer）やロバート・ルーカス（Robert E. Lucas Jr.）らによってはじめられました[6]。ところで一口に技術進歩と言っても、それを推し進める方法には多くのパターンが考えられます。例えば企業が研究開発（R&D）に投資を行い、新技術を開発することで生産力や効用が増加するでしょう。また、教育によって人的資本の蓄積が進むことで、生産力が増加する場合もあるでしょう。前者はローマーの研究（1990年）によって、後者はルーカスの研究（1988年）によって端緒が開かれています。

　内生的経済成長理論の重要な主張は、「外生的な技術進歩率を仮定しなくても、持続的成長は説明が可能である」ということです。15.2節で説明したソローモデルでは、経済は時間の経過とともに定常状態に収束するため、持続的成長を続けることは困難でした（図15−4）。しかし、もしも1人あたり生産関数 $y = f(k)$ が、直線で表されるとすればどうなるでしょうか。この場合、資本の平均生産力は図15−3のように右下がりにならずに、k がどれほど大きくなっても一定値のまま推移するでしょう。すると、経済は定常状態に収束せず、持続的に成長を続

[6]　ルーカスは、新しいマクロ経済学や経済成長モデルの構築に対する貢献で、1995年にノーベル賞を受賞しました。また、ローマーは内生的経済成長モデルの先駆的研究が評価され、2018年にノーベル賞を受賞しました。

けることが可能になるかもしれません。この点に注目した内生的成長モデルとしてはレベロ（Sergio Rebero）の Ak モデルがあります。

　以下では、代表的な内生的成長モデルとして、①内生的研究開発モデル、②教育による人的資本の蓄積モデル、③レベロの Ak モデルを取り上げ、順次説明を行います。

①内生的研究開発モデル

　ローマーによって提示された内生的研究開発モデルは、その後、グロスマン＝ヘルプマン（Gene M. Grossman and Elhanan Helpman）、アギオン＝ホーウィット（Philipe Aghion and Peter Howitt）、セゲルストロム＝アナント＝ディノポウラス（Paul S. Segerstrom, T. C. A. Anant and Elias Dinopoulos）などによって、さらに研究が進められました。彼らのモデルは、研究開発により財の種類が増えるモデル（水平的イノベーションモデル）と、財の種類は一定で、その品質が改良されていくモデル（垂直的イノベーションモデル）とに分類することができます。

　内生的研究開発モデルには、研究開発企業と、独占的競争に直面する最終財生産企業（モデルによっては中間財生産企業）が登場します。研究開発企業は新たな製品や、より高品質の製品の開発を行います。この開発に成功すれば大きな利益が得られますが、失敗すれば全く利益は得られません。このようなリスクを伴う研究開発企業の資金調達は株式の発行を通じてなされます。また、開発者が大きな利益を得るためには、特許権などにより彼らの権利が守られていることも重要です。

　水平的イノベーションモデルでは、財のバラエティー（種類）が時間の経過とともに増加します。それが最終財であれば、バラエティーの拡大は消費者の効用を増加させます。中間財であれば、バラエティーの拡大によって最終財の生産量が増加します。

　次に、垂直的イノベーションモデルでは、経済には一定数の産業があり、各産業には独占的競争により生産を行う企業が存在していると考えます。しかし、ある産業で研究開発が成功すれば、より高品質の商品を作り出した新しい企業がその産業の需要を独占することになり、従来の企業はその市場から撤退することになります。これは、かつてシュンペーター（Joseph A. Schumpeter, 1883-1950）が唱えた、独占的競争による**創造的破壊**（creative destruction）の動学モデルと

なっています。このため、内生的研究開発モデルは「シュンペータリアン・モデル」とも呼ばれています。

②教育による人的資本の蓄積モデル

このモデルはルーカスの研究で一躍脚光を浴びることになりましたが、実は1960年代に、日本人の経済学者である宇沢弘文がすでに技術進歩率の内生化の研究を行っており、ルーカスはその論文を、人的資本の内生的な蓄積モデルとして再評価したのです。このため、ルーカスが提示した人的資本モデルは「宇沢＝ルーカス・モデル」と呼ばれています。

このモデルでは、各期で人々は1単位の労働可能時間を持っており、それを労働と教育とに振り分けます。より多くの時間を労働にあてれば、その期の所得はより高くなるでしょう。しかし、このモデルでは教育を受けることで人的資本が蓄積されます[7]。そのためには、労働時間を減らし、より多くの時間を教育にあてることが重要になります。今期により多くの教育を受けることができれば、次期以降により高い所得を得ることが可能になるのです。宇沢＝ルーカス・モデルでは、各期における教育時間を人々の最適化行動により内生的に決定するモデルになっています。

また、近年の研究では、人的資本の蓄積を、**世代重複モデル**（overlapping-generations model）によって説明する取り組みが進んでいます。世代重複モデルとは、人々は2期間（または3期間）生存し、同時期に親世代と子供世代（または若年世代と老年世代）が重複して存在していると仮定するモデルです。このモデルを用いることで、親世代が子供の教育費を負担するケースや、賦課方式年金の保険料を若年世代が負担し、老年世代が受給するといった世代間の所得移転の効果を分析することができます。世代重複モデルの応用研究として、親世代の予算制約のもとで、最適な子供の数や子供への教育投資の水準を決定する研究（ガロア（Oded Galor）など）や、教育制度と所得格差の研究（グロム＝ラビクマール（Gerhard Glomm and B. Ravikumar）など）があります。

7）これに対して、労働を通じて技術や人的資本が蓄積されるモデルはラーニング・バイ・ドゥーイングモデルと呼ばれており、ストーキー（Nancy L. Stokey）らの研究が代表的です。

③レベロの Ak モデル

　これまでに見てきたように、内生的成長モデルには、技術進歩のどのような点に注目するかに応じて、数多くのモデルが存在します。しかし、最もシンプルな形で内生的成長の可能性を論じた人物がセルジオ・レベロです。レベロのモデルには人的資本と物的資本を統合した広い意味での資本（広義資本）が登場します。便宜上、これまで物的資本の意味で用いた K を、以下では広義資本として用いましょう。レベロは、この広義資本を用いて生産関数を次のように表しました[8]。

$$Y = AK$$

　この式の両辺を L で割り、1人あたりで表すと、

$$y = Ak$$

となります。この生産関数の式から、レベロのモデルは Ak モデルと呼ばれています。この式から(15.7)のソローの基本方程式を導出すると、

$$\frac{\Delta k}{k} = s\frac{f(k)}{k} - n = sA - n$$

を得ます。つまり、1人あたり広義資本の成長率は sA と n の差で決まることがわかります。このとき、この差がプラスであれば1人あたりの広義資本ストックは永久にプラスの率で成長し続けることになり、1人あたり GDP も同様に成長し続けることがわかります（図15 - 11）。つまり、生産関数を Ak モデルに変形するだけで、持続的な成長を説明できることになるのです。特に、ソローモデルでは貯蓄率 s は定常状態での資本ストックに影響は与えても、定常状態での1人あたりの経済成長はゼロでしたので、貯蓄率が長期の成長率に影響を与えることはありませんでした。ところが、レベロの Ak モデルでは、貯蓄率が長期的な成長率に正の効果をもたらすことも理解できます。

　ソローモデルと Ak モデルの最大の相違点は、ソローモデルでは資本の限界生

8）この式はコブ＝ダグラス型生産関数において、$\alpha = 1$ のスペシャルケースと考えることもできますが、本章では、物的資本 K と人的資本 H からなる生産関数が一次同次である場合を単純化したものと考えています。生産関数が一次同次であれば、物的資本と人的資本をともに α 倍すれば、全体の生産水準 Y も α 倍になりますが、ここでは広義資本 K を α 倍すれば生産水準 Y も同様に α 倍になります。

図15-11　*Ak* モデルでの１人あたり広義資本ストックの動き

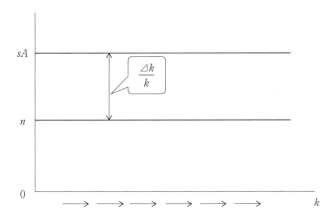

産力[9]が資本蓄積とともに次第に小さくなっていたのに対して、*Ak* モデルでは
それが一定であるということです。この仮定により、ソローモデルでは１人あた
り資本の平均生産力 $f(k)/k$ が次第に小さくなります。この結果、図15-4の
$sf(k)/k$ のグラフが右下がりとなり、１人あたり資本ストックが定常状態に向か
って収束していくことになります。これに対して、*Ak* モデルでは資本ストック
の蓄積が進んでも資本の平均生産力は小さくならないため、いつまでも定常状態
に収束することはないのです。

【練習問題】
次の図は、「世界各国の１人あたり GDP と人口成長率」および「世界各国の１人あた
り GDP と貯蓄率」の関係を示した散布図です（Data: Charles I. Jones, *Introduction to
Economic Growth*, W. W. Norton & Co.; 2nd Revised edition, 2002）。
　これらの図をソローモデルで説明できるか考察しなさい。

9）資本の限界生産力とは、資本ストックが追加的に１単位増加したときに、生産水準がどの
　程度増加するのかを表す概念です。経済学では一般に、資本ストックが増えるにつれて、資
　本ストックを１単位増加することから得られる生産の増加分は次第に小さくなると考えます。
　これを、「資本の限界生産力は逓減する」といいます。

世界各国の1人あたり GDP と人口成長率

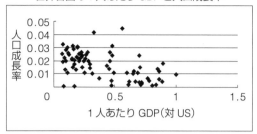

世界各国の1人あたり GDP と貯蓄率

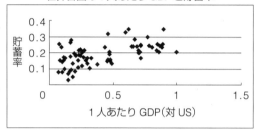

読書案内（参考文献）

【初級】

Krugman, P. and Wells, R.（2018）*Macroeconomics Fifth Edition*, Worth Publishers
　邦訳はクルーグマン・ウェルス（2019）『クルーグマン　マクロ経済学第2版』東洋経済新報社

柴田章久・宇南山卓（2013）『マクロ経済学の第一歩』有斐閣
　財市場だけに絞ってマクロ経済学の入門を扱います。その思いっきりの良さに脱帽です。

菅原晃（2013）『高校生からわかるマクロ・ミクロ経済学』河出書房新社
　高校で政治経済を教えている先生が書いたテキストです。その意味で高校生でも理解できるようにわかりやすくなっています。扱っているのはほとんどマクロです。

二神孝一（2017）『マクロ経済学入門　第3版』日本評論社

中谷巌（2007）『マクロ経済学入門〈第2版〉』（日経文庫）日本経済新聞出版社

田中利彦・笹山茂・坂上智哉（1995）『マクロ経済分析―表計算で学ぶ経済学』中央経済社

石村貞夫・玉村千治・劉晨（2009）『Excelでやさしく学ぶ産業連関分析』日本評論社
　エクセルを用いたわかりやすく書かれた産業連関分析の解説書です。行列と行列式の基本計算も説明してあります。

西村和雄・八木尚志（2008）『経済学ベーシックゼミナール』実務教育出版
　公務員試験・ERE受験者向けにも適したミクロ・マクロの問題集＋テキストです。

【中級】

二神孝一・堀敬一（2017）『マクロ経済学第2版』有斐閣

齊藤誠・岩本康志・太田聰一・柴田章久（2016）『マクロ経済学新版』有斐閣
　大学院レベルのマクロ経済学と学部のマクロ経済学の溝を埋める優れたテキストです。後半ではラムゼイ・モデル、RBCモデル、ニュー・ケインジアンモデルなどが登場。

三野和雄（2013）『マクロ経済学』培風館

Mankiw, N. G.（2019）*Macroeconomics Tenth Edition*, Worth Publishers.
　原著第9版の邦訳は、マンキュー（2017）『マンキュー マクロ経済学　第4版 I 入門篇』東洋経済新報社

N. グレゴリー・マンキュー（2018）『マンキュー マクロ経済学　第 4 版 II 応用篇』東洋経済新報社

Williamson, S. D.（2018）, *Macroeconomics Sixth Edition*, Pearson.
　邦訳は第 3 版。ウィリアムソン（2012）『マクロ経済学 I 入門篇』『マクロ経済学 II 応用篇』東洋経済新報社。学部レベルで、マクロ経済学のミクロ的基礎付けに基づいてマクロ経済学を一貫して説明した他に例のないテキストです。したがって、オーソドックスなマクロとは趣が異なります。

岩本武和（2012）『国際経済学　国際金融編』ミネルヴァ書房
　国際経済のうち国際マクロの分野である国際収支、為替レートの理論、マンデル＝フレミングモデル等を広くカバーしています。

尾山大輔・安田洋祐編著（2013）『改訂版　経済学で出る数学　高校数学からきちんと攻める』日本評論社
　ミクロ・マクロ経済学で使用する主な数学の説明が扱われています。微分、積分、ラグランジュ未定乗数法、指数・対数、行列・行列式、回帰分析、経済成長などがカバーされています。

J. M. ケインズ（塩野谷祐一訳）（1995）『雇用・利子および貨幣の一般理論』東洋経済新報社

日本銀行調査統計局「マネーストック統計の解説」（2021年 7 月）
　https://www.boj.or.jp/statistics/outline/exp/data/exms01.pdf

厚生労働省（2012）『平成24年労働経済白書　分厚い中間層の復活に向けた課題』

内閣府（2010）『平成22年度年次経済財政報告　需要の創造による成長力の強化』

薮谷千鳳彦（2003）『計量経済学第 2 版』多賀出版

【上級】

加藤涼（2006）『現代マクロ経済学講義』東洋経済新報社
　マクロ経済学のミクロ的基礎付けを重視し、動学的一般均衡モデルを中心に説明します。RBC モデルを「ピザの生地」と例えたのは秀逸です。

Romer, D.（2018）, *Advanced Macroeconomics Fifth Edition*, McGrow-Hill.
　邦訳は第 3 版、デビッド・ローマー（2010）『上級マクロ経済学 第 3 版』日本評論社大学院のマクロ経済学の標準的なテキストの地位を得ています。

【経済辞典】

金森久雄・荒憲治郎・森口親司（2013）『有斐閣経済辞典　第 5 版』有斐閣
　マクロ経済学だけでなく経済学一般について参考となる標準的な辞典です。各項目について比較的コンパクトな説明をしているのが特徴です。

練習問題　解答

序章
エクセルでの複合グラフ作成のポイントは、通常のグラフを作成した後、右側縦軸に設定するグラフ（この例では完全失業率）を選んで、「書式の設定」で、それを「第2軸（右側の縦軸）」に指定することです。

第1章
(1) GDP ＝ 個人消費＋政府支出＋民間投資＋生産物の輸出－輸入
   $$= 300+50+100+50-60 = 440$$
(2) NDP ＝ GDP－固定資本減耗 ＝ 440－80 ＝ 360
(3) GNI ＝ GDP＋海外からの純要素所得 ＝ 440＋(20－15) ＝ 445
(4) NNI ＝ GNI－固定資本減耗 ＝ 365
(5) NI ＝ NNI－純間接税 ＝ 365－(30－10) ＝ 345

第2章
問題文から、消費関数がケインズ型消費関数で、総需要が消費と民間投資と政府支出の和であることがわかります。したがって、この問題での生産物市場の均衡条件は次のような式で表されます。
$$Y = cY - cT + C_0 + I + G$$
この式に、問題文の各項目の数字を代入しましょう。
$$Y = 0.8Y - 0.8 \times 30 + 5 + 30 + 20$$
この式を、GDP Y について解いてください。すると次の均衡 GDP の値が計算結果として得られます。
$$Y^* = 155$$

第3章
問題文のマクロ経済モデルは、海外部門が存在しない閉鎖経済モデルとなります。また、消費関数はケインズ型消費関数となっています。このようなマクロ経済モデルでは、政

府支出乗数の値は $\frac{1}{1-c}$ になり、租税乗数の値は $\frac{-c}{1-c}$ になるということでした。また、問題文の消費関数から、限界消費性向は $c = 0.75$ であることがわかります。よって、政府支出乗数の値は $\frac{1}{1-c} = \frac{1}{1-0.75} = 4$、租税乗数の値は $\frac{-c}{1-c} = \frac{-0.75}{1-0.75} = -3$ となります。

（別解）
生産物市場の均衡式 $Y = C+I+G$ に消費関数 $C = 0.75(Y-T)+20$ を代入すると、

$$Y = 0.75(Y-T)+20+I+G$$

となります。したがって、この式を満たす Y の値が均衡 GDP となります。そこで、この式を Y について解くと、

$$Y^* = 80+4I+4G-3T$$

となり、この式の値が均衡 GDP となります。この式において、政府支出 G には 4 が掛かっています。そのため、政府支出 G が増えると、その増加額に 4 を掛けた額だけ Y^* は大きくなります。したがって、政府支出乗数の値は 4 となります。また、租税 T には -3 が掛かっています。そのため、租税 T が増えると、その増加額に -3 を掛けた額だけ Y^* は変化します。したがって、租税乗数の値は -3 となります。

第 4 章

(1) 式 (4.13) の分母が大きくなるので、貨幣乗数は低下します。

(2) 人々がより多くの現金を手元に保有する場合、(4.13) の現金・預金比率は大きくなります。すると、本文での数値例で確認したように、貨幣乗数は低下します。

第 5 章

問題文で与えられている生産物市場の均衡条件 $Y = C+I$ に消費関数 $C = 0.8Y+20$ と投資関数 $I = -5r+100$ を代入すると、$Y = 0.8Y+20-5r+100$ となります。これを整理すると、$r = -0.04Y+24$ となります。この式が IS 曲線となります。

　実質貨幣供給量を M とすると、貨幣市場の均衡条件は $M = L$ となります。これに問題文の実質貨幣供給量 $M = 270$ と貨幣需要関数 $L = 0.2Y-5r+180$ を代入すると、$270 = 0.2Y-5r+180$ となります。これを整理すると、$r = 0.04Y-18$ となります。この式が LM 曲線となります。

　IS 曲線と LM 曲線の連立方程式を解くと、$Y^* = 525$、$r^* = 3$ となります。

第6章

定義に従って計算します。

$$ラスパイレス指数(LI) = \frac{240 \times 2 + 200 \times 4}{400 \times 2 + 200 \times 4} \times 100 = \frac{1280}{1600} \times 100 = 80$$

$$パーシェ指数(PI) = \frac{240 \times 4 + 200 \times 2}{400 \times 4 + 200 \times 2} \times 100 = \frac{1360}{2000} \times 100 = 68$$

第7章

(3)が正しい。(1)は古典派も自発的失業の存在は認めているから誤り。(2)はケインズは実質賃金に含まれる物価は財市場で決定されると考えているので誤り。(4)は古典派とケインズの主張が逆です。(5)は古典派において完全雇用が達成されるのは、貨幣賃金が伸縮的に動くからとしているので誤りです。

第8章

AD 曲線は IS-LM 分析から導出されますから、IS 曲線や LM 曲線に含まれる事項は AD 曲線をシフトさせます。この問題では(2)(3)(6)が AD 曲線をシフトさせます。

	シフト	GDP	物価		シフト	GDP	物価
(1)	AS 右	増大	低下	(2)	AD 右	増大	上昇
(3)	AD 右	増大	上昇	(4)	AS 右	増大	低下
(5)	AS 右	増大	低下	(6)	AD 左	減少	低下

第9章

問1　(1)の記述が誤りです。絶対所得仮説は、クズネッツではなく、ケインズによる消費関数の理論です。

問2　平均消費性向は消費 C を所得 Y で割った値となります（租税 T を考慮しない場合）。そこで、問題文の消費関数を Y で割ると、

$$平均消費性向 = a + \frac{b}{Y}$$

となります。問題文では、GDP Y が100のときの平均消費性向が0.8、GDP Y が200のときの平均消費性向が0.7とされているので、これらの値を、上の平均消費性向の式に代入すると、

$$0.8 = a + \frac{b}{100}$$

$$0.7 = a + \frac{b}{200}$$

となります。この2つの式の連立方程式を解くと、$a = 0.6$、$b = 20$ となるので、この国の消費関数は、$C = 0.6Y + 20$ となります。

第10章

(1) 投資から収益が得られる期間を無限とみなした場合には、投資の限界効率の値は、式(10.5)で計算することができます。したがって、投資の限界効率は、$\rho = \dfrac{R}{C} = \dfrac{15}{200} = 0.075 = 7.5\%$ となります。

(2) 投資の限界効率が利子率よりも高ければ、投資プロジェクト案は実行されます。したがって、利子率が8％のときには、問題文の投資プロジェクト案は実行されません。

第11章

国際収支の定義、

経常収支＋資本移転等収支－金融収支＋誤差脱漏 ＝ 0 から、経常収支を X とすると、

$$X + (-2,105) - (20,1361) + (8,419) = 0$$

$$X = 195,047$$

19兆5,047 億円の黒字。

計算上の注意。各項目を（ ）で括って計算すると間違いを防ぐことができます。

第12章

Big Mac Index のデータはエクセル形式で提供されているので、容易に取り込むことができます。本章のコラムを参照して、過大・過小評価を計算することができます。

第13章

問1　政府支出の財源を赤字国債の発行によって調達するとき、家計は将来の増税を予想します。家計は増税に備え、政府支出の増加によって所得が増加したとしても、それを消費ではなく貯蓄に回します。よって政府支出の乗数効果が働きません。

問2　ドーマー条件より、プライマリーバランス均衡の下で、経済成長率が名目利子率

を上回っていれば、政府は経済成長率で成長する税収によって政府債務の利子を支払い続けることができます。しかし、経済成長率が低い経済では税収の伸びが小さいために、利子を支払えなくなる可能性があります。

第14章

マネタリーベースを拡大することにより、期待インフレ率を増加させることができれば、それにより実質金利が低下するので、投資の拡大や、実質金利差や物価上昇予想によって引き起こされる円安により、純輸出が増加し、需要の拡大がはかられ、所得の増加がもたらされます。

第15章

人口成長率と1人あたり GDP の関係をソローモデルで説明すると図15-8のようになります。その図から、人口成長率が小さい国ほど1人あたり GDP は大きいことがわかります。

　次に、貯蓄率と1人あたり GDP の関係は、ソローモデルでは図15-6で示されます。その図から、貯蓄率が高い国ほど1人あたり GDP も大きいことがわかります。

　これらの帰結に対して、問題文の図は実際のデータを示しています。問題文の図では「人口成長率の高い経済ほど1人あたり GDP は低い」傾向が観察され、「貯蓄率の高い経済ほど1人あたり GDP も高い」傾向が観察されるようです。したがって、ソローモデルはこれらの事実を説明できていると言えるでしょう。なお、これらの図はクロスセクションデータに基づいていますので、定常状態への移行過程にある経済が多く含まれている可能性がある点には注意してください。

索　引

索　引

執筆者一覧 (執筆順)

笹山　茂（ささやま・しげる）　　熊本学園大学経済学部教授
　　序章、第11、12、14章執筆。　　国際マクロ経済学。

坂上智哉（さかがみ・ともや）　　熊本学園大学経済学部教授
　　編者。第1、2、4、15章執筆。　　マクロ経済動学、ネットワーク経済学。

米田耕士（よねだ・こうじ）　　熊本学園大学経済学部准教授
　　第3、5、9、10章執筆。　　労働経済学。

小葉武史（こば・たけし）　　熊本学園大学経済学部教授
　　編者。第6、7、8、13章執筆。　　マクロ経済政策。

●編著者紹介

坂上智哉（さかがみ・ともや）

1964年熊本県生まれ。1993年九州大学大学院経済学研究科博士後期課程修了。九州大学より博士（経済学）。現在、熊本学園大学経済学部教授。専攻：均衡マクロ動学。主な論文に、"Reexamination of the Serendipity Theorem from the stability viewpoint," *Journal of Demographic Economics*（共著、2019）など。

小葉武史（こば・たけし）

1976年大阪府生まれ。2002年神戸大学経済学部経済学研究科博士後期課程中退。神戸大学より博士（経済学）。現在、熊本学園大学経済学部教授。専攻：マクロ経済政策。主な論文に、「選択的訴訟仮説と50％ルールの検証―わが国の整理解雇訴訟について」『日本労働研究雑誌』（共著、2015年）など。

トリアーデ経済学　3
マクロ経済学 入門 ［第2版］
（まくろけいざいがくにゅうもん）

2015年9月15日　第1版第1刷発行
2021年9月30日　第2版第1刷発行

編著者──坂上智哉・小葉武史
発行所──株式会社日本評論社
　　　　　〒170-8474　東京都豊島区南大塚3-12-4　電話　03-3987-8621（販売）、8595（編集）
　　　　　https://www.nippyo.co.jp/ 振替　00100-3-16
印　刷──精文堂印刷株式会社
製　本──株式会社難波製本
装　幀──菊地幸子
検印省略 © T. Sakagami and T. Koba, 2021
Printed in Japan
ISBN978-4-535-54019-4